华侨大学 哲学社会科学文库·法学系列
HUAQIAO UNIVERSITY

转售价格维持规制模式的多维透视

MULTI-DIMENSIONAL PERSPECTIVE OF
RESALE PRICE MAINTENANCE REGULATION MODE

张 骏 著

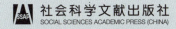
社会科学文献出版社
SOCIAL SCIENCES ACADEMIC PRESS (CHINA)

华侨大学哲学社会科学学术著作专项资助计划资助

构建原创性学术平台　打造新时代精品力作

——《华侨大学哲学社会科学文库》总序

习近平总书记在哲学社会科学工作座谈会上提出："哲学社会科学是人们认识世界、改造世界的重要工具，是推动历史发展和社会进步的重要力量。"中国特色社会主义建设已经进入新时代，我国社会的主要矛盾已经发生变化，要把握这一变化的新特点，将党的十九大描绘的决胜全面建成小康社会、夺取新时代中国特色社会主义伟大胜利的宏伟蓝图变为现实，迫切需要哲学社会科学的发展和支撑，需要加快构建中国特色哲学社会科学。当前我国的哲学社会科学事业已经进入大繁荣大发展时期，党和国家对哲学社会科学事业的投入不断增加，伴随我国社会的转型、经济的高质量发展，对于哲学社会科学优秀成果的需求也日益增长，可以说，当代的哲学社会科学研究迎来了前所未有的发展机遇与挑战。

构建中国特色哲学社会科学，必须以习近平新时代中国特色社会主义思想为指导，坚持"以人民为中心"的根本立场，围绕我国和世界面临的重大理论和现实问题，努力打造体现中国特色、中国风格、中国气派的哲学社会科学精品力作，提升中华文化软实力。要推出具有时代价值和中国特色的优秀作品，必须发挥广大学者的主体作用，必须为哲学社会科学工作者提供广阔的发展平台。今天，这样一个广阔的发展平台正在被搭建起来。

华侨大学是我国著名的华侨高等学府，多年来始终坚持走内涵发展、特色发展之路，注重发挥比较优势，在为侨服务、传播中华文化的过程中，形成了深厚的人文底蕴和独特的发展模式。新时代，我校审时度势，积极融入构建中国特色哲学社会科学的伟大事业中，努力为学者发挥创造力、打造精品力作提供优质平台，一大批优秀成果得以涌现。依托侨校的天然优势，以"为侨服务、传播中华文化"为宗旨，华侨大学积极承担涉侨研究，努力打造具有侨校特色的新型智库，在海外华文教育、侨务理论与政策、侨务公共外交、华商研究、海上丝绸之路研究、东南亚国别与区域研究、海外宗教文化研究等诸多领域形成具有特色的研究方向，推出了以《华侨华人蓝皮书：华侨华人研究报告》《世界华文教育年鉴》《泰国蓝皮书：泰国研究报告》《海丝蓝皮书：21世纪海上丝绸之路研究报告》等为代表的一系列标志性成果。

围绕党和国家加快构建中国特色哲学社会科学、繁荣哲学社会科学的重大历史任务，华侨大学颁布实施《华侨大学哲学社会科学繁荣计划》，作为学校哲学社会科学的行动纲领和大平台，切实推进和保障了学校哲学社会科学事业的繁荣发展。"华侨大学哲学社会科学学术著作专项资助计划"是《华侨大学哲学社会科学繁荣计划》的子计划，旨在产出一批在国内外有较大影响力的高水平原创性研究成果。作为此资助计划的重要成果——《华侨大学哲学社会科学文库》已推出一批具有相当学术参考价值的学术著作。这些著作凝聚着华侨大学人文学者的心力与智慧，充分体现了他们多年围绕重大理论与现实问题进行的研判与思考，得到同行学术共同体的认可和好评，其社会影响力逐渐显现。

《华侨大学哲学社会科学文库》按学科划分为哲学、法学、经济学、管理学、文学、历史学、艺术学、教育学8个系列，内容涵盖马克思主义理论、哲学、法学、应用经济、国际政治、华商研究、旅游管理、依法治国、中华文化研究、海外华文教育、"一带一路"等基础理论与特色研究，其选题紧扣时代问题和人民需求，致力于解决新时代面临的新问题、新困境，其成果直接或间接服务于国家侨务事业和经济社会发展，服务于国家华文教育事业与中华文化软实力的提升。可以说，该文库是华侨大学展示自身哲学社会科学研究力、创造力、价值引领力的原创学术平台。

"华侨大学哲学社会科学繁荣计划"的实施成效显著，学校的文科整体实力明显提升，一大批高水平研究成果相继问世。凝结着华侨大学学者智慧的《华侨大学哲学社会科学文库》的陆续出版，必将鼓励更多的哲学社会科学工作者尤其是青年教师勇攀学术高峰，努力打造更多的造福于国家与人民的精品力作。

最后，让我们共同期待更多的优秀作品在"华侨大学哲学社会科学文库"这一优质平台上出版，为新时代决胜全面建成小康社会、开启全面建设社会主义现代化国家新征程作出更大的贡献。

我们将以更大的决心、更宽广的视野、更精心的设计、更有效的措施、更优质的服务，促进华侨大学哲学社会科学的繁荣发展，更好地履行"两个面向"的办学使命，早日将华侨大学建成特色鲜明、海内外著名的高水平大学！

华侨大学校长　徐西鹏

2018 年 11 月 22 日

序

　　张骏博士邀我为他的新书作序，作为他的硕士生导师，我欣然应允。张骏勤学善思、刻苦努力，认准了研究主题便能进行持之以恒的钻研。眼前的这本专著，凝聚了他十年来深入研究探索的心血和汗水，是他学术生涯的阶段成果。

　　我与张骏相处十多年，虽是师生，更是学友。我们常常一起研讨、争论、辨析、座谈，修德明理，教学相长。张骏学业优秀，关注经济法热点问题，并学以致用，给我留下了深刻的印象。他自从回到华侨大学任教以来，精于执教，课余潜心研究转售价格维持之法，学术水平日益精进。此间，还曾主持福建省社会科学基金青年项目和国家社会科学基金一般项目各一项，在《法学》《法学评论》《河北法学》《价格理论与实践》《中国社会科学报》等核心刊物上发表论文若干篇。他对该主题的研究深入，立论有新，在学界产生了一定的影响。

　　本书聚焦于转售价格维持规制模式的选择，是中外反垄断法领域的核心难题。长期以来，我国理论界与实务界对此存在明显的分歧：理论界多数支持合理原则，少数坚持违法推定规则；而实务界观点与此相左。法院长期对相关案件适用合理原则，行政执法机关却坚持违法推定规则，与法院同案不同调，甚至法院内部也步调不一。这种现状，显然不利于我国转售价格维持的现实规制，因此亟须制定法律来化解分歧，实现法制统一。本书是对这一热点问题的积极回应，是近年来该领域学术研究的一项很有价值的成果。

　　本书有如下特点。首先，研究视角多维集中，就转售价格维持规制模式进行了多维度探讨。其中有对于转售价格维持福利效果的理论与实证的经济学研究，也有对欧美转售价格维持规制的比较法分析，还从法经济学角度探讨了我国转售价格维持的反垄断法实施问题，最终回归到我国规制该行为的理想模式之上。其次，研究方法多样化。除了传统的法教义学分析之外，更多地融入了社科法学的研究基因，透过经济学及法经济学的理论视角来关注转售价格维持的立法与法律实施。尽管研究还比较稚嫩，还有比较大的提升空间，但这种学术上的努力进取精神是值得鼓励的。反垄断法研究本身对于经济学的依赖程度较高，作为法学研究者，能够吸收经济学的营养成分来填充转售价格维持法律规范的内核，能用法经济学的理论来阐释转售价格维持反垄断法实施的理想模式，难能可贵。最后，研究内容比较翔实，章节安排井然有序，论证深入有力。

当前，世界经济一体化进程迅猛，我国反垄断理论和实务中的新问题层出不穷，学术研究课题不时更新，此领域的研究任重道远，需要更多学者不断地努力攻坚。张骏博士对转售价格维持问题的研究专精一体，成果斐然，我颇感欣慰。学术研究是一项非常艰辛的事业，长期以来，张骏博士甘于寂寞，潜心向学，坚韧执着。我希望他能够再接再厉，日拱一卒，集腋成裘，聚沙成塔，有更多的研究成果面世，为我国的法学研究事业作出自己应有的贡献！

是为序。

华侨大学法学院　赵许明教授
2020 年 8 月 1 日于泉州

内容摘要

转售价格维持一向都是反垄断法中的难题。我国理论界与实务界长期以来对于它的规制模式均存在着明显的意见分歧：有的支持合理原则，有的则赞同违法推定规则。我国市场经济中普遍存在转售价格维持现象，如果不能做好连接理论与实务的研究工作，恐将难以为该行为的规制提供有力的智力支持，进而影响其现实规制。本书从经济学、比较法和法经济学等多个维度来解析转售价格维持规制模式的选择问题，最后落脚在我国《反垄断法》的现实规定上，希望能为其完善提供有价值的参考意见。

本书的主要内容分为六章。第一章旨在为转售价格维持规制模式的选择奠定理论基础。重点阐述转售价格维持的内涵、构成要件和特征；同时系统地梳理了转售价格维持的规制模式。第二章归纳了转售价格维持规制模式选择的理论与实务争议。这些争议之所以会产生，是因为我国反垄断立法移植美欧经验带来的兼容性问题，以及立法过于原则、可操作性欠佳所引发的法律解释困境问题。第三章是转售价格维持规制模式选择的经济学分析。主要从传统经济理论和经济理论新近发展这两方面来阐释转售价格维持的福利效果，并在此基础上来选定违法推定规则作为转售价格维持的理想规制模式。第四章从比较法的角度考察了转售价格维持规制模式选择。基于美国反托拉斯法和欧盟竞争法对我国转售价格维持规制模式选择的影响，分别阐述了两者对转售价格维持法律规制的演进历程和现实状况，在比较两者反垄断分析框架的基础上，指出我国应当选择违法推定规则。第五章动用法经济学这一外部理论资源来解析转售价格维持的理想规制模式。通过决策理论、错误成本分析框架以及诉讼成本理论这三种理论工具来分析转售价格规制模式选择问题。违法推定规则符合决策理论对规制模式选择的要求，能够最小化决策成本与管理成本之和，并且可以用较低的成本来公平地分配举证责任，所以是一种理想的规制模式。第六章是转售价格维持规制模式选择的本土化分析。立足于我国现实的经济与立法的本土化状况来进行思考，违法推定规则显然是更加可取的转售价格维持规制模式。我国应当吸收欧盟竞争法的优良经验，在我国现实国情的基础上来完善违法推定规则。

关键词： 转售价格维持；合理原则；违法推定规则

Abstract

Resale price maintenance has always been a difficult problem in the area of anti-monopoly law. For a long time, the theoretical and practical circles of our country have obvious differences of opinion on its regulation path: some support the rule of reason, while the others support the presumption of illegality rule. Resale price maintenance is a common phenomenon in China's market economy. If we cannot do a good job in the research of linking theory and practice, it will be difficult to provide strong intellectual support for the regulation of this behavior, and then affect its practical regulation. This book will analyze the selection of regulation mode of resale price maintenance through economics, comparative law, law and economics and other dimensions, and finally settle on the practical provisions of China's Anti-Monopoly Law, hoping to provide valuable reference opinions for its improvement.

The main content of this book is divided into six chapters. Chapter one aims to lay a theoretical foundation for the choice of regulation mode of resale price maintenance. The connotation, elements and characteristics of resale price maintenance are expounded emphatically. At the same time, the regulation mode of resale price maintenance is systematically sorted out. Chapter two summarizes the theoretical and practical disputes on the choice of regulation mode of resale price maintenance and the reason for the controversy. This is because of the compatibility problems brought about by the transplantation of anti-monopoly legislation from European and American experience, as well as the difficulties in legal interpretation caused by the poor maneuverability of legislation. The third chapter is the economic analysis of the choice of regulation mode of resale price maintenance. The welfare effect of resale price maintenance is explained from the two aspects of traditional economic theory and the recent development of economic theory, and then chooses the presumption of illegality rule as the ideal regulation path for the resale price maintenance. Chapter four examines the choice of regulation mode of resale price maintenance from the perspective of comparative law. Based on the influence of American anti-trust law and European competition law on the choice of regulation mode for the maintenance of resale price in China, this book expounds the evolution and reality of the regulation on the maintenance of resale price respectively, and points out that China should choose the presumption of illegality rule based on the comparison of the framework of anti-monopoly analysis. Chapter five uses the external theoretical resource of law and economics to analyze the ideal regulation mode of resale price maintenance. Through decision theory, error cost analysis framework and litigation cost theory these analysis tools to analyze the resale price regulation model selection. The presumption of illegality rule conforms to the requirements of decision-making theory on the selection of regulatory mode, which also can minimize the sum of decision-making cost and regulation cost and use a lower cost to fairly distribute the burden of proof, so it is an ideal regulatory mode. Chapter six is the localization analysis of resale price maintenance regulation mode. Based on the current economic situation and the localization of legislation in China, the presumption of illegality rule is obviously the more desirable regulation mode of resale price maintenance. We should absorb the good experience of European competition law and perfect the presumption of illegality rule on the basis of our national conditions.

Keywords: Resale Price Maintenance; Rule of Reason; Presumption of Illegal

目　录

Contents

导　论

转售价格维持（resale price maintenance），是反垄断法最为关注的一种纵向限制，也是理论与实践中争议最多的一种常见分销策略。美国著名法学家博克（Bork）在其影响深远的著作《反托拉斯悖论》中将"转售价格维持"和"纵向价格限制"（vertical price fixing）作为同义词交替使用。目前，越来越多的司法辖区在它们的反垄断立法、执法和司法中都使用了转售价格维持这一概念。① 为了方便论述和分析，本书也采用这一概念。转售价格维持是指生产商或供应商在将产品出售给分销商或零售商时，对后者向第三人进行转售时的价格予以限制之情形。② 按照对价格的限制幅度不同，转售价格维持可分为固定转售价格维持和浮动转售价格维持。固定转售价格维持，是交易双方所限定的价格为固定不变的单一价格，下游企业只能按照这一单一价格出售商品，不得改变，否则视为违反约定。浮动转售价格维持，是指交易双方约定一个价格范围，下游厂商可以在这个价格范围内任意定价，如规定售价的上限和下限，或者规定以进价的一定百分比作为下限，在此范围内的定价都符合约定。浮动转售价格维持又分为最低转售价格维持和最高转售价格维持两种。最低转售价格维持，是交易双方约定转售商品的最低限价，即下游厂商只能以高于这一限价的价格出售商品。最高转售价格维持，是指交易双方约定转售商品的最高限价，下游厂商之定价不得超过这个上限。③ 实践中较为常见并且危害

---

① 苏华：《分销行为的反垄断规制》，法律出版社，2012，第105页。
② 陈兵：《汽车行业价格垄断协议违法性认定与法律治理》，《法学》2015年第8期。
③ 刘继峰：《反垄断法》，中国政法大学出版社，2012，第167页。

较大的主要是固定转售价格维持和最低转售价格维持①；最高转售价格维持相对比较少见，对竞争和消费者权益也并无损害。② 我国《反垄断法》第14条第1款、第2款也仅仅明确规定了前两者。因此，本书将固定转售价格维持和最低转售价格维持统称为转售价格维持，一并展开研究。

一　问题意识

（一）基于转售价格维持的反垄断经济学与法学深度融合的思考

转售价格维持向来是反垄断经济学和反垄断法这两大领域中最富有争议性的问题。诚如美国著名反垄断法学家霍温坎普（Hovenkamp）所言："反托拉斯法中很少有哪个领域能够像纵向限制那样，更能引起人们对已经确立的规则进行反思，法院与评论者之间存在更多的意见分歧。与所有行为一样，对它们可以适用三种规则：本身违法规则；合理分析规则；本身合法规则。但与其他多数行为不同的是，在这一领域，人们对这三种态度都有严重的争论。"③ 反垄断法与经济学之间的因缘由来已久，源于法律的规范性与经济学的理想之间的交融与互动。不容否认的是，对反垄断分析影响最大的因素便是将经济学导入并运用于反垄断法之中。竞争是经济学分析的核心问题，经济学分析在反垄断法实施中发挥着举足轻重的作用。无论是在反垄断法规范形成还是具体案件裁判中，经济学都始终扮演着重要角色。反垄断法与生俱来的经济学底色需要依赖经济学分析为涉嫌垄断行为的违法性认定提供更为准确而理性的证据材料；离开经济学分析，反垄断法的解释和适用很可能掉入简单的语义循环和逻辑重复之中，行为定性难以令人信服。④ 经济学分析转售价格维持对经济福利产生的影响，并关注其使经济福利得到改善还是遭到损害这一问题。事实上，它可能具有促进经济发展的效果，同时也具有损害经济福利的作用。⑤ 但是，要

---

① 郭宗杰：《反垄断视野中转售价格限制的比较法研究》，《法学评论》2014年第5期。
② 许光耀：《转售价格维持的反垄断法分析》，《政法论丛》2011年第4期。
③ 〔美〕赫伯特·霍温坎普：《联邦反托拉斯政策——竞争法律及其实践》（第3版），许光耀等译，法律出版社，2009，第489页。
④ 金善明：《反垄断法解释中经济学分析的限度》，《环球法律评论》2018年第6期。
⑤ 〔日〕柳川隆：《法经济学视野下的转售价格维持行为之合法性》，其木提译，《交大法学》2017年第1期。

比较、权衡这两种效果是相当困难的。

反垄断经济学理论的发展是在争议中实现的，在这个过程中既有破旧立新式的变革，如芝加哥学派对哈佛学派反垄断思想的批判；也有螺旋上升式的超越，如后芝加哥学派在对哈佛学派与芝加哥学派反垄断思想的折中基础上对企业策略性行为的促进竞争与反竞争效果的权衡。相应地，经济学理论的变迁又十分明显地反映在反垄断法的立法和司法实践中。① 因此，在美国反托拉斯法的发展历史中，立法和司法均因受到不同反垄断经济学派的影响而展现出不同的面貌。美国曾经通过《米勒—泰丁斯法》和《麦奎尔法》公开支持转售价格维持，但后来又废止了它们。② 反托拉斯判例法在名义上一向支持对转售价格维持适用本身违法规则。2007 年 6 月 28 日，在丽晶案中，美国联邦最高法院认定转售价格维持应当运用合理原则予以判断，这一判决推翻了美国自 1911 年开始确立的对转售价格维持适用本身违法规则的判决先例。③ 此种转向激起了美国理论界与实务界的长期争论。鉴于美国反托拉斯法的巨大影响力，其他各个司法辖区也都纷纷拉开了重新审视到底该如何对转售价格维持进行规制的帷幕，我国亦不例外。那么，转售价格维持的福利效果到底如何，究竟应当如何规制，确有必要进行深入研究。

（二） 基于转售价格维持反垄断法规制模式现实抉择的思考

我国应当选择怎样的转售价格维持规制模式存在诸多悬而未决的问题。我国市场经济建设起步较晚，市场也不完善。由于我国并没有一部概括性的反垄断法的经验，因此在立法时只能参考外国的经验和模式。④ 我国《反垄断法》第 13 ~ 15 条规定了转售价格维持。第 13 条规定："禁止具有竞争关系的经营者达成下列垄断协议：（一） 固定或者变更商品价格；（二） 限制商品的生产数量或者销售数量；（三） 分割销售市场或者原材料采购市场；（四） 限制购买新技术、新设备或者限制开发新技术、

---

① 田明君：《企业间纵向关系的经济分析及其对美国反垄断法的影响》，《环球法律评论》2005 年第 5 期。

② 张骏：《完善转售价格维持反垄断法规制的路径选择》，《法学》2013 年第 2 期。

③ 刘蔚文：《美国控制转售价格判例的演进及其启示》，《华东政法大学学报》2012 年第 1 期。

④ 〔美〕戴维·格伯尔：《全球竞争：法律、市场和全球化》，陈若鸿译，中国法制出版社，2012，第 263 页。

新产品；（五）联合抵制交易；（六）国务院反垄断执法机构认定的其他垄断协议。本法所称垄断协议，是指排除、限制竞争的协议、决定或者其他协同行为。"第 14 条规定："禁止经营者与交易相对人达成下列垄断协议：（一）固定向第三人转售商品的价格；（二）限定向第三人转售商品的最低价格；（三）国务院反垄断执法机构认定的其他垄断协议。"第 15 条规定："经营者能够证明所达成的协议属于下列情形之一的，不适用本法第十三条、第十四条的规定：（一）为改进技术、研究开发新产品的；（二）为提高产品质量、降低成本、增进效率，统一产品规格、标准或者实行专业化分工的；（三）为提高中小经营者经营效率，增强中小经营者竞争力的；（四）为实现节约能源、保护环境、救灾救助等社会公共利益的；（五）因经济不景气，为缓解销售量严重下降或者生产明显过剩的；（六）为保障对外贸易和对外经济合作中的正当利益的；（七）法律和国务院规定的其他情形。属于前款第一项至第五项情形，不适用本法第十三条、第十四条规定的，经营者还应当证明所达成的协议不会严重限制相关市场的竞争，并且能够使消费者分享由此产生的利益。"

　　我国《反垄断法》的转售价格维持规定在使用术语和内在逻辑上主要借鉴的是《欧盟运行条约》（下文简称《条约》）第 101 条第 1 款和第 3 款的规定。①《条约》第 101 条第 1 款规定，与统一市场不相容的以下行为应当禁止：经营者之间签订的可能影响成员国之间贸易，且其目的是排除、限制或者损害统一市场内竞争的各项协议、经营者协会的决定和协同行为，特别是：（a）直接或者间接限定采购价格、销售价格或其他交易条件……第 3 款规定，在下列情况下，可以不适用第 101 条第 1 款的规定：如果上述协议、决定、协同行为有助于促进商品生产、销售或促进技术改进、经济发展，并使消费者可以公平地分享由此而来的收益，并且不会：（a）为实现上述目标，向经营者施加不必要的限制；（b）使上述经营者可能实质性排除在相关产品间的竞争。②

---

①　刘旭：《中、欧、美反垄断法规制限制最低转售价格协议的异同——兼评锐邦诉强生案二审判决》，载张伟君、张韬略主编《知识产权与竞争法研究》（第二卷），知识产权出版社，2014，第 196～197 页。

②　万江：《中国反垄断法——理论、实践与国际比较》（第二版），中国法制出版社，2017，第 11 页。

我国转售价格维持的立法蓝本虽然是欧盟竞争法，但在实施过程中仍然深受美国反托拉斯法的影响。[①] 我国《反垄断法》于 2007 年 8 月 30 日颁布，2008 年 8 月 1 日起施行，迄今已经十多年了。自《反垄断法》施行以来，随着司法与执法的蓬勃发展，现实中的各类垄断行为都受到了有力的规制。可以说，《反垄断法》已经根植于我国的市场经济，在很大程度上发挥了"市场经济宪法"的作用。相关研究资料表明，我国的图书、杂志、报纸以及食品、日用品、家用电器等行业中普遍存在转售价格维持。它在我国市场交易中非常突出，许多生产商尤其是电器行业都规定经销商的最低销售价格，甚至执行所谓的统一零售价，否则停止向其供货。一些外国企业特别是跨国公司十分放肆地将已在世界其他国家或地区被当地反垄断法禁止和处罚的转售价格维持行为复制到我国市场，侵害了国内企业和消费者的合法权益。[②] 我国执法机构自 2013 年以来开始处理奶粉、汽车、高端白酒领域的转售价格维持案件，使该类行为的合法性问题逐渐进入公众视野，转售价格维持亦成为反垄断执法机构的工作重点之一。据不完全统计，2013～2018 年，执法机构一共公布了 29 起转售价格维持案件，累计处罚金额超过 23 亿元人民币。不同于反垄断法的其他领域，在转售价格维持规制模式这一问题上，执法与司法长期存在持续性冲突，由此引发了理论界和实务界的研究和热议。[③] 它们的争议焦点主要有以下两点：一是对于《反垄断法》第 13～15 条的理解；二是对于转售价格维持反垄断规制模式的理解。我国诸多转售价格维持案件都涉及对这三个条文的解释与适用。因此，从实务角度来看，确有必要进行深入研究。

二 研究价值

（一）有助于提升我国转售价格维持的反垄断法理论

本书选题为"转售价格维持规制模式选择的多维透视"，一方面源自

---

① 李剑：《中国反垄断法实施中的体系冲突与化解》，《中国法学》2014 年第 6 期。
② 古红梅：《纵向限制竞争的反垄断法规制》，法律出版社，2011，第 3、187 页。
③ 方达反垄断评论：《〈反垄断法〉十年磨一剑系列之"反垄断调查砥砺前行"——转售价格维持篇》，http://www.jinciwei.cn/e386080.html，最后访问日期：2019 年 5 月 18 日。

本人长期以来关注该问题的学术研究进路，另一方面也源自现实中该问题长期以来存在理论与实践争议。因此，本书具有比较高的学术和现实价值。我国目前对于转售价格维持的经济学以及法学理论的研究还相对滞后，学界在研究国外关于转售价格维持的经济学和法学理论时，存在明显的"拿来主义"倾向。实际上，在讨论转售价格维持时，研究的切入点理应是转售价格维持是否损害了中国市场上的竞争，而非着力研究美国联邦最高法院 2007 年丽晶案判决中体现的转售价格维持规制由本身违法规则转向合理原则。后者充其量仅是借鉴和参考的知识供给，而不应成为评判我国反垄断实践的标杆。尽管对该案的研究能够给我们提供经验性知识，但并不意味着我国就要遵循美国裁判思维、分析原则和历史轨迹，关键在于，转售价格维持对我国市场中的竞争是否产生了排除、限制效果。问题场景、制度设计、规范目标甚至经济社会环境等因素皆是我国反垄断法研究中不容忽视的参数。域外经验或理论能否成功移植或借鉴，仍要取决于解决我国问题的目标预设与现实场景，而非为适用或导入域外制度经验而塑造与此相匹配的中国场景，否则，便是削足适履，值得警惕。① 本书力主结合我国市场经济与法律规范的现实，在实证调查的基础上择取可资借鉴的域外经验。乍看之下，转售价格维持是一种令人困惑的行为。厂商为什么采用最低限价？传统上都认为是牟取高利润，但是经济学理论告诉我们，价格与销量是成反比的，因此，提高价格、降低销量可能导致的结果是利润下降，这显然于情理不合。② 于是，经济学家们便发展出了各种理论来解释该行为。本书旨在全面地审视转售价格维持的福利效果，系统地分析和整合现有的转售价格维持福利效果的经济理论。此外，美欧的转售价格维持规制模式的差异性较大，产生这种差异的根源在于它们各自反垄断立法与实施的价值取向不同，而不同的价值取向恰好决定了其对于转售价格维持不同的规制态度。本书计划研究我国转售价格维持的反垄断法规制模式的价值取向，从而丰富我国的反垄断法理论。

（二）有助于寻求我国转售价格维持司法与执法之间的共识

本书在研究经济学关于转售价格维持的研究成果，以及在比较美国反

---

① 金善明：《中国反垄断法研究进路的反思与转型》，《法商研究》2017 年第 4 期。

② 温宏建：《纵向限制的经济学和法学意义》，《首都经济贸易大学学报》2005 年第 2 期。

托拉斯法与欧盟竞争法对于转售价格维持的规制经验的基础上，探讨我国《反垄断法》第 13～15 条规定及其关系，分析这些规定的利弊得失，并提出完善建议，以便为转售价格维持的反垄断法实施提供切实可行的智识资源。在 2007 年美国联邦最高法院丽晶案判决的影响下，我国的绝大多数学者都服膺于合理原则的思辨魅力，主张对转售价格维持适用合理原则的分析框架，法院在"强生案""韩泰案""格力案"等案件中，也都采取了合理原则的分析框架。执法机构却在"茅台五粮液案""奶粉案""眼镜案""汽车行业系列反垄断案""美敦力案"等案件中一直坚持适用违法推定规则。① 总体而言，在我国转售价格维持的反垄断法实施过程中，普遍面临法院和执法机构所做的论证不足、说服力不强等问题。这一方面可以归因于我国《反垄断法》的规定过于原则，缺乏可操作性，没有形成明确的规制模式；另一方面则源于我国的反垄断法理论研究未对此问题的解决提供足够的智力支持。本书针对我国企业在市场中实施的转售价格维持，分析其在我国经济环境及市场结构下的福利效果，提出符合我国国情的转售价格维持规制模式的理想图景。

三 文献综述

（一）域外视野

美国反托拉斯法和欧盟竞争法经过多年发展，已经成为当今世界反垄断立法领域内的成熟模板，它们对于转售价格维持规制的理论研究与实务经验也同样是其他国家相关领域的智慧源泉。在美国，经济分析是反垄断政策制定和实施最重要的理论依据。经济学关于转售价格维持福利效果的研究文献汗牛充栋，特尔塞（Telser）、伊波利托（Ippolito）、霍温坎普（Hovenkamp）、盖尔霍恩（Gelhorn）、伯格（Bergh）、班尼特（Bennett）、拉方丹（Lafontaine）等学者均作出了重大的理论贡献。纵观他们的研究成果，可以表明转售价格维持在理论上具有双重效果，它既可以促进竞争，也可以损害竞争。但是从实证调查来看，无法证明这两种竞争效果何者更有可能发生以及发生的频率更高。美国联邦最高法院在 2007 年的丽

---

① 张骏：《转售价格维持反垄断法规制模式之争的化解》，《法学》2017 年第 7 期。

晶案判决中，改变了将近百年之久的对最低转售价格维持适用本身违法规则的迈尔斯案先例，转而适用合理原则。它还进一步指出了评估转售价格维持损害竞争效果的三种因素：一是转售价格维持是否受上游生产商或下游经销商驱动；二是实施转售价格维持的生产商或经销商是否具有市场势力；三是转售价格维持是否与卡特尔或潜在卡特尔计划相关。[1] 理论界对于合理原则的内涵有着不同的看法：罗施（Rosch）认为它是一种规则，与本身违法规则一起构成了反垄断分析的两分法模式[2]；哈伯（Harbour）认为它是一种可以把本身违法规则、违法推定规则、全面型合理原则以及本身合法规则都涵盖在内的分析谱系[3]；霍温坎普认为它代表了一种法院调查所要作出的推定数量，以此来区别于本身违法规则[4]；弗林（Flynn）认为它并非行为合法与否的类型化分析，它与本身违法规则只是在举证责任的变化上有所区分。[5] 在实务界中，法院、司法部和联邦贸易委员会也都提出了各种适用合理原则的具体做法：有的关注消费者价格效果的路径；有的关注发起转售价格维持的当事人身份的路径；有的关注提供经销商服务的产品是否易于被搭便车的路径；有的关注联邦最高法院给出的指导意见的路径。[6] 美国著名反垄断法学家丹尼尔斯（Daniels）近来提出，联邦贸易委员会有必要制定一部如何对转售价格维持适用合理原则的指南，以便统一各方意见，切实地指导商业界和法律界。[7]

　　欧盟自 2000 年以来，就将转售价格维持界定为核心限制，适用目的

---

[1]　黄勇：《价格转售维持协议的执法分析路径探讨》，《价格理论与实践》2012 年第 12 期。

[2]　J. Thomas Rosch，"Development In The Law Of Vertical Restraints：2012"，*https：//www. ftc. gov/sites/default/files/documents/public_statements/developments – law – vertical – restraints – 2012/120507verticalrestraints. pdf*，pp. 1 – 12，最后访问日期：2019 年 3 月 12 日。

[3]　Pamela Jones Harbour & Laurel A. Price，"RPM And The Rule Of Reason：Ready Or Not，Here We Come?"，*The Antitrust Bulletin*，2010（55），pp. 238 – 239.

[4]　〔美〕赫伯特·霍温坎普：《联邦反托拉斯政策——竞争法律及其实践》，许光耀等译，法律出版社，2009，第 527、539 页。

[5]　J. J. Flynn & J. F. Ponsoldt，"Legal Reasoning and the Jurisprudence of Vertical Restraints：The Limitations of Neoclassical Economic Analysis in the Resolution of Antitrust Disputes"，*New York University Law Review*，1987（62）.

[6]　Thomas Lambert，"A Decision – theoretic Rule of Reason for Minimum Resale Price Mainte-nance"，*The Antitrust Bulletin*，2010（55）.

[7]　Jarad S. Daniels，"Don't Discount Resale Price Maintenance：The Need for FTC Guidance on the Rule of Reason for RPM Agreements"，*The George Washington Law Review*，2016（84）.

分析，不适用《欧盟集体豁免条例》（下文简称《条例》），在实践中也几乎没有机会在个案中根据《条约》第 101 条第 3 款得到豁免。① 但是，欧盟在 2004 年改革后的竞争政策的各个方面都清楚地表达出更多经济考量的倾向和内容。美国 2007 年的丽晶案判决更是对欧盟的转售价格维持规制模式产生了巨大的冲击。欧盟的学者以及程序当事人都不断地援引合理原则的概念，试图在《条约》第 101 条的框架下寻找适用合理原则的方法。例如，奥都（Odudu）主张，《条约》第 101 条第 1 款项下的限制竞争应理解为配置无效率，在第 3 款项下将其与限制竞争带来的生产效率和动态效率进行平衡；唐雷（Townley）主张，《条约》第 101 条第 1 款项下的限制竞争应按照消费者福利标准判断，其本身是一个内部平衡的结果，在第 3 款项下将其与限制带来的非竞争的社会政策收益进行平衡。罗伯特森（Robertson）认为，在《条约》第 101 条第 1 款项下不可避免地要进行平衡操作，即平衡不同的竞争效果，而在第 3 款项下考察非竞争利益，如环境或者文化利益。霍克（Hawk）同样认为，在《条约》第 101 条第 1 款项下进行完整的经济分析，并可以同时使用本身违法规则与合理原则，而在第 3 款项下专门分析非竞争政策（非消费者福利政策和模型），如环境政策和产业政策等。欧盟法院也曾在 STM 案、Wouters 案以及 O2 案等案件中主张在《条约》第 101 条第 1 款项下结合个案情况完整考察竞争受到的影响，包括正面的和负面的，从而扩大第 1 款的筛选功能。② 结果，欧盟在 2010 年修改《纵向限制指南》时，又进一步明确地提出了转售价格维持的三种正当理由。首先，转售价格维持能够刺激经销商作出加倍的努力，从而在扩大产品需求的推广期内，引导他们更好地顾及制造商的利益来推销产品。其次，在特许经营或类似的适用统一销售形式的协议中，转售价格维持对组织短期（大多数情况下是 6～8 周）低价促销活动是必需的，而这种促销对消费者同样有利。最后，在某些情况下，转售价格维持所带来的额外利润会使得经销商提供额外的售前服务，

① 洪莹莹：《我国限制转售价格制度的体系化解释及其完善》，《华东政法大学学报》2015 年第 4 期。
② 兰磊：《论欧盟垄断协议规制制度的困境及其对我国的启示》，载王先林主编《竞争法律与政策评论》（第 1 卷），上海交通大学出版社，2015，第 95～96 页。

特别是对于昂贵或复杂的产品。如果很多顾客利用这种服务来作出选择，而后却向不提供服务但以更低价格出售产品的经销商购买产品，那么提供较高服务水平的经销商便会减少，甚至取消这种可以增加供应商产品需求量的服务。转售价格维持能够防止销售环节的搭便车现象。[①] 这些规定放松了《条例》中将转售价格维持作为核心限制的严厉违法性假设。目前，虽然转售价格维持的违法性认定原则上仍旧在目的分析框架下进行，但是在个案中，当事人有机会主张效率抗辩，在效果分析框架下要求豁免。欧盟竞争法对于转售价格维持规制模式是否应该转向更为基于效果路径的争论仍在持续发酵，后续进展依然值得密切关注。

综上所述，美国与欧盟的理论界对于转售价格维持的研究特点主要有以下几个方面：首先，注重经济学理论；其次，注重深度结合司法、执法案例研究；最后，反垄断法理论、实施经验与法律规则制定之间形成了良好的互动。不足之处有：一是美国的研究未能将转售价格维持的经济理论与自身的反垄断规制模式结合起来，只见树木，不见树林；二是欧盟的研究缺乏对反垄断规制模式的理念探讨，导致概念林立，体系庞杂；三是美国和欧盟都只注重对自身法域的研究，缺乏深入细致的比较分析来系统阐述两种规则体系之间的异同及得失。

（二）本土经验

近年来，我国反垄断经济学界和法学界对转售价格维持问题进行了比较多的研究，也取得了一些重要成果。首先，学界就转售价格维持的福利效果进行了研究。管锡展、唐要家、王晓晔、李剑、郭宗杰等学者较为系统地梳理了转售价格维持福利效果的各类经济学文献，阐述了其促进竞争和损害竞争效果的理论分析和实证调查。其次，学界就转售价格维持的域外经验进行了研究。黄勇、吴玉岭、刘蔚文等学者梳理了美国转售价格维持的重要反托拉斯法判例及其理论蕴涵；许光耀、兰磊、何治中等学者研究了欧盟竞争法对于转售价格维持的基本规定及其理论蕴涵。最后，学界就转售价格维持规制模式展开了激烈的探讨，大致形成了两派对立的观点。一派主张合理原则：李剑、唐斐认为不应全面严格禁止转售价格维

---

① 张骏：《完善转售价格维持反垄断法规制的路径选择》，《法学》2013 年第 2 期。

持，而是要构建市场结构标准的筛选机制来防止其负面效果①；许光耀认为应当适用合理原则来规制转售价格维持，但合理原则的适用非常复杂，要首先考察市场结构，如果不满足市场结构条件，则不需要进一步的分析②；黄勇，刘燕南认为对转售价格维持应坚持合理原则，但应设置相应的条款避免其沦为本身合法，并要考察客观要素、主观动机、合理分配举证责任③；曾晶认为上海市高院在"强生案"中的判决采用了合理原则，借鉴了欧美国家的最新做法，遵循了立法原意，对转售价格维持的评价，应主要考察是否促进了效率，对效率的认定，应主要考察销售市场④；郭宗杰认为我国应明确适用合理原则，制定有针对性豁免条件，以适应我国现阶段现实需要并承接欧美演进趋势⑤；李剑遵循了霍温坎普的合理原则分析框架，提出了我国转售价格维持违法性的判断模式⑥；兰磊认为应对转售价格维持适用合理原则，并根据经济学的研究成果对相关分析方法进行简化和构建。⑦

另一派则支持违法推定规则：何治中认为我国应当采用本身违法与豁免相结合的制度来规制转售价格维持，以提高法律的稳定性与可预见性，但豁免的范围和标准需要进一步研究⑧；徐新宇、高牟认为美国、欧盟境内的转售价格维持已经不是普遍现象，而我国市场经济中的转售价格维持问题却异常严重，其根本原因在于我国经营者的管理能力缺乏、管理人员惰性严重及制造商与分销商对均衡利润的追求⑨；王健认为转售价格维持

① 李剑、唐斐：《转售价格维持的违法性与法律规制》，《当代法学》2010 年第 6 期。
② 许光耀：《转售价格维持的反垄断法分析》，《政法论丛》2011 年第 4 期。
③ 黄勇、刘燕南：《关于我国反垄断法转售价格维持协议的法律适用问题研究》，《社会科学》2013 年第 10 期。
④ 曾晶：《论转售价格维持的反垄断法规制》，《上海财经大学学报》2016 年第 2 期。
⑤ 郭宗杰：《反垄断视角中转售价格限制的比较法研究》，《法学评论》2014 年第 5 期。
⑥ 李剑：《论垄断协议违法性的分析模式——由我国首例限制转售价格案件引发的思考》，《社会科学》2014 年第 4 期。
⑦ 兰磊：《转售价格维持违法推定之批判》，《清华法学》2016 年第 2 期。
⑧ 何治中：《美国反垄断法对最低转售价格维持的规制原则变迁与启示》，《金陵法律评论》2008 年秋季卷。
⑨ 徐新宇：《纵向价格垄断协议法律规制的比较分析》，《中国价格监督检查》2012 年第 7 期。

应当适用违法推定规则，以其排除、限制竞争的目的或效果为规制依据①；洪莹莹认为我国应理解美、欧转售价格维持规制模式的差异，《反垄断法》第14~15条应解释为对转售价格维持推定违法并允许豁免抗辩。同时，我国应尽快出台相关实施细则、指南等文件，对此做进一步的细化和完善②；叶明、郑淑媛认为转售价格维持具有市场危害性，应当适用本身违法规则，允许被告主张豁免责任，承担举证责任，这样可以节约执法和司法成本③；时建中、郝俊琪认为我国需对转售价格维持"原则禁止 + 例外豁免"的规范意义及其分析方法，形成自觉理解和自主选择，为了避免违法推定规则陷入本身违法的陷阱，应着力构建其抗辩体系和抗辩清单，以此保障抗辩实质化。④

综上所述，现有的理论成果为系统研究转售价格维持的规制模式问题奠定了坚实的基础，但是也存在着以下三点不足。首先，对于转售价格维持福利效果经济理论及实证调查的研究稍显陈旧，没有及时跟进最新的理论研究和实证调查，比如行为反托拉斯理论、消费者行为理论以及丽晶案之后转售价格维持福利效果的自然实验；其次，对于合理原则的认识较为混乱：有的将其视为规则，有的将其视为原则，有的将其视为谱系，甚至还有的将欧盟的违法推定规则也看作是合理原则；最后，学界过分关注美国丽晶案判决之后转售价格维持适用合理原则的发展，对于欧盟竞争法的相关发展重视不够，造成了整体研究上的失衡，无法全面、充分地总结出适合我国国情的转售价格维持规制模式。

四 本书结构

本书由导论和六章组成。导论介绍本书的选题背景和意义，对国内外研究现状进行归纳整理，重点指出本书的价值及研究方法，为接下来的研

---

① 王健：《垄断协议认定与排除、限制竞争的关系研究》，《法学》2014 年第 3 期。
② 洪莹莹：《我国限制转售价格制度的体系化解释及其完善》，《华东政法大学学报》2015 年第 4 期。
③ 叶明、宋琳：《限定商品转售价格行为的反垄断法分析——以"奔驰重罚案"为例》，《竞争政策研究》2015 年第 1 期。
④ 时建中、郝俊琪：《原则性禁止转售价格维持的立法正确性及其实施改进》，《政治与法律》2017 年第 11 期。

究工作奠定基础。第一章转售价格维持规制模式选择的基础理论。对转售价格维持的内涵、构成要件和特征进行界定;对转售价格维持规制模式进行梳理,重点论述对我国转售价格维持规制模式起到重要影响的两种路径——美国的本身违法规则/合理原则以及欧盟的目的违法/效果违法。第二章转售价格维持规制模式选择的争议分析。归纳我国理论界和实务界对于转售价格维持规制模式的争议:有的支持合理原则,有的认同违法推定规则。这些争议不利于规制我国市场经济中普遍存在的转售价格维持。理论界与实务界之所以对这一问题有如此明显的分歧,究其原因无外乎以下两点:我国《反垄断法》第13~15条对转售价格维持的规定过于原则,可操作性欠佳,容易陷入法律解释的困境;我国《反垄断法》对于转售价格维持的规定虽然移植自欧盟竞争法,但在反垄断法实施过程中也深受美国反托拉斯法的影响,美欧经验对我国反垄断法形成了双重影响和异向导引。第三章转售价格维持规制模式选择的经济学分析。现代反垄断法的发展离不开经济理论的支持。传统的经济理论说明转售价格维持具有促进竞争和损害竞争的双重福利效果,但是这两种效果何者更有可能发生以及发生的频率更高尚无定论;近年来的行为反托拉斯理论和消费者行为理论则指出了传统经济学理论的不足之处。前者指出传统经济学理论认定的转售价格维持促进效果是基于单个生产商所实施的转售价格维持,后者认为传统经济理论认定的转售价格维持促进竞争的效果基于品牌间主导模型。根据这两种经济理论的分析,转售价格维持更有可能带来损害竞争效果,所以应当采取更为严厉的违法推定规则。第四章转售价格维持规制模式选择的比较法分析。基于美国反托拉斯法和欧盟竞争法对我国转售价格维持规制模式选择的影响,本章分别阐述了两者对转售价格维持法律规制的演进历程和现实状况,在比较了两者反垄断分析框架的基础上,指出我国已经从形式上确立了违法推定规则,没有必要转向合理原则。第五章转售价格维持规制模式选择的法经济学分析。我国理论界与实务界很难通过阐释反垄断法文本和法学理论来解决转售价格维持规制模式的争议,引入法经济学这一外部理论视角有助于问题的解决。法经济学是一种强而有力的分析工具,通过决策理论、错误成本分析框架以及诉讼成本理论可知,就转售价格维持规制模式选择而言,违法推定规则比合理原则更加可取。第六章转售价格维持规制模式选择的本土化分析。立足于我国现实的经济与立法的本土化状况来进行思考，违法推定规则显然是更加可取的转售价格维持规制模式。但是我国的规定仅仅是形式上的完备而已，在实质上尚且存在许多不足之处。理想的做法应当是根据我国的现实国情，吸收欧盟竞争法的良好经验，提炼出一种较为完善的违法推定规则。

五　研究方法

（一）文献分析法

文献分析法是社会科学研究必须采用的重要研究方法之一。反垄断法律规范所依托的载体——法律、法规、规章、司法解释以及其英美法系中的判例等均表现为文献。学界对于反垄断法律规范及判例的理论探讨也是法学文献的重要组成部分。通过文献分析，可以掌握大部分有关反垄断法律命题的知识。对于作为反垄断法范畴之内的转售价格维持的研究自然也不例外。

（二）经济分析法

转售价格维持受到了经济学和法学的共同影响，经济学对于转售价格维持的研究深刻地形塑了美国反托拉斯法的实践，进而影响了相关的反垄断法学研究。可以说，经济理论在很大程度上是法学研究的基础，对于转售价格维持的研究离不开经济分析。经营者实施转售价格维持的动机是什么？它会产生怎样的经济效果，正面的居多还是负面的居多？反垄断法对转售价格维持进行规制的正当性基础何在？转售价格维持对品牌内竞争与品牌间竞争会产生怎样的效果？品牌内竞争重要还是品牌间竞争重要？如果品牌间竞争提高了效率，效率如何被证实？诸如此类问题，都要依靠经济分析法来找到答案。

（三）比较分析法

比较可以发现共性和差异。比较方法是本书重要的研究工具。世界各国的现代化进程中，我国属于后发国家。我国法治建设所遵循的路径，应当在立足于现实国情的基础上，借鉴西方法治建设的成果。哪些国外的法治经验更适合我国移植，需要通过对各国或地区的相关法律进行比较，进而选择、整合和优化以为我所用。反垄断法是市场经济高级阶段的复杂法律制度，对我国而言，在相关规制经验不充分的情况下，认真比较国外的理论和实践就更加具有重要价值。我国《反垄断法》对转售价格维持的规定借鉴了欧盟竞争法的规定，但在实施过程中却又深受美国反托拉斯法的影响。美国反托拉斯法历史悠久、源远流长，有无数的判例法可供参考，但《谢尔曼法》的条文却很简单。欧盟竞争法对于转售价格维持具有明确的法律规定，采用了"普遍禁止＋例外豁免"的规制模式，也就是违法推定规则。美国反托拉斯法对于转售价格维持的规制态度随着经济形势的变化而摇摆不定，从《谢尔曼法》中的原则性、模糊性以及禁止性规定，到《米勒－泰丁斯法》和《麦奎尔法》的明文允许，再到这两部法案的废止，在立法上出现了前后反复的态度，而判例法也从最初的本身违法规则转向了合理原则。美国反托拉斯法对于转售价格维持规制模式的变化着实令人困惑。为什么美国和欧盟对转售价格维持规制模式表现出了不同的态度？它们对转售价格维持进行规制的价值取向是否相同？在我国《反垄断法》转售价格维持规定的解释和适用过程中，借鉴美国反托拉斯法的经验会出现什么问题？我国《反垄断法》对转售价格维持进行规制的价值取向又应当是什么？这些问题都可以通过比较分析法找到答案。

（四）法经济学分析法

对于市场经济法律体系而言，它的外壳是法律，内核是经济。与传统的民商法不同，经济法特别是反垄断法所调整的都是市场经济实践中高级和复杂的经济活动。如果没有经济学的分析方法，根本就是寸步难行。法学研究以往很少借鉴经济学的分析工具，这主要受到了传统法律研究范式的影响。但在现代法学研究中，经济分析是必不可少的，于是就有了法经济学这类交叉学科的繁荣发展，在反垄断法中更是如此。法经济学是用经济学的理论和方法来检验法和法律制度的形成、结构、演化和影响。竞争法研究难以离开法经济学研究方法，把握竞争和反垄断法是有难度的，需要对决定立法的经济理论和原则有深刻的理解。本书以法经济学的理论资源来研究有关转售价格维持规制的立法规定和实施经验，试图发掘出与传统法律研究方法所不同的视野。

（五）案例分析法

由于美国等反垄断法代表性国家具有普通法的传统，判例法在这些国家的反垄断法律制度中占据着重要地位，对其反垄断法律制度的梳理不可避免地涉及案例分析。一方面，通过研究美国反托拉斯判例法和欧盟竞争法的案例可以拓宽转售价格维持反垄断法实施的视野，找到转售价格维持违法性判断基准的一些可供参考的因素；另一方面，若要确立我国转售价格维持规制模式的理想图景，必须着力于分析目前我国转售价格维持执法与司法的现实冲突，并找到解决路径。这些问题都需要通过案例分析法来找到答案。

六　研究总结

（一）创新之处

首先，在转售价格维持的经济分析方面，不拘泥于传统的理论研究和实证调查，持续关注、追踪最新的理论研究成果，从新近的行为反托拉斯理论和消费者行为理论中可以看出，传统经济理论对于转售价格维持竞争效果研究的不足之处。它立足于"理性人"的假设，关注的是单个生产商实施转售价格维持的好处以及品牌间主导模型。实际上，生产商的理性是有限的，容易倾向采取转售价格维持，而消费者基本的行为模式有三种，除了品牌间主导模型，还有经销商间模型和冲动性购买模型，后两者可以证明生产商实施的转售价格维持并非都可以促进竞争。上述经济学研究的最新成果有助于加深转售价格维持竞争效果的认识，以此为基础，可以选择一种更加理想的转售价格维持规制模式。

其次，比较、分析美国反托拉斯法和欧盟竞争法对转售价格维持的规制。两者选择了不同的转售价格维持规制模式，而美国的各个州也未对此问题达成共识。转售价格维持规制模式选择背后潜藏着的是经济学分析与法律确定性之间持续的矛盾张力。转售价格维持规制模式的理想选择取决于如何建立起能够很好融合经济理论的反垄断分析框架，美国和欧盟对此皆有各自成熟的理论和实务经验。我国转售价格维持规制模式的理论和实践都脱离不了美欧经验，因此特别需要抽丝剥茧地梳理出它们是如何构建反垄断分析框架的，并在此基础上作出选择。

再次，法经济学是一种有力的理论分析工具。由于我国《反垄断法》的转售价格维持规定所使用的术语和逻辑结构容易招致理论界和实务界的歧见，单纯的法律文本和法学理论阐释恐怕无法从根本上解决争议。利用决策理论、错误成本分析框架以及诉讼成本理论这些外部的法经济学观点透视，可以探求出我国转售价格维持的理想规制模式。

最后，从我国的现实经济和立法状况可以看出，合理原则并不是一种好的选择，我国应当确立违法推定规则。但是，目前也仅仅在形式上做到了这一点，这一规则在实质上还有诸多可以提升的空间。我国应当通过完善《反垄断法》第15条的规定来确立起完善的违法推定规则。

（二）不足之处

首先，转售价格维持的经济学文献汗牛充栋，相关经济分析有一些是通过数理建模来进行逻辑推演的，由于本人的高等数学和经济学知识的储备不足，所以很难对这部分理论成果进行深入研究，由此只能对转售价格维持的竞争效果进行定性分析，而无法进行定量分析，这在经济学者看来可能是一种明显的弊端。

其次，本人目前只掌握了英语，因而在查阅外文资料方面就只能考虑英文文献。对于其他语种，如德语、日语的研究文献，无法查阅一手资料，只能利用二手资料，这给国外资料的把握与运用带来一定的不便，一些分析或结论可能存在局限。

最后，本书存在无可避免的时间局限性。转售价格维持是反垄断法中最富有争议性的问题之一。有关转售价格维持的经济学理论和法律制度是不断变化发展的。在经济学方面，必然会涌现越来越多的新的理论研究和实证调查。在法律方面，美国在丽晶案之后，就如何对转售价格维持具体适用合理原则的问题上，理论界和实务界都有很多不同看法，而联邦贸易委员会近来更是在着手进行纵向限制指南的调研，结果如何尚不得而知。欧盟委员会也将在2022年开始着手修订有关纵向限制的条例和指南。因此，本书作为一个特定时间节点的产物，从一开始便注定了它的不足。

第一章　转售价格维持规制模式
选择的基础理论

转售价格维持是各个国家和地区反垄断法所界定和规制的行为类型，它是反垄断法中最富有争议性的问题之一。本章主要研究转售价格维持规制模式选择的基础理论。在转售价格维持的理论概述部分，主要阐述了转售价格维持的内涵，包括概念、特征、形式和构成要件，以及性质上不属于转售价格维持的行为；在规制模式的理论概述部分，主要论述了反垄断法规制模式的功能、构成及演化。本章的论述旨在为后续研究奠定坚实的基础。

第一节　转售价格维持的理论概述

一　转售价格维持的内涵界定

（一）转售价格维持的定义

生产商在将产品出售给经销商时，对后者向第三人进行转售时的价格进行限制，在反垄断法上称为"纵向价格限制"，由于英文中通常将其称为"maintenance of resale price"，因而我国学界通常采用其直译"转售价格维持"①。

（二）转售价格维持的特征

首先，达成转售价格维持协议的经营者必须为两个或两个以上，比如

① 许光耀：《转售价格维持的反垄断法分析》，《政法论丛》2011 年第 4 期。

生产商与批发商、批发商与零售商。这是转售价格维持协议本身的属性决定的。同时，达成转售价格维持协议的每个经营者都是独立的市场主体，有独立的财产，能够独立承担责任，如果没有达成转售价格维持协议，这些经营者能够根据各自的意志和对市场的判断，独立实施市场行为。其次，转售价格维持涉及的两个经营者处于同一产业的不同生产流通环节，属于纵向的上、下游的经济关系，双方不存在真正意义上的竞争关系，但存在一种交易关系。① 双方之间具有较为明显的限制与被限制关系，这种限制要么基于双方的平等协商，要么基于单方的强制性要求。再次，转售价格维持的内容涉及交易相对人将商品再销售时的价格，而该价格本来应该由交易相对人单独自主确定。又次，转售价格维持具有一定的商业强制性或限制性。比如，上游生产商将产品卖给经销商时，同时规定其必须以一定的价格转卖给零售商，并且要求零售商仅能以特定价格再转卖给最后的消费者，如果有违反约定者，则对于交易相对人给予断绝供给、取消折扣、现金提货等经济制裁。最后，由于达成转售价格维持协议的经营者之间具有交易关系，转售价格维持协议一般是通过明示的方式，并且多附随于经营者与交易相对人的交易合同之中。

（三）转售价格维持的形式

与横向联合定价不同的是，转售价格维持并非在同一市场层面上互有竞争关系的厂商之间的协同行为，而是由相互间并不存在直接竞争关系的产业上游厂商对下游厂商实施的一种限制。判断有无转售价格维持，主要是以生产商对经销商施以任何手段的限制，最终经销商是否以生产商指示的价格进行销售来判断。生产商对经销商的限制可以采取不同的形式，主要有直接限制和间接限制两类。直接限制是指在供货合同中订立有关条款或直接向购货方提出要求所进行的限制。比如，以口头或书面合同的形式规定以生产商指示的价格进行销售的情况；让经销商提出同意以生产商指示的价格进行销售的协议书的情况；只和同意以生产商指示的价格进行再销售为条件的经销商进行交易的情况；同意以经销商指示的价格进行销售

---

① 曹康泰主编《中华人民共和国反垄断法解读——理念、制度、机制、措施》，中国法制出版社，2007，第50页，第64页。

后，剩余商品由生产商买回而不进行降价为交易条件的情况。间接限制则指虽不以明示的方式为上述行为，但是却奉行或宣布只对遵守其转售价格政策的经销商供货或提供其他经济利益，或者对不遵守者拒不供货或实施损害其经济利益的行为。比如，经销商如果不以生产商指示的价格进行销售，生产商则采取停止发货、减少发货量、提高发货价格、拒绝供应其他产品等损害其经济利益的措施的情况；以生产商指示的价格进行销售，将会采取提供回扣、降低发货价格、供应其他产品等经济利益的措施的情况。

　　一般情况下，由于经销商没有义务按照生产商的推荐价格销售商品，从而不会排除经销商之间的竞争，因此是一种合法行为。但是，如果生产商为使经销商遵守自己的推荐价格，采取在协议中对不同价格销售商品订立取消经销权、违约罚金等处罚条款、抵制交易等手段对经销商施加压力，这种推荐价格就具有约束力，实际上就成为转售价格维持，依法应受到规制。[①]

二　转售价格维持的构成要件

（一）转售价格维持的主体

1. 经营者

　　根据各国几地区反垄断法的相关规定，实施垄断协议的行为主体是经营者，日本、韩国等国家称为"事业者"，瑞典、比利时等国家称为"企业"，我国台湾地区称为"事业"。一般来说，各国或地区都在自己的反垄断法中明确界定了经营者，主要有两种界定方式。一种是采取概括方式对经营者予以界定，如我国《反垄断法》第 12 条规定，本法所称经营者，是指从事商品生产、经营或者提供服务的自然人、法人和其他组织。日本《禁止私人垄断及确保公正交易法》第 2 条第 1 款规定，本法所称"事业者"，是指从事商业、工业、金融业及其他行业的事业者。为事业者的利益进行活动的干部、职工、代理人及其他人员在适用下款及第三章的规定时，视为事业者。[②] 韩国《独占规制及公正交易法》第 2 条规定，

---

① 王玉辉：《垄断协议规制制度》，法律出版社，2010，第 112 页。
② 戴龙：《日本反垄断法研究》，中国政法大学出版社，2014，第 276 页。

"事业者"，是指从事制造业、服务业以及其他事业的经营者。为谋求事业者利益实施具体行为的任员、职员、代理人及其他人，在适用有关事业者团体的规定时，视为事业者。① 另一种方式是采取列举方式对经营者予以界定，如我国台湾地区"公平交易法"第 2 条规定："本法所称事业如下：一、公司。二、独资或合伙制工商行号。三、其他提供商品或服务从事交易之人或团体。事业所组成之同业公会或其他依法设立、促进成员利益之团体，视为本法所称事业。"②

各国对经营者予以认定时，均强调经营者的独立性、连续性特征。同时，在认定经营者时还应当注意以下三个方面的问题。首先，经营者一般多为营利性组织，但并不限于营利性组织，只要连续向他人提供商品或服务，获得一定报酬即可。如国家、地方政府经营的经济体，作为公益事业的生产者、供给者，也属于反垄断法规制的经营者范围。其次，经营者的组织形态、权利能力等不是经营者认定的决定因素，任何连续向他人提供商品或服务的主体都可以属于经营者。如欧共体法院即在判决中指出，任何从事经济活动的实体，包括自然人、法人，无论其法律形式以及筹集资金方式，也不论其是否具有营利目的以及根据本国法律是否具有法律行为能力。根据我国《民法总则》规定的权利主体，经营者的范围主要包括自然人、法人和其他组织，其他组织主要指农村承包经营户、个体工商户。最后，为了经营者的利益而进行转售价格维持的自然人，如干部、工作人员、代理人或其他人等，可以认定为经营者。③

2. 行业协会

对于行业协会，不同国家及地区有不同的称谓，日本称为"事业者团体"，德国称为"企业团体"，我国《反垄断法》称为"行业协会"，我国台湾地区称为"同业公会"。我国目前还没有制定《行业协会法》，在现行的《反垄断法》中也没有对行业协会予以明确界定。不过我国有一些地方性法规对其进行了界定，如《深圳经济特区行业协会条例》第 2 款规定，行业协会，是指依法由同行业的经济组织和个体工商户自愿组成

---

① 金河禄、蔡永浩：《中韩两国竞争法比较研究》，2012，第 211 页。
② 黄昭元、蔡茂寅等主编《综合小六法》，新学林出版股份有限公司，2016，B - 317 页。
③ 王玉辉：《垄断协议规制制度》，法律出版社，2010，第 34 页。

的、非营利性的、自律性的具有产业性质的经济类社团法人。《温州行业协会管理办法》第3条规定，本法所称的行业协会是指由同一行业的企业、个体商业者及相关的企事业单位自愿组织的民间的、自律的、非营利性社会团体法人。在国外，日本《禁止私人垄断及确保公正交易法》第2条第2款规定，本法所称"事业者团体"，是指以增进事业者共同利益为主要目的的两个以上事业者的结合体或联合体，它包括下列各种形式。但是，两个以上事业者的结合体或其联合体，拥有资本或成员事业者的出资，以经营营利性的商业、工业、金融业等事业为主要目的，并且现在仍从事该事业的除外：（1）以两个以上事业者为成员（包括相当于成员的）社团法人以及其他社团；（2）由两个以上的事业者支配理事或管理者的任免、业务的执行或其存在的财团法人及其他财团；（3）以两个以上的事业者为成员的组合，或基于合同由两个以上的事业者构成的结合体。①美国则通过判例，以一般的行业协会和职业协会来概括行业协会。美国经济学百科全书定义为，行业协会是一些为达成共同目标而自愿组织起来的同行或商人的团体。

从各国对行业协会的规定来看，行业协会的会员来自于同一行业的经营者，即成员间具有一定的竞争关系是各国规定的共性。由此可见，首先，行业协会成员的竞争性，即其成员来自于同一行业是行业协会的本质特征，也是行业协会产生和存在的基础；其次，行业协会的宗旨在于保护本行业成员的集体利益，而非社会利益或公共利益，行业协会的成立目的在于增进本行业的共同利益；最后，行业协会的性质为非营利性组织。原则上，行业协会依一定程序作出的决议有约束会员的效力，应就行业协会作为转售价格维持的主体予以规制。在对有强制约束力的决议进行规制时，因为经营者为了求得生存而不得不遵守，此时经营者已经丧失意思决定自由，转售价格维持应当认定为行业协会的行为，而不再处罚参与经营的经营者。在行业协会作出的无强制约束力的任意性决议中，由于该协议没有任何的强制力，各经营者仍有参加与否的意思决定自由，不遵守决议的会员也并无任何的不利益，因此，也有人主张不应将行业协会作为转售

① 戴龙：《日本反垄断法研究》，中国政法大学出版社，2014，第276页。

价格维持主体予以规制。但是，有些行业协会的决议虽没有强制力，但如果没有这个决议，经营者通常也不会实施共同行为，所以行业协会难辞其咎。[①]

（二）转售价格维持的客体

通常来说，转售价格维持的客体是商品。从转售价格维持的定义可以看出，转售价格维持是上游对下游销售的商品价格保留控制权的一种合约安排。企业出售商品后，该商品的所有权发生转移，则购买人因取得其所有权而享有自由决定再出售价格的权利。因此，转售价格维持的客体应为商品，而且必须是商品出售行为时才能适用该规定。如果没有商品出售行为，或者所限制者不是他所出售的商品的价格，应该不属于转售价格维持。

除了商品之外，服务是否可以作为转售价格维持的客体呢？我国台湾地区对此持肯定态度。"公平交易法"第19条规定，事业不得限制其交易相对人，就供给之商品转售与第三人或第三人再转售时之价格。但有正当理由者，不在此限。前项规定，于事业之服务准用之。[②] 但是将服务纳入转售价格维持的客体是有问题的。从理论上看，转售价格维持和联合行为、仿冒行为在性质上有很大的差异。对于服务而言，成立联合行为、仿冒行为等不会存在什么异议，因为商品本身可以脱离出售它的主体而单独构成消费者的需求目标，但是服务却无法和提供它的主体分离。商品的所有权在发生转售价格维持时会转移，从而产生限制是否合理的问题。而服务的本质是行为，它无法脱离主体而单独转移。此外，商品本身是标准化的，在销售过程中，商品自身属性不会因为销售主体的变化而产生差异，服务则不同，相同种类的服务也会因服务主体的不同而千差万别。因此，反垄断法规定的客体仅仅包含商品并非疏漏。日本《禁止私人垄断及确保公正交易法》第24条之二规定，本法规定不适用于生产或销售公正交易委员会指定的且易于识别的质量相同的商品的事业者，与销售该商品的对方事业者确定、维持该商品的转售价格（指该对方事业者或者购买该

---

① 王玉辉：《垄断协议规制制度》，法律出版社，2010，第41页、第45页。

② 黄昭元、蔡茂寅等主编《综合小六法》，新学林出版股份有限公司，2016，B-319页。

对方事业者销售的该商品进行转售的事业者销售该商品的价格，下同）
而实施的正当行为。但是，当该行为不正当地损害一般消费者的利益或者
销售该商品事业者的行为违反生产该商品事业者的意图时，则不在此限。
第2款规定，除非符合下列各种情形，公正交易委员会不得进行前款规定
的指定：（1）该商品为一般消费者日常使用的；（2）就该商品存在自由
竞争的。① 该条款仅仅明确规定了"商品"，而将"服务"排除在外。

（三）转售价格维持的内容

1. "协议"的证明

转售价格维持本身是一种协议，须证明双方当事人就转售价格达成一
致。这通常是卖方对买方施加的合同义务，对后者产生约束力，不足以产
生约束力的价格建议则不在此列，但在个案中应注意考察"建议"的真
实性，以防当事人借"建议"的假象来掩盖"约束"的实质。由于对
"纵向协议"和"纵向垄断协议"之间的关系把握不透彻，人们试图将
"转售价格维持协议"与"转售价格维持的单方行为"进行区别，认为如
果生产商单方面宣布其销售条件，其中含有对转售价格的要求，则只能视
为单方行为，而不构成协议。单方行为的行为人如果不拥有市场支配地
位，则一般不受反垄断法管辖；而拥有市场支配地位的企业的单方行为则
适用滥用市场支配地位的规则，不适用关于垄断协议的规定。但如此一
来，一方面割裂了纵向协议与滥用市场支配地位之间的关系，另一方面又
在相当程度上把转售价格维持协议的证明与垄断协议的证明等同起来，思
路就出现了混乱。实际上，纵向协议只有当用作一方当事人滥用市场支配
地位的手段，或达成垄断协议的手段时才会构成垄断行为，转售价格维持
也是如此。因此需要把转售价格维持协议与其所服务的垄断协议区分开
来，否则有可能导致将不同性质的事物相混淆，不仅整理不清思路，反而
会出现一些不该发生的误判。②

2. "价格"协议的证明

与其他纵向协议不同的是，转售价格维持是一种纵向的"价格协

---

① 戴龙：《日本反垄断法研究》，中国政法大学出版社，2014，第305页。
② 许光耀：《垄断协议的反垄断法调整》，人民出版社，2018，第410~414页。

议"，而关于"价格"因素的证明又与横向固定价格协议不同。对横向固定价格协议可以广泛采用间接证据来证明，只要竞争者之间谈论了价格问题就已经十分可疑了，同业中人即使为了娱乐或消遣也很少聚集在一起，他们谈话的结果往往不是阴谋对付公众便是筹划抬高价格。诚然，想通过能实施的或不违反自由和正义的法律来阻止同业者这样的集会是办不到的，但法律不应该让这样的集会易于举行，更不应该让这种集会非得举行不可。而纵向协议发生于买卖双方之间，他们之间谈价格是十分自然的，不能因此推定他们在做坏事，而且不仅不能"阻止这样的集会"，反而应当促成这样的集会，从而促成更多的交易，并有助于增加社会总产出。因此在纵向关系中，对"价格"要素的证明必须更具体，比横向价格协议的要求更严格。在纵向限制案件中，证据的重心在于协议的内容，而在横向案件中，证据的重心则是订立协议的事实。横向协议，哪怕只是影响了价格，就可以是本身违法的；而纵向协议如果没有确定具体的价格或价格水平，则不算是价格协议。这样说来，纵向价格协议似乎只能是协议，而不能是协同行为。实际上，垄断协议（包括协同行为）只可能是横向的，但纵向协议可以充当达成垄断协议的手段，因而成为对协同行为进行推定的经常性依据。[①]

三　不属于转售价格维持的行为

（一）代理行为

在 1926 年的通用电器公司案中，美国联邦最高法院认为委托代理协议不适用迈尔斯案的规则。因为根据委托代理协议，经销商是生产商的代理人，产品的所有权仍在生产商手里，没有发生对经销商的"销售"，因而后者也没有向客户"转售"什么。早期，法院以产品所有权是否从生产商手里转移到经销商手里为判断标准，但是企业有时为了规避迈尔斯案的规则，将转售协议托名为"委托"合同而不是销售合同。自 20 世纪 60 年代中期起，美国法院试图找到转售协议与委托协议之间的经济差异，以证明委托协议不适用于迈尔斯案的规则的合理性。一般认为委托和转售的

---

① 许光耀：《垄断协议的反垄断法调整》，人民出版社，2018，第 414～417 页。

真正区别，不在于当事人间书面合同上写了什么，而在于当事人之间的风险划分。[①]

欧盟在《纵向限制指南》中，对代理协议有着更加明确清晰的描述。代理协议是指某人（代理人）被授权代表另一人（本人）以代理人或本人的名义就本人购买或销售产品而订立的合同。评估一项协议是否是真实的代理协议，决定因素是代理人承担的财务或商业风险，包括：与代理人代表委托人签订或谈判的合同直接相关的风险，如存货融资；与市场特定投资相关的风险，也就是使代理人能够订立代理协议所必需的投资，通常是沉没投资，不能离开这一特定市场，或者如果将其出售则会导致巨大损失；与在同一市场上其他活动相关的风险，如本人要求其代理人以自己承担风险的方式进行这些活动。如果代理人不承担任何风险或仅承担可以忽略不计的风险，则其代理协议将被视为真实代理协议。因此，区分真实代理协议与纵向协议的关键是，代理人购买或销售的产品的所有权并不属于代理人，或者代理人自己并不提供合同约定的服务，并且代理人：（1）并不承担供应/购买产品的费用，包括产品的运输成本；（2）不负有对促销进行投资的直接或间接义务，如分摊委托人的广告费；（3）不承担产品储存的费用或风险；（4）不提供或经营售后服务、维修服务或保修服务，除非委托人对其进行充分补偿；（5）不对设备、场地或人员培训等进行专门投资，例如汽油零售中的储油罐或者保险代理中销售保单的特定软件；（6）不就所售产品对第三方承担损害赔偿责任，除非其作为代理人有过错；（7）除了代理人的佣金损失外，不因客户未履行合同承担任何责任，除非代理人有过错。如果代理人承担了上述一项或多项风险，则应当视为是转售协议。不过，即使委托人承担了所有相关的财务和商业风险，在代理协议促进共谋的情况下，代理协议也可能在《条约》第101条第1款的适用范围内。例如，多个委托人使用同一个代理人并联合排除他人使用该代理人，利用代理人共谋营销战略或在委托人之间交换敏感的市场信息等。[②]

① 万江：《中国反垄断法——理论、实践与国际比较》（第二版），中国法制出版社，2017，第84页。
② 万江：《中国反垄断法——理论、实践与国际比较》（第二版），中国法制出版社，2017，第85页。

（二）生产商的独立行为

在孟山都案中，被上诉人是一个农用化学产品的批发商，在 1957 年到 1968 年间，被上诉人从事打折销售业务，大量购进商品以很低的价格出售，买卖差价很小。上诉人是其销售产品的生产商。1968 年，上诉人拒绝续签与被上诉人的分销协议。被上诉人最终根据《谢尔曼法》第 1 条的规定向美国联邦地区法院提起反诉，声称上诉人与他的一些经销商共谋固定上诉人产品的转售价格，并且上诉人是为了巩固其共谋协议而终止了被上诉人的分销资格。法院判决认为，如果一个反托拉斯原告能够证明一个生产商是为了回应或是按照其他经销商的抱怨而终止一个降价的经销商的资格，那么他申请作出在法院的指示下的决定应得到支持。[①]

美国联邦最高法院认为上诉法院对于本案的证据适用了一个错误的标准，因为在任何取消经销商资格的案件中，被《谢尔曼法》禁止的生产商与其他经销商的联合行为和生产商的独立行为两者间存在根本区别。《谢尔曼法》第 1 条规定生产商和他的经销商之间存在"合同、联合……共谋"时才构成违法，该法没有规定独立行为。根据高露洁规则，一个生产商有权宣布对没有按照该生产商建议的转售价格确定售价的经销商拒绝销售的政策，并且终止不服从者的经销商资格。一般来说，一个生产商当然有权决定交易的对象，只要是他独立作出的决定。一个生产商频繁地与经销商讨论价格和营销策略，这一事实不能说明经销商没有独立地作出价格决策。一个生产商和经销商就他们的产品在市场上的价格和接受程度交换信息是合理的。[②] 此外，当生产商用代价昂贵的价格限制协议试图加强某种营销策略，以使经销商在转售价格上获得最大利益时更是如此。生产商通常希望确保他的经销商能够得到足够的利润，以使经销商能够支付诸如雇用和培训更多的销售人员以及从事展示其产品技术性能这样的活动，并且希望那些"搭便车"的人不会干预。[③] 因此，生产商对转售价格的特别关注并不一定意味着该行为超出了高露洁规则所允许的范围。根据

① 黄勇、董灵：《反垄断法经典案例解析》，人民法院出版社，2002，第 328～329 页。
② 黄勇、董灵：《反垄断法经典案例解析》，人民法院出版社，2002，第 336 页。
③ 〔美〕理查德·波斯纳：《反托拉斯法》，孙秋宁译，中国政法大学出版社，2003，第 186 页。

以上推理，法院确定了正确的证据标准，即必须有证据能够排除生产商和违背取消资格的经销商是独立行为的，也就是说，必须有直接证据或间接证据能够合理地证明生产商和其他人有意共谋以图达到非法目的。这一规则表达了对企业独立作出商业决策权利的尊重，因此生产商在不存在垄断意图的情况下对交易对象及交易条件进行自由裁量的行为是合法的，不为《谢尔曼法》所禁止。

（三）母子公司间的行为

子公司是指虽然具有独立的法人资格，但却不具有独立的经济地位，是在经营上受其母公司管理和控制的企业。如果一个子公司与其母公司达成的协议中具有某些限制竞争的内容，由于在欧盟竞争法上子公司与其母公司被视为一个经济实体，并认为它们之间的协议只是对同一个经济实体内部劳动的划分，它们相互之间不存在不同企业之间的竞争关系，因而其转售价格维持协议不构成反竞争行为。[①]

欧盟委员会在适用欧盟竞争法的实践中形成并发展了"经济实体"理论。这一理论对于区分若干企业之间是否具有子公司和母公司的关系，从而正确适用欧盟竞争法具有重要的指导作用。欧洲法院在其后所判处的不少判例中，进一步发展了这一"经济实体"理论，如果若干企业构成了一个经济实体，而在其内部的子公司没有真正的决定自己的市场行为，那么，有关的协议与行为只不过是公司集团内部若干企业之间任务的划分。因此，即使这一协议具有限制与第三人之间的竞争的目的或者效果，也不构成《罗马条约》规定的反竞争协议。

根据欧盟竞争法的有关规定，不仅母公司与全资子公司之间的协议不能构成反竞争协议，而且两个或两个以上的具有其他形式的控制与被控制关系的公司之间的协议也不能构成条约规定的反竞争协议。这些形式包括：一家公司拥有另一家公司一半以上的资金或财产；有能力控制另一家公司董事会一半以上投票权；有能力任命另一家公司监事会、董事会或其他法定的企业管理机构一半以上的成员；有权利管理另一公司的事务。[②]

---

① 阮方民：《欧盟竞争法》，中国政法大学出版社，1998，第139页。
② 古红梅：《纵向限制竞争的反垄断法规制》，法律出版社，2011，第65~66页。

第二节　反垄断法规制模式的理论概述

一　反垄断法规制模式的功能及构成

（一）反垄断法规制模式的功能

反垄断法规制模式是在法律实践过程中形成的特定分析方法和违法认定标准。在美国，反垄断法规制模式有本身违法规则、合理原则等；在欧盟，反垄断法规制模式可以归纳为基于形式的方法和基于效果的方法。由于反垄断法条文自身的原则性以及反竞争行为违法性判定的困难性，反垄断法不得不在传统的法律体系外发展出诸如本身违法规则、合理原则等新范畴。许多经济行为的福利效果是模糊的，难以判断，借助不同的规制模式，可以区分出危害程度不同的行为，从而达到分类规制的目的。这种类型化的规制思路能够节约案件处理成本，提高行为后果的可预期性。

（二）反垄断法规制模式的构成

1. 美国的规制模式

美国《谢尔曼法》的条文很简单，它的字面含义无法为其适用提供足够明确的指导，法院通过判例法找到了合适的规制模式，即本身违法规则和合理原则来处理行为违法性认定问题。从司法技术层面来说，合理原则是一项法律原则，更是一项技术规则。协议当事人的市场力量或者经济支配力、相关市场进入障碍等分析因素，是法院在衡量现在或者将来行为是否具有反竞争效果时所考虑的重要经济事实。而本身违法规则是法院和执法机关在归纳长期的反托拉斯实施经验后，发现有些案件不需要做深入细致的分析就能判断出是是非非。某些协议或行为一经存在，就可以直接判定其违反了《谢尔曼法》的规定。[①]

这种类型化的处理思路虽然节约了案件的处理成本，但在操作层面必须回答以下两个预设问题。首先，如何准确区分限制行为的本质，从而适

---

① 李忠斌：《反垄断法的合理原则研究》，厦门大学出版社，2005，第7、23 页。

用这两种规制模式？其次，如果因为行为的福利效果复杂而要适用合理原则的话，应当遵循怎样的标准？美国法院在早期的司法实践中的回应都不甚成功。1897 年跨密苏里案的文义解释方法以及 1918 年芝加哥贸易欧盟委员会案对合理原则所做的宽泛界定都遭到了质疑。自 20 世纪 70 年代中期以后，随着芝加哥学派的经济分析方法的引入，反托拉斯案件处理结果在合理性和效率之间的两难困境被逐渐打破了。芝加哥学派在今天被广为接受的主要智识上的胜利，包括将经济福利确定为反托拉斯的唯一目标、给予生产效率以积极的权重、认同商业行为提升经济效率的行为本质[1]。笔者相信消费者和整体经济都从反托拉斯政策的这些变化中获得了实质性的益处。

因为经济分析与反垄断法之间也存在明显的张力，所以引入经济分析方法也并非一劳永逸。首先，经济分析作为一种外部理论资源，将其引入法律运行机制的分析就会面临体系兼容方面的问题。比如，法官和执法人员是否可能通过系统的学习来理解、掌握经济分析方法？经济学流派众多，各自都有稳定的理论预设和分析范式，在具体案件中究竟要依靠何种理论？更为重要的是，经济学和反垄断法的生成机制不同。经济学产生于人类的智力创造，逻辑性、一致性和可检验性是它的基本特征；反垄断法则产生于政治和司法过程，多数决是它的基本生成机制。因此，在用经济学解释反垄断法时难免出现水土不服的情况。其次，着眼于个案行为经济效果考察的经济分析并不必然能够为经济活动的参与者提供一般性的稳定预期。反垄断法具有安定性等形式特征，以给经济活动主体明确的行为预期。所以，运用经济分析方法固然可以提高案件处理结果的合理性，但却要付出案件处理成本和可预见性方面的代价。

经济分析方法目前业已被内化到了反垄断法制度运行之中，与传统的法律形式主义方法一同平衡、协调案件处理结果的合理性与可预期性、案件处理的效率与成本等因素。经济分析—法律形式主义因而成为现代反垄断法规制模式的构成因子和解决问题的基本框架。美国反托拉斯法的形式

---

[1] Robert Pitofsky, *How the Chicago School Overshot the Mark：The Effect of Conservative Economic Analysis on US Antitrust*, Cambridge：Oxford University Press, 2008, p. 22.

主义路径非但未被经济分析方法所吞噬，反而在某些领域还在茁壮成长。首先，虽然经济分析方法已经在很大程度上压缩了本身违法规则的适用范围，但是美国联邦最高法院并没有完全放弃它。在丽晶案中，法院多数意见仍然认为，本身违法规则在限制行为具有明显的损害竞争效果之时应予适用。其次，在经济分析成为反垄断法规制"合理内核"的背景下，法律形式主义在合理原则的重塑过程中仍旧发挥了基础作用。比如，举证责任转移是目前合理原则的主导运用方式，而举证责任分配本身就是典型的法律形式主义运用方式。最后，反托拉斯法判例发展出了介于本身违法规则和合理原则之间的新的规制模式——快速审查，它结合了两者的优点。快速审查使得法院判断一种看起来具有反竞争效果的新类型的行为是否使用本身违法规则，可以要求被告展示任何该行为促进竞争的证据。如果被告能够提供貌似可信的经济理由来证明该行为是有利于竞争的，则法院将会以合理原则来审查该案，对该行为带来的促进和损害竞争两方面效果进行衡量。如果被告无法做到，那么该行为就是本身违法的。[①]

2. 欧盟的规制模式

欧盟竞争法起源于 1957 年的《罗马条约》，它在立法目的、实体规则和程序设计以及实施机制等方面都迥然有别于美国反托拉斯法。不过两者也有一些共同特征，比如，美国和欧盟都将某些特定类型的行为确认为在本质上是违法的。在美国，这些行为适用本身违法规则；在欧盟，则受制于基于形式的规制模式。[②]

格伯尔（Gerber）指出，可预见性在竞争法中占据显著地位，而在欧洲一体化进程中，竞争法时常成为焦点，引起企业、经济决策者和公众的及时关注。这些关注在欧盟竞争法"现代化"努力中起到重要作用，因为它们关注减少欧盟境内规范经济行为的法规变化范围的需求。可以将现代化区分为两种形式。第一种形式称为"机构的现代化"，以 2004 年开始执行的"现代化一揽子计划"为代表。这一系列的改革包括旨在提高

[①] 李胜利：《美国联邦反托拉斯法百年——历史经验与世界性影响》，法律出版社，2015，第 182～183 页。

[②] Daniel Gifford and Robert Kudrle, *The Atlantic Divide in Antitrust: An Examination of US and EU Competition Policy*, Chicago: The University of Chicago Press, 2015, p. 2.

欧盟竞争法的效率和确定性而进行的机构和程序的变革。第二种形式的现代化是追求通过使用经济学来标准化竞争法决策的基础，从而减少实体规范的变化，称为"实体的现代化"来指代这个计划，通常它被称作将"更经济学方法"引入欧盟竞争法的过程。① 这可以表明欧盟竞争法从基于形式的分析转向了基于效果的分析，同时期的欧盟竞争法规范和官员观点也可资佐证。比如，2009 年欧盟委员会《适用欧共体条约第 82 条查处市场支配企业排他性滥用行为的执法重点指南》中，欧盟委员会提出了适用于《欧共体条约》第 82 条排他性行为的更为明确和更具可预见性的分析框架：排他性行为认定的一般方法包括评价涉案企业是否具有市场支配地位以及拥有多大的市场力量、排他性行为导致的封锁效应对消费者造成的损害、占有市场支配地位的企业是否阻碍了具有同样经济效率竞争对手的市场竞争等。时任欧盟委员会竞争事务委员克罗斯认为它采用了基于效果的方法，而此方法在本质上能够令人信服地说明消费者的境况为什么以及如何因为特定行为而变得糟糕。②

欧盟委员会推动的基于效果的分析转向并非一帆风顺。欧洲法院并不完全接受欧盟委员会在实施《条约》第 102 条时以基于效果的方法取代基于形式的方法。欧洲法院一再重申采用基于效果的方法是不必要的，因为根据目的分析，对于行为的法律定性并不需要分析行为的效果。③ 由于欧洲法院具有司法审查权限，它的立场延缓了欧盟委员会倡导的引入更多经济分析方法的改革进程。

3. 小结

在美国和欧盟反垄断法实施过程中，规制模式的选择占据了核心地位。从功能上看，规制模式将经济方法融入了反垄断法的制度构成中，解决了案件处理结果的合理性与可预期性、案件处理的效率与成本这些因素之间

---

① 〔美〕戴维·格伯尔：《追寻一个现代化的声音：欧洲竞争法的经济学、机构及可预见性》，蔡靖萌译，载张伟君、张韬略主编《知识产权与竞争法研究》（第三卷），知识产权出版社，2017，第 6～7 页。

② Neelie Kroes, "The European Commission's Enforcement Priorities as Regards Exclusionary Abuse of Dominance – Current Thinking", *Competition Law International*, 2008 (4), pp. 5 – 6.

③ Daniel Gifford and Robert Kudrle, *The Atlantic Divide in Antitrust: An Examination of US and EU Competition Policy*, Chicago: The University of Chicago Press, 2015, pp. 14 – 15.

的平衡问题。规制模式直接影响了反垄断法实施的宽严程度。从构成上看，规制模式有本身违法规则和合理原则、基于形式的方法和基于效果的方法等类型的区分，规制模式中的经济分析方法和基于法律形式主义的传统法律规制方式方法之间的张力，构成了该项制度不断发展和优化的动力源泉，并决定着具体类型的规制模式的适用范围和概念内涵的动态调整。①

二　反垄断法规制模式的两分法及其演化

（一）美欧分析转售价格维持的两分法模式

在转售价格维持的规制实践过程中逐步形成了两分法模式。根据语境的不同，两分法模式可以表现为以下三种形态：违法推定与个案证明；本身违法规则与合理原则；目的违法与效果违法。推定是传统民法上的概念，它从基础事实的成立直接推断出推定事实的成立。违法推定是指，证明了某种行为要件即可认定违法行为成立。与之相对应的是必须在个案中具体证明相关效果之后才能认定违法行为成立。美国反托拉斯法语境与这一对传统分析模式相对应的是本身违法规则与合理原则所构成的两分法模式。本身违法规则是指经营者某些特定行为，不论其是否会产生限制或排除竞争的实际后果，均被视为非法的垄断。它源于美国法院对《谢尔曼法》的解释，即不对竞争效果进行判断，而追求特定事实行为是否存在，强调后者与反垄断规定之间的直接对应性。合理原则是指市场上某些限制竞争行为并不必然被视为违法，而需要根据具体情况来判定，即便该行为形式上具有限制竞争的后果和目的，但如果其同时又具有推动竞争的作用，或能显著改变企业的经济效益，或者具有其他有利于社会整体经济和社会公共利益的实现的功用，则该行为就被视为合法。美国反托拉斯法对转售价格维持适用合理原则开始于美国 2007 年的丽晶案，在该案中，法院主张判断该行为是否违法，不能着眼于其性质，而要分析其对竞争产生的总体效果，即对其正负竞争效果进行全面权衡。②

欧盟在转售价格维持规制领域中使用的是另外一套术语体系，即目的

---

① 叶卫平：《反垄断法分析模式的中国选择》，《中国社会科学》2017 年第 3 期。
② 曾晶：《反垄断法上转售价格维持的规制模式及标准》，《政治与法律》2016 年第 4 期。

违法和效果违法。目的违法是指，如相关行为的类型和属性决定了至少某一企业经济行为自由被限制，而且必然导致与竞争相伴的风险被削减，则该行为即被认为是目的违法的行为。针对具备这些属性的行为，无论行为人用它们来实现什么合作目标，也无论它们是不是既遂，是否仅发生一次，是否切实造成限制竞争效果，都可直接被认定为《条约》第 101 条第 1 款所禁止的限制竞争协议，且通常无法依第 101 条第 3 款被免于禁止，有利于减轻执法举证负担。效果违法是指对企业其他限制经济行为自由的行为的违法性判断需根据经济、法律和实际情况来综合分析，看其是否可能导致限制竞争的效果。实践中，举证限制竞争效果比直接从行为类型与属性来认定其与限制竞争间的因果关系要困难，但在市场环境较复杂，尤其是在寡占市场结构下，难以认定相关行为是否与限制竞争构成排他性因果关系时，即使那些涉嫌以限制竞争为目的的行为，也需进一步分析限制竞争效果来佐证相关因果关系推理。①

本身违法规则与合理原则的关键分歧在于判断转售价格维持的违法性时是否要实际考虑它的损害竞争效果。对此问题的不同回答构成了"一要件说"和"二要件说"。前者认为只要认定存在转售价格维持就推定其具有损害竞争效果，因此可以认定为纵向垄断协议。后者则认为要判断转售价格维持的违法性，不仅要具备法律列举的形式要件，而且要有具体的损害竞争效果，也就是说，"一要件说"只是要求抽象意义上的损害竞争效果，"二要件说"则要求具体意义上的反竞争效果。

（二）美国本身违法规则与合理原则两分法的形成及其演化

从美国反托拉斯法的历史发展来看，合理原则是分析垄断行为的基本方法，本身违法规则是例外。《谢尔曼法》第 1 条规定，任何限制州际或与外国进行贸易或商业的契约，托拉斯形式或其他形式的联合，或者共谋，都是非法的。单从字面来看，该条的适用范围极其广泛，及至任何"限制贸易行为"。在它判决的第一个实体反托拉斯法案件中，美国联邦最高法院正是这样理解的，它判决第 1 条的调整对象并不限于"不合理的"限制贸易行为，而是及至所有限制贸易或商业的合同，不存在任何

---

① 刘旭：《中欧垄断协议规制对限制竞争的理解》，《比较法研究》2011 年第 1 期。

例外或限制。但它很快发现这种解释是不可行的。1898 年联合运输案中，美国联邦最高法院判决某些协议虽然影响竞争但并不构成《谢尔曼法》项下的限制贸易行为。在随后的霍普金斯案和阿迪斯顿案中，美国联邦最高法院继续探讨区分非法限制行为的方法。1911 年美国联邦最高法院在标准石油案中正式提出合理原则的分析方法，并承认了先例中提出的本身违法规则的雏形。在 1918 年芝加哥交易局案中，布兰代斯大法官撰写的判决书对合理原则作出经典描述：法院通常需要考察作为该限制客体的业务所特有的事实；它在该限制实施前后的状况；该限制的性质及其实际的或者潜在的效果。该限制的发展历史，当时存在的弊害，采用该具体救济措施的原因，寻求实现的目的，所有这些都是相关的事实。这并非因为良好的意图可以挽救一个原本受质疑的管制，或者相反，而是因为知道意图有助于法院解释事实以及预测后果。在 1940 年美孚石油案中，美国联邦最高法院判决固定价格的协议本身违法，不允许被告提出任何抗辩。经过之后一系列案件的发展，本身违法规则的适用范围达到顶点。美国联邦最高法院在 1977 年的希尔维尼亚案判决中开启了反垄断法的经济分析革命，之后众多类型的行为逐渐改为采用合理原则。目前认为，只有经过经济学论证和实证经验的积累，发现某类行为总是或者几乎总是具有严重反竞争效果之倾向，才可以将其抽取出来适用本身违法规则。现在比较公认的本身违法行为包括竞争者之间达成的赤裸裸的固定价格、市场分割以及某些联合抵制协议。

　　而最低转售价格维持的规制在美国经历了一个从适用本身违法规则到合理原则的演变过程。在 1911 年的迈尔斯案中，美国联邦最高法院判决生产商实施的最低转售价格维持本身违法。法院得出这一结论的依据有两点。一是反对"限制产权让渡"的普通法政策，因为限制产权让渡通常被视为有悖公共政策，高度自由地在不同人之间进行物品的流转最有利于这种公共政策。二是法院认为生产商对于限制转售价格不拥有正当利益，因此，他实施的转售价格维持与经销商之间达成的横向卡特尔具有同等恶劣的效果。此后近一百年间，一些判决对转售价格维持适用本身违法规则施加各种限制。直到 2007 年，美国联邦最高法院在丽晶案中终于推翻迈尔斯案，转而对转售价格维持适用合理原则。美国联邦最高法院作出这一判决的主要依据是新的经济学研究成果揭示出，转售价格维持对于生产商而言具有多种正当的价值——包括鼓励经销商投资，促进消费者选择多样化，防止经销商相互搭便车，促进新企业、新产品进入市场——因此生产商对于设置转售价格维持拥有自己的正当利益，而非仅仅服务于经销商卡特尔的利益。这些促进竞争效果的存在表明，转售价格维持并非总是具有严重反竞争效果之倾向，因此不应该采用本身违法规则。①

　　美国现代反垄断法理论认为，合理原则有上位概念和下位概念的区分。上位的合理原则只是一种平衡的理念，要具体考察促进竞争效果和损害竞争效果，以确定其综合效果。但在长期实践过程中，在适用合理原则分析的基础上针对一些典型垄断行为逐渐形成了比价固定的适用模式，并摆脱了合理原则的标签，成为一种独立的责任判断标准。它们的实质是合理原则的类型化，这些模式称为结构性合理原则。例如在《谢尔曼法》第 2 条项下，针对不同行为类型形成了不同的判断标准，如垄断高价和产品改进、掠夺性定价、拒绝交易、排他性纵向协议，它们从本身合法到本身违法形成了一个谱系。每一个第 2 条项下的法律标准都是对同一个基础性合理原则的具体表述。合理原则更加一般性地提供一个原则，以一种普通法的方式创设反垄断法的责任标准。这是法院依第 1 条所创设的具体化法律标准（如本身违法规则）给我们的启示，所有这些标准都是用以落实合理原则的。同样，在《谢尔曼法》第 1 条项下也发展起来一个规则谱系：首先从本身违法规则开始，它是一个不可反驳的违法推定（如固定价格卡特尔）；其次是证明一些要件之后进行违法推定（如搭售）；再次是可反驳的违法推定，在原告证明一定的要件之后，如果被告没有提出反驳即认定违法；又次是开放式的合理原则，这里不存在推定，需要就原告证明的损害竞争效果和被告证明的促进竞争效果加以平衡；最后是不可反驳的本身合法。这一发展的结果就是，在那种经典的、开放式的合理原则之下逐渐发展出各种结构性的、更加简明的合理原则。因此，合理原则并不要求在每个案件中详细考察每一个相关因素。相反，它可以各种方式进行简化或结构化，以反映关于某类限制的收益和危险

---

① 兰磊：《转售价格维持违法推定之批判》，《清华法学》2016 年第 2 期。

类型的概括判断。①

（三）欧盟目的违法与效果违法两分法的形成及其演化

欧盟竞争法规制限制性协议的实质就是目的违法与效果违法的两分法。欧盟竞争法禁止那些具有损害竞争目的或效果的协议，这种微妙的区别是极为重要的。目的违法意味着协议本质上就有限制竞争的倾向，因而要受《条约》第 101 条第 1 款的规制。一旦协议被证明是目的违法的，那就没有必要再检查它对于市场的实际或潜在效果了。相反，如果协议的目的并非损害竞争，就必须审查它的市场效果。市场效果可能是实际的，也可能是潜在的；可能是直接的，也可能是间接的，但总是需要对协议所处的市场环境进行具体分析。② 上述分类以预设类型为基础③，而不是以当事方的主观意图为基础。④ 一方面，目的违法和效果违法的分类之间具有紧密联系；另一方面，协议所追求的实质内容是会损害竞争的。这种分类方式类似于美国反托拉斯法中的本身违法规则与合理原则的两分法。粗略地讲，这种类似存在于实践中，但要将这两种制度画等号是错误的。⑤在欧盟竞争法中，本身违法是指协议受制于《条约》第 101 条第 1 款，而且无法通过第 3 款的豁免规定而被排除适用。目的违法的协议是可以得到个别或集体豁免的，但这似乎只存在理论上的可能，在实践中的机会则

---

① 兰磊：《论欧盟垄断协议规制制度的困境及其对我国的启示》，载王先林主编《竞争法律与政策评论》（第 1 卷），上海交通大学出版社，2015，第 113~114 页。

② 在根据《罗马条约》第 85 条第 1 款评估协议时，需要考虑其所运行的实际条件，特别是企业运行的经济环境，协议覆盖的产品或服务，以及涉及市场的实际结构，除非协议包含了诸如价格限制、市场分割或者渠道控制等明显的限制竞争行为。

③ 目的和效果类型协议的分类可能随着时间而变化。欧盟法院的判例法显示，目标盒子所使用的大类可能要求不时地改进，将某些类型的不像其他协议那样明显限制竞争的协议从目标盒子中排除出去。目标盒子的规模和内容是能够随着时间而改变的，因为欧盟法院号召考虑，或者重新考虑特定类型协议的限制性质。这种分类和再分类的过程是自然的，可以预期的，这与美国类似，美国的法院会不时地要求决定某一特定类型的协议应当根据本身违法规则，还是合理原则来测试。然而，事实是该过程的发生并不会质疑《罗马条约》第 81 条第 1 款中潜在的目的或效果区分。See Richard Whish, *Competition Law*, Cambridge：Cambridge University Press, 2009, p. 122.

④ 某些协议的反竞争性能够简单地由其目的来决定；在此背景下，"目的"一词并非当事方达成协议时的主观意图，而是要在其运行的经济环境中考虑协议的客观含义和目标。See Richard Whish, *Competition Law*, Cambridge：Cambridge University Press, 2009, p. 116.

⑤ Valentine Korah, "Rule of reason：apparent inconsistency in the case law under Article 81", *Competition law Insight*, 2002 (1), p. 24.

微乎其微。①

　　实际上，欧盟竞争法与美国反托拉斯法这两种制度存在相当程度的趋同。目的违法的协议通常不会被集体豁免，在个案中也几乎不可能满足《条约》第101条第3款的要求而被个别豁免。当然，目的违法也不完全等同于美国反托拉斯法中的本身违法规则。目的违法的协议的本身违法性质只局限于《条约》第101条第1款，即无须详细调查以证明协议违反了第101条第1款。然而原则上，所有协议都可能满足《条约》第101条第3款的豁免要求，至少理论上是这样。在阿谢特案中，欧洲初审法院认为，只要被诉的协议原则上满足《条约》第101条第3款的所有条件，并以适当方式通知了欧盟委员会，那么无论该损害竞争协议对某一市场的影响有多大，都可以被豁免。② 在牛肉产业发展协会案中，欧盟法院在先行裁决程序中碰到了横向限制。成员国法院提出的问题是，这种协议是否目的违法，因而就自动违反了《条约》第101条第1款？欧盟法院认为，横向限制至少在理论上可以根据《条约》第101条第3款得到豁免。它拒绝了牛肉产业发展协会提出的基于《条约》第101条第1款来判断协议合法性的论点，明确了牛肉产业发展协会提出的事项只有与《条约》101条第3款相联系才会被考虑是否可以得到豁免。③ 然而，欧盟法院似乎也相当怀疑横向限制能够根据《条约》第101条第3款得到豁免的可能性，因为实施横向限制的理由几乎很难满足此条款所规定的四项要求。④ 应当强调的是，成员国法院的初步问题仅涉及《条约》第101条第1款。因此，成员国法院出于程序原因，无权就第101条第3款对于横向限制的适用性作出决定。

　　在欧盟竞争法的实践中，目的违法的协议确实非常难以适用《条约》

---

① 集体豁免条例一方面一致地将目的是反竞争的协议作为核心限制对待，将它们排除适用集体豁免的安全港；另一方面，这些协议没有真正的机会可以根据101条第3款来得到豁免。See Valentine Korah and Denis O'Sullivan, *Distribution Agreements under the EC Competition Rules*, Oxford: Hart Publishing Company, 2003, p. 233.

② Case T – 17/93 Matra Hachette SA v. Commission［1994］ECR II – 595, para 85.

③ Case C – 209/07 Competition Authority v. Beef Industry Development Society Ltd and Barry Brothers（Carrigmore）Meats Ltd［2008］ECR I – 8673, para 21.

④ Case C – 209/07 Competition Authority v. Beef Industry Development Society Ltd and Barry Brothers（Carrigmore）Meats Ltd［2008］ECR I – 8673, para 39.

第 101 条第 3 款。然而，仍旧应当强调例外情况的存在。有些协议确实能够满足《条约》第 101 条第 3 款的要求，尽管事实上它们的目的会被视作是损害竞争的。可以说，目的违法的协议存在现实的、极少的情况来满足《条约》第 101 条第 3 款的要求。① 欧盟委员会在一些案件中通常不会明确地说协议具有损害竞争的目的，而是进行一些简单的效果分析，却又不说明这些协议到底是目的违法还是效果违法，之后就根据《条约》第 101 条第 1 款判决违法。在兰斯 II 案中，欧盟委员会并没有证明协议具有损害竞争的目的，它给予这一问题很少的关注，在简单解释之后，就转向了《条约》第 101 条第 3 款。最终欧盟公共邮政运营商就起运地国运营商支付给目的地国运营商的终端费数额达成了一致。② 然而欧盟委员会认为该案中的协议不能被认为是《条约》第 101 条第 1 款意义上的固定销售价格协议，理由是协议不能光由卖方达成，而是由卖方和买方一起达成的。因此，欧盟委员会得出结论，该案中的协议是具有不寻常特征的价格限制协议。在万事达卡案中，欧盟委员会没有直接描述收单行支付给开证行的多边交换费的特性，它并不认为多边交换费协议的目的就是限制竞争。③ 因为按照当事方的市场力量，这种协议肯定具有损害竞争的效果。

在欧盟竞争法的实践中，还有一种熟悉的概念就是核心限制，意即协议的目的就是损害竞争，因此适用《条约》第 101 条第 1 款，而且不可能根据《条约》第 101 条第 3 条来豁免。虽然原则所有协议都有机会满足《条约》第 101 条第 3 款的要求，但也不能说特定类型的协议就会被自动排除适用豁免。④ 但是，核心限制满足这些条件的可能性非常小。⑤

---

① Richard Whish, *Competition Law*, Cambridge：Cambridge University Press, 2009, pp. 150 - 151.

② 1999/695/EC OJ［1999］L 275/17, para 63.

③ 2002/914/EC OJ［2002］L 318/17, para 69.

④ Case T - 17/93 Matra Hachette SA v. Commission［1994］ECR II - 595, para 85.

⑤ 《罗马条约》第 81 条并不包含本身违法规则。然而，这一事实没有它看上去那么明显：具有核心限制资格的限制竞争行为不大可能满足第 81 条第 3 款的条件。缺乏本身违法规则正好可以对核心限制清单作出有用的检查：如果大量核心限制案件满足了第 81 条第 3 款的条件，有问题的限制就应当重新分类了。只有当在个案中评估协议被禁止时，这种限制才硬被归为核心限制。例如，赤裸裸的卡特尔清楚地满足这种测试。See Jonathan Faull and Ali Nikpay, *The EC Law of Competition*, Cambridge：Cambridge University Press, 2007, p. 405.

在这个意义上，核心限制的概念要比目的违法的协议更加宽泛，因为后者只与《条约》第 101 条第 1 款相关。然而，这两个术语不能明显地区分开，因为核心限制协议的目标就是损害竞争，反之亦然。因此，只要涉及了执法机构快速判决违法，根据《条约》第 101 条第 1 款或第 3 款进行的分析就会趋同。一方面，目的违法和本质上损害竞争的限制不过就是同类协议的不同名称，都是《条约》第 101 条第 1 款术语的一部分。另一方面，核心限制的概念，虽然也是对这些同类协议的命名，但却得到了更为广泛的适用，因为它可以同时根据《条约》第 101 条第 1 款和第 3 款来使用。

《纵向限制指南》对于限制作出了简要的总结，在横向环境中，价格固定、产量限制和分割市场、顾客都被当作目的违法来处理。目的违法的协议究其本质而言就很可能限制竞争。这些限制所追求的目标对竞争具有很大可能的负面效果，没有必要适用《条约》第 101 条第 1 款来证明任何实际的市场效果。诸如价格固定和分割市场等目的违法的协议会减少产出、提高价格，导致资源错配，因此不会生产出消费者所需要的产品和服务。它们也会减少消费者福利，因为消费者不得不为讨论中的产品和服务支付更高的价格。

2011 年的《横向协作协议指南》也包含了同样的列举，该路径也同样为旧版《横向协作协议指南》所遵循。欧盟委员会《纵向限制指南》中对于纵向协议也有同样类似的权威总结，有些纵向协议会被作为目的违法来处理。在这点上，《条例》第 4 条规定，只要协议中包含了核心限制，协议就会被假设受制于第 101 条第 1 款。同样可以假设协议不太可能满足《条约》第 101 条第 3 款的条件。① 它指出，本条例第 2 条规定的豁免不适用于直接或间接地、单独或与各方控制下的其他因素相结合而具有下列目的的纵向协议。（a）限制购买商决定销售价的能力，但供应商可以规定最高销售价或者建议销售价，只要最高销售价或者建议销售价不因来自任何当事方的压力或激励而成为固定或最低销售价格。（b）限制购买商销售合同产品或服务的地域或客户的范围，但可以对购买的营业场所

---

① Guidelines on Horizontal Cooperation Agreements, para 128.

加以限制，并且以下情形除外：（Ⅰ）限制购买商向供应商为自己保留的专有地域或专有客户，从事主动销售，但不得限制该购买商的客户的销售；（Ⅱ）限制从事批发的购买商对最终用户的销售；（Ⅲ）在供应商为运作选择性分销体系而保留的地域内，限制该分销体系成员对未授权分销商的销售；（Ⅳ）限制购买商将为组装目的而供应的零部件出售给使用该零部件生产产品的客户，如果该客户的产品与零部件供应商的产品是同类的。（c）限制性选择分销体系中从事零售的成员向最终用户的主动或被动销售，但可以禁止该体系成员在未经授权的营业场所从事经营。（d）限制选择性分销体系中的分销商交叉供应，包括处于不同贸易环节的分销商间的交叉供应。（e）零部件的供应商与使用该零部件组装产品的购买商订立协议，限制该供应商将零部件作为配件出售给最终用户，或出售给未经该购买商授权而维修其产品的修理商或其他服务提供商。① 然而，《条例》第4条的列举细目似乎走得太远了。在缺乏横向因素的情况下，纵向限制只有在以下两种情况下才构成目的违法：一是被用来在欧盟内部阻碍平行贸易；二是实施转售价格维持。如前所述，《条约》第101条第3款的指南规定，构成目的违法类型的纵向协议包括固定和最低转售价格维持，以及提供绝对地域保护的限制。

相应的，欧盟委员会的法律文件之间似乎有着某些矛盾。一方面，《纵向限制指南》涉及了《条例》第4条，认为其中列举的限制是核心限制。然而，该清单不仅包括固定和最低转售价格维持、绝对地域保护，也包括选择性分销协议中的某些限制，比如在4（c）和4（d）中界定的，以及在4（e）中界定的零部件供应商。另一方面，欧盟委员会的其他法律文件将《条约》第101条第1款的自动判决违法限制在了固定和最低转售价格维持、绝对地域保护。后者似乎是有效的路径。总而言之，固定或最低转售价格维持、绝对地域保护这类品牌内限制是目的违法的。

---

① 苏华：《分销行为的反垄断规制》，法律出版社，2012，第228～229页。

第二章　转售价格维持规制模式
选择的争议分析

美国在 2007 年的丽晶案判决中改变了对转售价格维持适用本身违法规则的将近百年之久的判例。鉴于美国反托拉斯法的巨大影响力，各个司法辖区纷纷拉开了重新审视到底应该如何对转售价格维持进行规制的帷幕。我国理论界和实务界内部均对转售价格维持的规制模式有显著分歧：有的支持合理原则，有的则认同违法推定规则。我国《反垄断法》的转售价格维持规定过于原则，可操作性欠佳，没有形成明确的规制模式，加之我国反垄断法的立法及实施深受美欧相关经验的双重影响和异向导引，故而陷入了上述困境。本章力图在理论和实务两方面分析我国转售价格维持规制模式选择陷入困境的表现及其根源。

第一节　转售价格维持规制模式选择的理论分歧

一　理论界支持转售价格维持适用合理原则的观点

合理原则是指对市场上某些限制竞争行为不必然视为违法，而需要根据具体情况来判定，即便该行为形式上具有限制竞争的目的，但如果其同时具有推动竞争的作用，或能显著改变企业的经济效益，或者具有其他有利于社会整体经济和社会公共利益的实现的功用（如有利于采用新技术降低产品成本，更好地满足消费者利益的需要等），则该行为就被视为合法。[1]

---

[1]　曾晶：《反垄断法上转售价格维持的规制模式及标准》，《政治与法律》2016 年第 4 期。

根据布兰代斯大法官的描述，似乎所有适用合理原则的案件都要作全方位的考察。不过，实践中，在运用合理原则分析协议行为时，通常遵循相对固定的框架：第一，原告通常负有表明限制行为已经或者很可能具有重大反竞争效果的举证责任；第二，在原告完成该举证责任后，举证责任转移到被告，由被告举证表明促进竞争效果，但只需对限制行为提出一个合理的解释；第三，之后举证责任又转回到原告，由原告举证表明限制行为与被告主张的促进竞争效果之间不存在足够的关联。大多数法院只要求限制行为是实现促进竞争效果所"合理必需"的即可，因此原告需证明存在"明显限制性较小的替代方式"才可否定被告的合理解释；第四，如果原告未能反驳被告的正当理由举证，他需要对最终的净反竞争效果负有证明责任。净反竞争效果是指，权衡行为的促进竞争效果与损害竞争效果之后，认为损害效果较大。

经过长期司法实践的探索，在针对一些典型垄断行为适用合理原则分析的过程中，逐渐形成了比较固定的分析模式。它们摆脱了合理原则的标签，成为独立的责任标准，但这些责任标准本质上仍然是合理原则分析，是合理原则的类型化。这些较为固定的分析模式称为结构型合理原则。经过美国反托拉斯法的长期发展，合理原则只不过是一种判断抽象意义反竞争效果的标准，个案中证明具体意义反竞争效果的各种方法形成一个系谱，它们区分为全面型合理原则和结构型合理原则，本身违法规则属于前者。全面型合理原则分析需要像布兰代斯大法官指示的那样，考察各种因素之后才可认定是否存在反竞争效果，而结构型合理原则分析只需要考察最有助于识别某类行为之反竞争效果的某些因素，实现了竞争效果考察的轻巧化、间接化、程式化。[①] 结合上述合理原则概念的分类，我国理论界关于转售价格维持适用合理原则的观点亦大致可以分为全面型合理原则和结构型合理原则这两类。

（一）全面型合理原则的代表性观点

1. 全面型合理原则之一

在合理原则之下，对转售价格维持的规制应首先考察实施该行为的企

业所处的市场结构及市场竞争状况；其次，考察相关主体实施转售价格维持行为是以扩大市场占有率为目的，还是以保持优质的售前、售后服务为目的，如果是后者则合法；再次，考察生产商有没有进行产能限制？如果没有进行产能限制，则合法；最后，考察消费者福利有没有因为转售价格维持而受损，消费者福利应做宽泛的解释，包括但不限于价格的降低、服务的提高、质量的提升等。[①]

2. 全面型合理原则之二

考虑转售价格维持效果的正当性和合理性之外，对行为本身的正当性也需重点关注，即达致经营者所追求的正当经济目的和经营效果合理性之手段、方式是否具有正当性，这是判断转售价格维持是否具有合理性，或退一步说，是否具有可免责性的前提之一。[②]

（二）结构型合理原则的代表性观点

1. 结构性的分析方法

转售价格维持可以是生产商主动施加的，也可能是迫于零售商的压力而采取的。在这两种情况下，产生反竞争效果的市场结构条件不完全相同，因此，需要考察便利零售商卡特尔或封锁行为的条件或者便利生产商卡特尔的条件。（1）零售商强迫施加的转售价格维持违背生产商的愿意，因而不会是为了增加产出。这有两种情况：第一，强迫者是一家拥有支配地位的零售商，其行为的目的是封锁市场，维护自己在零售市场上的支配地位；第二，若干家零售商联合对生产商进行强迫，目的在于便利这些零售商之间的卡特尔。（2）生产商主动施加的转售价格维持必须满足以下条件，才有可能便利生产商之间的卡特尔。首先，施加这种限制的生产商们加起来必须拥有支配性的市场份额，否则即使成立了卡特尔也无力提高价格。其次，卡特尔的所有成员均须采用这种限制。只有对那些满足了上述结构性条件的转售价格维持，才需要进行更详细的合理性分析，其基本思路是对限制的反竞争效果与积极效果进行权衡，如果其所产生的效率足

---

① 胡光志、黄秋娜、范卫红：《我国〈反垄断法〉转售价格维持协议规制原则的时代选择——从自身违法到合理原则的转变》，《上海财经大学学报》2015 年第 4 期。

② 陈兵：《汽车行业价格垄断协议违法性认定与法律治理》，《法学》2015 年第 8 期。

以补偿其所产生的负面效果，则认定限制是合理的，不予禁止。[1]

2. 公平分配举证责任的分析方法

公平分配举证责任是对全面型合理原则下原告举证责任过重的一种限制，因此依照合理原则来审查转售价格维持时需要对举证责任进行一定的倾斜。在初始阶段，原告承担的举证责任包括：（1）证明存在一项转售价格维持协议；（2）提出初步证据证明转售价格维持的实施者具有相当的市场势力。证明第1项内容比较容易，但如何算完成了第2项的证明责任？原告只要初步证明转售价格维持实施者具有以下各项因素中的一项或几项就可以视为完成了举证责任：实施者具有相当的市场势力、转售价格维持为行业内普遍采用、涉案转售价格维持占有相关产品市场相当的市场份额、相关市场具有较高集中度以及实施转售价格维持是为了服务于卡特尔或排挤竞争对手等。然后举证责任就可以转移至被告，由他证明：（1）原告的举证错误；（2）自己所实施的转售价格维持不具有排除、限制竞争的效果；（3）自己所实施的转售价格维持具有明显的促进竞争效果且此种效果是采用其他方法所不能替代实现的；（4）消费者福利并没有被严重减损；（5）实施转售价格维持具有合理的商业上的其他原因；（6）实施转售价格维持不具有服务于特定卡特尔或排挤竞争对手的动机等。[2]

3. 霍温坎普式的分析方法

该分析模式主要分为以下六个步骤：（1）考察协议对经营者市场行为的影响；（2）分析经营者签订协议的主观目的；（3）分析经营者的市场地位；（4）考察经营者是否能通过协议实现积极效果；（5）分析协议中限制竞争的方式对于协议具有的积极效果是否必要；（6）综合衡量协议对市场竞争的影响，以确定协议是否违法。该分析模式的内在逻辑关联在于：首先，考虑协议对经营者（当事人）自身的影响，包括分析经营者的客观行为和主观目的；其次，考虑协议对相关市场的影响，包括分析经营者的市场地位以及协议对市场的客观效果；最后，在考虑限制竞争方式是否具有必要性的前提下，综合权衡协议对市场的利弊影响。在分析模

---

[1]　许光耀：《转售价格维持的反垄断法分析》，《政法论丛》2011年第4期。

[2]　黄勇、刘燕南：《关于我国反垄断法转售价格维持协议的法律适用问题研究》，《社会科学》2013年第10期。

式的六个步骤中,前两个分析步骤是相对简单的分析步骤,因为考察的范围仅仅局限于签订协议的经营者自身。后四个分析步骤是相对复杂的分析步骤,因为考察的范围涉及经营者行为对相关市场的影响。①

4. 改良版的欧盟分析方法

转售价格维持的具体规制模式是应在"合理原则"的指引下,对正负竞争效果进行合理性分析。(1)考察转售价格维持是否构成纵向垄断协议。如果该行为有可能会提高价格,减少产出,则可推定其构成我国《反垄断法》第14条所禁止的纵向垄断协议。这一考察过程中,需要运用结构性考察方法来审查该行为是否会产生三种负面竞争效果,即是否便利于生产商卡特尔,或零售商卡特尔及充当其封锁市场的手段。如果能够证明该行为不具备产生上述负面竞争效果的市场结构条件,则考察就此结束,该行为不应受到反垄断法的禁止,反之则需进一步考察。(2)根据我国《反垄断法》第15条所规定的豁免条件对该行为进行细致考察,看其能否满足这些条件,能否弥补其负面竞争效果,能否使消费者分享其好处,是不是"必不可少的限制"以及会不会"消除竞争"。如果均能同时满足,则应予豁免,反之则应予禁止。②

(三)小结

无论是哪种合理原则的具体适用模式,都是要比较转售价格维持最终结果的正面效果和负面效果,而在这种权衡、比较中占据核心地位的是被告市场支配地位的证明。但是,无论是直接比较转售价格维持的正面效果和负面效果,抑或是证明被告的市场支配地位,都是十分困难的工作。首先,转售价格维持的正面效果和负面效果都是绝对多样化和异质性的,无法通过数学或其他的系统量度来进行简单的比较。其次,证明被告市场支配地位的证据通常需要大量调查和高酬劳的经济学家的支持,而相关市场的界定问题通常很复杂,需要具体问题具体分析,并且时刻伴有争议,无法保证成功,所以存在很大的法律适用上的不确定性。总而言之,无论哪种类型的合理原则都特别强调在个案中运用经济分析来权衡其正面和负面

① 李剑:《论垄断协议违法性的分析模式——由我国首例限制转售价格案件引发的思考》,《社会科学》2014年第4期。
② 曾晶:《反垄断法上转售价格维持的规制模式及标准》,《政治与法律》2016年第4期。

效果，它的本质是一种基于经济效果的差异化程度较高的规制模式。

二　理论界支持转售价格维持适用违法推定规则的观点

违法推定规则，是指只要能够证明当事人固定了销售商的转售价格，即推定其非法，而并不考察其有无可能产生反竞争效果；行为人必须证明其行为能够增加产出，并满足其他豁免条件，才能免于处罚。[①] 我国理论界关于转售价格维持适用违法推定规则的代表性观点主要有以下两种：一是基于单向度抗辩理由的分析方法；二是基于多层次抗辩理由的分析方法。

（一）基于单向度抗辩理由的分析方法

对于《反垄断法》第 14 条所明确禁止的典型垄断协议，原告或执法机关只要提供了经营者达成和实施垄断协议的证据即可推定违法，无须另行对排除、限制竞争承担举证责任，即这些推定违法的典型垄断协议本身就是排除、限制竞争的典型表现，其客观上就是一种排除、限制竞争的垄断协议，不需要进一步举证证明其具有排除、限制竞争目的或效果。此时，举证责任发生转换，由被告或被调查的经营者承担举证责任，证明自己存在《反垄断法》第 15 条第 1 款第 1 项至第 5 项规定的情形，证明所达成的协议不会严重限制相关市场的竞争，并且能够使消费者分享由此产生的利益。只有这样，才能够证明该协议不适用于《反垄断法》第 13 条第 1 款和第 14 条的禁止性规定。[②]

（二）基于多层次抗辩理由的分析方法

避免可抗辩的违法推定落入本身违法陷阱的关键是确保抗辩的实质化。为此，首要任务是构建抗辩体系、区分抗辩层次，即区分我国《反垄断法》第 14 条项下基于竞争维度的抗辩和第 15 条项下基于非竞争维度的抗辩。基于竞争维度的抗辩可进一步区分为消极抗辩和积极抗辩。消极抗辩是指被指控方对转售价格维持限制竞争的前提条件的否定，例如制造商不具有市场力量、制造商所在市场集中度不高、制造商所在市场进入障

---

① 许光耀：《转售价格维持的反垄断法分析》，《政法论丛》2011 年第 4 期。

② 王健：《垄断协议认定与排除、限制竞争的关系研究》，《法学》2014 年第 3 期。

碍不大、行业内相似转售价格维持覆盖相关产品市场的比例很小、转售价格维持不是制造商驱动等，可以将这样的抗辩要素视作"反向筛漏"。积极抗辩是指被指控方基于自身境况对转售价格维持具有促进竞争效果的证明，可以说明实施转售价格维持是为了解决经营中的某个棘手问题，比如为了应对在位产品经销商促销服务不积极或相互搭便车，但是仅仅说明这类问题不足以证明促进竞争效果，还必须提供可识别的分销效率，即产品销量增加，并且销量增加不是由其他原因带来的而是源于转售价格维持政策；除此以外，被指控者还应当证明转售价格维持已经是其所采取的对竞争弊害最小的限制手段；当然，被指控者也可说明实施转售价格维持是为了促进新产品的市场进入或基于短期降价促销的缘故，此等情形下转售价格维持不应受到谴责（见表 2-1）。

表 2-1 转售价格维持的抗辩体系和抗辩清单①

		抗辩要素	说明/附加条件
我国《反垄断法》第 14 条：基于竞争维度的抗辩	消极抗辩（对限制竞争前提条件的否定）	①制造商不具有市场力量；②制造商所在市场集中度不高；③制造商所在市场进入障碍不大；④行业内相似转售价格维持覆盖相关产品市场的比例很小；⑤转售价格维持不是制造商驱动……	在任何案件中，第①项要素都可单独构成有效抗辩（转售价格维持负面效果的发挥依赖于特定的市场结构条件，如果当事方不具有较强的市场力量，那么无论从横向关系还是纵向关系看，转售价格维持的反竞争效果都不值得关注）；其他要素需要结合个案情况通过结构化的组合形成叙事，才构成有效抗辩
	积极抗辩（对促进竞争效果的证明）	①防止经销商之间搭便车；②作为不完备经销合同的实施机制或规制手段；③促进新产品的市场进入；④产品短期降价促销……	第①项和第②项事由，还必须证明：a. 如果不是由于转售价格维持，销量就不会增加；b. 转售价格维持已经是对竞争弊害最小的限制手段

① 时建中、郝俊琪：《原则性禁止转售价格维持的立法正确性及其实施改进》，《政治与法律》2017 年第 11 期。

我国《反垄断法》第15条：基于非竞争维度的抗辩	公共政策抗辩	具体参见我国《反垄断法》第15条所列事由	豁免条件的完善：a. 消费者能够分享该利益；b. 限制竞争在所难免；c. 不会严重限制相关市场竞争

（三）小结

无论是哪种类型的违法推定规则，相对于合理原则而言，都是比较普遍明确的。企业在面对违法推定规则时，会清楚地意识到什么行为是合法的，什么行为是违法的，并可以因此相应地调整自身行为。它的本质是一种基于法律形式主义的简单明了的规制模式。

第二节　转售价格维持规制模式选择的实务争议

一　转售价格维持规制模式的司法判决冲突

法院系统一开始在审理转售价格维持案件时，都要求证明相关协议具有排除、限制竞争的效果，遵循了合理原则的分析思路。但是"裕泰案"的二审判决却转向了违法推定规则。

（一）"北京锐邦涌和科贸有限公司诉强生（上海）医疗器材有限公司和强生（中国）医疗器材有限公司纵向垄断协议纠纷案"（以下简称"强生案"）

强生案的一审判决认为，本案中原、被告之间所签订的经销合同的确包含限制原告向第三人转售最低价格的条款，但根据我国《反垄断法》的相关规定，对于此类条款是否属于垄断协议，还需要进一步考量其是否具有排除、限制竞争的效果。但本案中，原告提交的证据仅为被告强生（上海）医疗器材有限公司在互联网上对其缝线产品所做的简短介绍，并不能确切地反映出经销合同项下产品在相关市场所占份额，更不能说明相关市场的竞争水平、产品供应和价格的变化等情况。相反，被告提交的证据表明还存在多家同类产品的供应商。因此，法院认定被告实施垄断行为的事实依据不足。①"强生案"的二审判决认为,从实施反垄断干预的必要性而言,对转售价格维持实施反垄断干预,必须是转售价格维持明显产生了难以克服、难以抵消的排除或限制竞争效果,而相关市场竞争是否充分、被告市场地位是否强大、被告转售价格维持的动机、转售价格维持的实际效果等四个方面的情况是评价最低转售价格维持是否合法的最重要的考虑因素。需说明的是,上述四个要素中,相关市场竞争不充分、实施企业具有很强市场地位两个要素作为认定限制最低转售价格构成垄断协议的必要条件,实际是将市场结构作为限制最低转售价格协议反垄断审查的筛选条件,既借鉴了其他国家司法经验,更是考虑到我国市场经济发展的状况,市场发育不足、限制最低转售价格在各行业普遍存在,以市场结构作为筛选条件有助于制止那些真正对市场竞争整体造成损害的行为。②

（二）"东莞横沥国昌电器店诉东莞晟世欣兴格力商贸有限公司和东莞合时电器有限公司纵向垄断协议纠纷案"（以下简称"格力案"）

格力案的一审判决重点分析了被告的市场地位和转售价格维持的实际效果这两个因素。首先,东莞市空调市场上存在正常的竞争,格力空调在此市场上并无支配地位,"即使格力空调品牌限定最低销售价格,消费者完全可以替代选择其他同类品牌",因此三方协议中的转售价格限制"不是出于排除、限制竞争的目的,不论对横向的空调品牌市场,抑或纵向的空调关联产业供给市场,均没有产生排除、限制竞争的效果"。其次,品牌内部竞争也没有被完全消除,因为格力空调各经销商之间虽然在价格竞争上受到限制,但仍然可以在售前宣传、售中促销和售后服务等多方面参与竞争。③

（三）"武汉市汉阳光明贸易有限责任公司诉上海韩泰轮胎销售有限公司纵向垄断协议、滥用市场支配地位纠纷案"（以下简称"韩泰案"）

韩泰案的一审判决重申了"强生案"的审理原则与分析方法。它认为本案相关市场上品牌竞争相当充分,轮胎产品在高端、中端、低端分别

---

① 符颖:《纵向垄断协议的诉讼资格及证明责任——"北京锐邦涌和科贸有限公司诉强生（中国）医疗器材有限公司案"评析》,《交大法学》2013年第2期。

② 丁文联:《限制最低转售价格行为的司法评价》,《法律适用》2014年第7期。

③ 许光耀:《垄断协议的反垄断法调整》,人民出版社,2018,第451页。

有数十个到数百个品牌，韩泰品牌所处的中端轮胎产品竞争激烈；韩泰公司在相关市场不具有定价能力，只能顺应品牌间竞争，韩泰公司在相关市场不具有很强市场地位，更不具有市场支配地位；虽然韩泰公司在 2012至 2013 年与经销商达成并实施限制最低转售价格协议，但 2012 年至 2016年在本案三个相关市场均呈现消费量逐年上升、价格逐年下降的情况，韩泰品牌轮胎出厂价、最低转售价、零售价也都逐年下降，说明在本案相关市场存在有效的品牌竞争，没有证据表明韩泰品牌的品牌内竞争和相关市场的品牌间竞争受到本案被诉行为的排除、限制。据此，被告所实施最低转售价格限制并未产生排除、限制市场竞争的效果，不构成垄断协议。[①]

（四）"海南省物价局诉海南裕泰科技饲料有限公司物价行政处罚案"（以下简称"裕泰案"）

裕泰案的一审判决认为，对于《反垄断法》第 14 条所规定的垄断协议的认定，不能仅以经营者与交易相对人是否达成了固定或者限定转售价格协议为依据，而需要结合该法第 13 条第 2 款所规定的内容，进一步综合考虑相关价格协议是否具有排除、限制竞争效果。若无法证明，则转售价格维持不违反《反垄断法》。然而，裕泰案的二审判决却推翻了一审判决，首次认可了违法推定规则。它指出，反垄断执法的目的之一是预防垄断行为；《反垄断法》关于垄断协议的规定表明，该法直接将转售价格维持视作垄断协议并明令禁止，并且未直接规定排除限制竞争效果是构成要件；《反垄断法》关于垄断协议的处罚规定表明，反垄断执法机构有权处罚达成但未实施的垄断协议；本案不同于"强生案"，本案行政处罚决定无须以裕泰公司与经销商达成的协议具有排除、限制竞争效果为前提。[②]虽然这究竟只是个案，还是代表法院系统对此问题认识的彻底转变仍有待观察，但是转售价格维持案件的司法判决冲突业已出现。

二 转售价格维持规制模式的司法与执法冲突

根据反垄断执法机构（国家发展和改革委员会以及部分省发展和改

---

① 参见上海市第一中级人民法院（2018）沪 01 民终 1035 号民事判决书。

② 兰磊：《转售价格维持违法推定之论证优度评判——评海南省物价局与海南裕泰科技饲料有限公司行政处罚纠纷案》，《竞争政策研究》2018 年第 4 期。

革委员会）公布的相关案件信息，它们在近年查处了不少转售价格维持案件，其中较为知名的有茅台案、五粮液案、奶粉企业案、眼镜企业案、一汽－大众案等。在这些案件中，反垄断执法机构基本上坚持了违法推定规则。

（一）茅台案

2013 年 2 月 22 日，贵州省物价局发布公告：自 2012 年以来，贵州省茅台酒销售有限公司通过合同约定，对经销商向第三人销售茅台酒的最低价格进行限定，对低价销售茅台酒的行为给予处罚，达成并实施了茅台酒销售价格的纵向垄断协议，违反了《反垄断法》第 14 条之规定，排除、限制了市场竞争，损害了消费者利益。贵州茅台酒销售有限公司在上述行为受到调查后，积极配合调查，主动退还违法扣减的保证金，按照法律要求及时进行了深入整改。鉴于以上事实，对该公司依法处以 2.47 亿元的罚款。[①]

（二）五粮液案

2013 年 2 月 22 日，四川省发改委发布公告：五粮液公司利用自身的市场强势地位，通过合同约定、价格管控、区域监督、考核奖惩和终端控制等方式，对经销商向第三人销售白酒的最低价格进行了限定，达成并实施了白酒销售价格的纵向垄断协议，违反了《反垄断法》第 14 条的规定，排除、限制了市场竞争，损害了消费者利益。五粮液公司作为白酒龙头企业，享有极高的品牌效应和消费者忠诚度，公司实施的价格垄断行为对市场公平竞争、经济运行效率和消费者利益产生如下不利影响。一是排除了同一品牌内各个经销商之间的竞争。五粮液公司通过限定转售白酒的最低价格实施品牌内部限制，制定实施了一整套严格的监督考核和惩罚措施，排除了经销商之间的价格竞争，损害了经济运行效率。二是限制了白酒行业不同品牌之间的竞争。五粮液公司的价格垄断行为在行业内起到了负面示范效应，已有其他白酒品牌开始对经销商进行类似限制和处罚，进一步扩大了对竞争的限制和损害。三是损害了消费者利益。五粮液公司设定最低限价，排除了消费者购买低价商品的机会，特别是五粮液在浓香型

---

① 刘宁元主编《比较法视野下中国反垄断法运行机制研究》，法律出版社，2015，第 240 页。

白酒中占有重要地位，产品可替代性低，严重制约了消费者的选择。鉴于以上事实，处以公司上一年度涉案销售额 1% 的罚款。[①]

（三）奶粉企业案

从 2013 年 3 月开始，国家发改委根据举报对合生元、美赞臣、多美滋、雅培、富仕兰（美素佳儿）、恒天然、惠氏、贝因美、明治等乳粉生产企业开展了反价格垄断调查。证据材料显示，涉案企业均对下游经营者进行了不同形式的转售价格维持，存在固定转售商品价格或限定转售商品最低价格的行为，事实上达成并实施了销售乳粉的价格垄断协议违反了《反垄断法》第 14 条的规定，不正当地维持了乳粉的销售高价，严重排除、限制了同一乳粉品牌内的价格竞争，削弱了不同乳粉品牌间的价格竞争，破坏了公平有序的市场竞争秩序，损害了消费者利益。调查过程中，涉案企业均承认自身的转售价格维持行为涉嫌违法，并且无法证明其控制价格的行为符合《反垄断法》第 15 条规定的豁免条件。国家发改委依据《反垄断法》第 46 条的规定，决定对其中六家乳粉生产企业的价格垄断行为进行处罚，共处罚款 6.6873 亿元。[②]

（四）眼镜企业案

国家发改委于 2014 年 5 月 29 日通过官方网站发布了对依视路、博士伦等镜片生产企业共计罚款 1900 多万元的新闻公告。该案中，对于各生产企业强制下游经销商在"建议零售价"或"建议零售价统一折扣价"上进行销售的行为，国家发改委认为构成直接或变相维持转售价格，存在固定镜片转售价格或限定镜片最低转售价格的行为，并指出：作为眼镜行业市场规模较大、占据较大市场份额的知名品牌商，涉案企业的上述行为限制了经销商的自主定价权，违反了《反垄断法》第 14 条的相关规定，达成并实施了销售镜片的价格垄断协议，达到了固定转售镜片价格或限定镜片最低转售价格的效果，排除和削弱了镜片市场价格竞争，破坏了公平竞争的市场秩序，使相关镜片价格长期维持在较高水平，损害了消费者利益。[③]

---

① 王健：《垄断协议认定与排除、限制竞争的关系研究》，《法学》2014 年第 3 期。
② 王健：《垄断协议认定与排除、限制竞争的关系研究》，《法学》2014 年第 3 期。
③ 洪莹莹：《我国限制转售价格制度的体系化解释及其完善》，《华东政法大学学报》2015 年第 4 期。

（五）一汽 - 大众案

2014 年 9 月，国家发改委授权湖北省发改委对一汽 - 大众销售有限责任公司及其十家经销商处以罚款。调查表明，2012 年以来，一汽 - 大众以各种形式组织经销商达成并实施整车销售及服务价格垄断协议，被认定目的在于控制经销商对第三人转售的整车销售和售后维修价格，剥夺、干预了下游经营者的定价权，抬高了整车和备件的销售价格，排除、限制了整车和备件市场的正常竞争秩序，损害了消费者权益，违反《反垄断法》第 14 条的规定，因而违法。[1]

执法机构一贯秉持"禁止 + 豁免"的执法原则，即坚持我国《反垄断法》在立法技术上对纵向垄断协议采取了与横向垄断协议同样的方式，禁止 + 豁免的规定明确了对其所持的原则的禁止与例外豁免的法律态度，其普遍违法性通过概括禁止的方式予以表达，而其可能具有的合理性则通过豁免的条件体现出来。对反垄断执法机构而言，只能依法办案，而不能造法办案。在执法机构的语境中，"禁止 + 豁免"这一执法原则的实质是违法推定规则，并被认为是《反垄断法》明确予以规定的，因而必须依法行政。上述案件正是在此办案思路的指引下处理的。然而，正如许多学者所质疑的那样，这些案件都没有实质性地将转售价格维持促进竞争的效果纳入考量范围，在相关案件的处罚决定书中，其分析步骤往往是"指出存在转售价格维持的行为→定性违反《反垄断法》第 14 条→给出排除限制竞争的结论性语言"或是"指出存在转售价格维持的行为→声称排除限制竞争→定性违反《反垄断法》第 14 条"。截至目前，执法案件中没有转售价格维持有效抗辩的情形，处罚决定书中也没有是否提出抗辩的说明，更没有对抗辩予以采纳或不予采纳的说理。在这种情形下，违法推定规则很可能落入本身违法的误区，可抗辩的违法推定这一分析模式自然也会遭受较大的声誉危机。[2] 如前所述，我国大多数法院倾向对转售价格维持适用合理原则，因此，执法机构与法院已经在转售价格维持规制模式这一问题上产生了持续性冲突。

---

[1] 许光耀：《纵向价格限制的反垄断法理论与案例考察》，《政法论丛》2017 年第 1 期。

[2] 郝俊琪：《反思与权衡：转售价格维持的反垄断法分析模式探析》，《竞争政策研究》2017 年第 4 期。

第三节　转售价格维持规制模式选择之争的根源

一　转售价格维持规制模式选择的法律解释困境

我国《反垄断法》第 13～15 条对转售价格维持的规定过于原则，缺乏可操作性，未能形成转售价格维持的明确规制模式。而且这些规定令人困惑的用语和结构无可避免地引发了理论界与实务界的不同理解，并进而产生了激烈的争论。

《反垄断法》第二章名为"垄断协议"，但没有用一个法条总括规定这一术语，而是在第 13 条第 2 款对其进行了界定。而第 13 条第 1 款只是规定了横向垄断协议。这就出现了如何界定"垄断协议"的法律困境："垄断协议"的定义是仅限于横向垄断协议还是适用于整部《反垄断法》？鉴于第 13 条第 2 款的法条原文出现了"本法所称垄断协议"的字样，因此一般将它视作适用于整部《反垄断法》。由此出发，凡"垄断协议"就是违法的。作为一项垄断协议应当具有两个基本要件：存在一个协议；这个协议具有排除、限制竞争的效果。虽然法律没有明确要求"排除、限制竞争的效果"达到何种程度才违法，但通常认为，轻微的排除、限制竞争效果不构成违法，只有协议产生了比较严重的排除、限制竞争效果时才被认为违法。鉴于第 13 条第 1 款所列举的诸如竞争者间固定价格、限定产量、划分市场等情形由于已经被公认为具有严重的排除、限制竞争效果而适用本身违法规则来判断，因此在证明要件 1 存在的同时，实际上要件 2 被作为共识而免除了证明的责任。[①]

即使依照上述观点，《反垄断法》第 14 条的解释也将再次陷入困境，对于第 14 条第 1 项和第 2 项的规定存在两种相互冲突的解释。一派观点认为，这两款规定的内容只能构成"垄断协议"的第一个要件——存在一个协议，至于第二个要件——较严重的排除、限制竞争效果，是应当另

---

① 黄勇、刘燕南：《关于我国反垄断法转售价格维持协议的法律适用问题研究》，《社会科学》2013 年第 10 期。

外证明的。绝大多数法院在处理转售价格维持案件时都采纳了这种解释，认为转售价格维持的违法性判断基准要得到经济分析的支持，要权衡其促进竞争与损害竞争的效果。最高人民法院《关于审理因垄断行为引发的民事纠纷案件应用法律若干问题的规定》第 7 条规定，被诉垄断行为属于《反垄断法》第 13 条第 1 款第 1 项至第 5 项规定的垄断协议的，被告应对该协议不具有排除、限制竞争的效果承担举证责任。根据"言此即排他"的法律解释原则，第 7 条未明确规定的垄断协议（《反垄断法》第 13 条第 1 款第 6 项规定的横向垄断协议，以及第 14 条规定的纵向垄断协议）应该由原告对排除、限制福利效果承担举证责任。无论是举证责任倒置，还是由原告承担证明责任，均属于个案中考察福利效果的合理原则分析。① 另一派观点则认为，《反垄断法》第 14 条的总体规定"禁止经营者与交易相对人达成下列垄断协议"的语义表明，只要一项协议具备固定价格或维持最低价格的内容就已经同时具备了"垄断协议"所要求的两个构成要件。第 14 条第 1 项和第 2 项的内容是对"禁止经营者与交易相对人达成下列垄断协议"这一规定以列举方式进行的具体化。执法机构和个别法院在处理转售价格维持案件时便体现了该派观点。我国反垄断执法官员亦在一系列文章中旗帜鲜明地表示，《反垄断法》对于转售价格维持的规制采用的是"禁止 + 豁免"制度，亦即违法推定规则。卢延纯指出，关于垄断协议的反垄断规制，我国《反垄断法》确立了"禁止 + 豁免"的基本制度框架。当一项协议形式上符合反垄断法的禁止性规定，通过豁免环节进一步分析该协议是否具有合法性并因而有可能被豁免适用禁止性规定。徐新宇认为，我国《反垄断法》建立了纵向垄断行为的禁止与豁免制度，对于限制竞争效果非常明显的固定转售价格和限制最低转售价格，《反垄断法》第 14 条明确予以禁止。万江认为，根据《反垄断法》第 14 条的规定，固定转售价格和限制最低转售价格这两类纵向价格垄断协议是被明确禁止的纵向协议，在论述其构成要件时，亦只字未提竞争效果分析。②

---

① 兰磊：《论我国垄断协议规制的双层平衡模式》，《清华法学》2017 年第 5 期。
② 兰磊：《论我国垄断协议规制的双层平衡模式》，《清华法学》2017 年第 5 期。

与此同时,《反垄断法》第 15 条的存在还使得问题更加复杂。本条规定了几种条件下不适用第 13~14 条的情形。按照一般立法逻辑来分析,第 15 条与第 13 条的关系是逻辑自洽的:第 13 条规定的是一般禁止,第 15 条规定的是特殊条件下的豁免。当一项协议虽落入第 13 条的禁止范围,但又满足第 15 条的特殊情形时,排除第 13 条的一般性规定,适用第 15 条的豁免规定。如果也以这种关系来解释第 14 条与第 15 条的关系,则第 14 条应当为一般性禁止条款。明显地,这一结论支持了那些主张违法推定规则的学者对于第 14 条的解释,而与主张合理原则的学者对第 14 条的理解产生了冲突。主张采用合理原则的学者认为第 14 条本身并不是一般禁止条款。按照他们的理解,对转售价格维持进行审查可能产生违法和合法两种不同的审查结果,只有那些具有严重排除、限制竞争效果的转售价格维持方才会被认定为"垄断协议"。但是这样一来,第 15 条对第 14 条的立法意义又在哪里?对这一问题,这一派学者难以作出令人信服的回答。特别是,第 15 条第 2 款还规定落入第 15 条第 1 款第 1~5 项的,经营者要想不适用第 13、14 条规定,还应当证明所达成的协议"不会严重限制相关市场的竞争,并且能够使消费者分享由此产生的利益"。也就是说,如果一项协议虽然落入第 15 条第 1 款第 1~5 项范围,但却严重限制了竞争,是不满足、不适用第 14 条的。恰恰这一点会在事实上造成第 14 条与第 15 条的部分重复,而这种重复,从立法技术的角度看是不应该的。一些学者认为,可以从举证责任分配的角度来考查第 15 条对第 14 条的存在必要性。但是按照这种思路演进,第 15 条第 2 款关于举证责任的分配也将是多余的。因为按照第 14 条的法律解释,原告需要就构成"垄断协议"的两个要件都承担举证责任,如果举证不能则被驳回起诉。因此对于被告而言,他将无须援引第 15 条的任何条款来主张不适用第 14 条了,也就不需要承担任何的举证责任。因此,如果按照主张适用合理原则一派学者对第 14 条的解释,则第 15 条对第 14 条而言,除了第 1 款第 6 项内容外,将成为事实上不必要的一个条款。①

----

① 黄勇、刘燕南:《关于我国反垄断法转售价格维持协议的法律适用问题研究》,《社会科学》2013 年第 10 期。

二 转售价格维持规制模式选择的法律移植困境

（一）转售价格维持规制模式选择深受美欧经验的双重影响

美欧经验对我国《反垄断法》制定和实施有双重影响和异向导引。有学者指出，借鉴美国反托拉斯法、欧共体竞争法和德国反对限制竞争法的经验，我国反垄断法中的垄断协议分为横向协议和纵向协议。① 因此，美欧的反垄断法知识及执行经验便构成了我国反垄断法分析转售价格维持规制模式的主要认知影响。②

《反垄断法》第14、15条的转售价格维持规定在使用术语和内在逻辑上主要借鉴的是《条约》第101条的规定。《反垄断法》第14条规定了禁止转售价格维持，第15条则是豁免条款，规定了在某些条件下，第14条可以不予适用。然而实际上，我国反垄断法实务界和理论界都对这两个条款有着不同的解释。由于他们对美欧规制模式以及对《反垄断法》影响的理解和解释存在着较大的分歧，因此造成了我国究竟要采用怎样的反垄断分析框架来评估转售价格维持合法性的困惑。这种国外认知因素的影响已经在我国产生了一种奇怪的现象：我国《反垄断法》要适用美国反托拉斯法的内容来填充欧盟竞争法的框架。但问题在于，我国若希望在欧盟的竞争立法蓝本下直接融入美国的术语体系，显然不可能成功，因为在不同的价值判断、制度文本、事实假定以及适用模式之下，本身违法规则或合理原则无法与我国现行的立法框架进行无缝对接和完美融合。③ 我国学者曾晶也指出，我国并没有明确对转售价格维持的规制原则与路径，而是将欧盟和美国的做法人为地糅合在一起，造成体系上的冲突和混乱；同时，在借鉴过程中，又没有对本身违法规则、合理原则以及豁免制度的

---

① 王晓晔：《〈中华人民共和国反垄断法〉析评》，《法学研究》2008年第4期。
② 有些《反垄断法》的起草者，例如王晓晔教授就有德国法的教育背景，所以《反垄断法》也受到了德国法的影响。但是，本书不会单独讨论德国法的影响，因为在某种程度上，德国竞争法形塑了欧盟竞争法。秩序自由主义和新自由主义学者的观念也为欧洲一体化进程作出了贡献。可以说，欧盟竞争法是基于德国模型的。因此，本书只探讨美国和欧盟竞争法对于我国反垄断法实施的影响。
③ 洪莹莹：《我国限制转售价格制度的体系化解释及其完善》，《华东政法大学学报》2015年第4期。

具体操作方法、考察因素及其背后的含义进行深入挖掘，而只停留在简单区分这些制度的基本内涵上，以至于在转售价格维持反垄断法实施的过程中出现了"适法分野、各行其是、相互矛盾"的情况。① 以下将简要分析美国和欧盟转售价格维持的规制模式，并阐述这将如何导致我国的困惑。

1. 美国反托拉斯法对转售价格维持的规定

美国反托拉斯成文法有着宽泛和开放的语言，没有为转售价格维持的分析提供明确和可以运用的指导。相反，普通法判决逐渐地发展出了有关转售价格维持的法律，这有助于充实成文法的含义。

美国联邦最高法院在迈尔斯案中确立了转售价格维持的本身违法规则。② 之后，转售价格维持被作为本身违法处理将近百年之久。1997 年，美国联邦最高法院在康安案中判决石油生产商对经销商指定的最高转售价格要通过合理原则来判断。③ 直到 2007 年，美国联邦最高法院才在丽晶案判决中推翻了最低转售价格维持的本身违法规则，转而采取合理原则。④

当反托拉斯法的目标开始改变之时，转售价格维持的规制模式也开始与之类似地取得了发展。在本身违法规则首先确立时，美国反托拉斯法是与若干目标相联系的，比如保持普通法传统、保护中小规模的企业。一种相对清晰简单、可预测的反托拉斯目标要到 20 世纪 70 年代，随着芝加哥学派带来的经济学革命才逐渐成形。芝加哥学派肇始于 20 世纪 50 年代的芝加哥大学，在 20 世纪 70~80 年代到达顶峰。芝加哥学派倡导效率应当成为反托拉斯法的唯一目标。⑤ 它关注行为对于市场价格的效率和效果，而不是行为本身的形式。⑥ 因此，芝加哥学派质疑转售价格维持的本身违法规则，声称迈尔斯案所确立的规则是形式主义的，法院忽略了转售价格

---

① 曾晶：《论转售价格维持的反垄断法规制》，《上海财经大学学报》2016 年第 2 期。
② 刘蔚文：《美国控制转售价格判例的演进及其启示》，《华东政法大学学报》2012 年第 1 期。
③ 根据合理原则，转售价格维持本身并不是违法的，执法机构或法院应当分析或权衡它对于竞争和消费者的损害竞争和促进竞争效果。根据合理原则，如果转售价格维持的损害竞争效果超过了促进竞争效果，它才是违法的。
④ 刘蔚文：《美国控制转售价格判例的演进及其启示》，《华东政法大学学报》2012 年第 1 期。
⑤ 兰磊：《反垄断法唯效率论质疑》，《华东政法大学学报》2014 年第 4 期。
⑥ William Kovasic and Carl Shapiro，"Antitrust Policy：A Century of Economic and Legal Thinking"，*Journal of Economic Perspectives*，2000，14（1），p. 43.

维持的经济目的及其对于消费者福利的效果。芝加哥学派相信几乎所有的纵向行为，比如转售价格维持，都几乎或者绝对不会损害竞争。①

很明显，美国反托拉斯法的转售价格维持规制模式从本身违法规则转向了合理原则，这其中有两个前提条件：首先，大量的经济学文献能够让美国法院和执法机构对转售价格维持进行复杂的经济分析；其次，美国法院在反托拉斯法制度中起到了主要的作用，所以它们能够确立起转售价格维持相对灵活的规则，从而适应商业本质的急速变化。

2. 欧盟竞争法对转售价格维持的规定

虽然欧盟竞争法是基于普通法传统的，但是其对转售价格维持的规定却突出强调了民法制度的特质。欧盟委员会作为一个官方机构，对于根据《条约》第 101 条第 3 款来评估转售价格维持的促进竞争和损害竞争效果具有唯一的权威，因此，不同于美国反托拉斯法，欧盟竞争法的执行是由行政驱动的。

《条约》第 101 条第 1 款普遍禁止了转售价格维持，将其归类为核心限制，不能适用集体豁免条例。如果协议的买卖双方的市场份额低于30%，集体豁免实际上就能为所有的纵向协议提供豁免。然而转售价格维持被排除适用了集体豁免，只能在个案基础上得到豁免。

美国联邦最高法院的丽晶案判决也影响到了欧盟看待转售价格维持的方式。作为回应，欧盟委员会在 2010 年颁布了新的《纵向限制指南》。虽然它仍旧将转售价格维持归类为核心限制，但也强调了更加开放的转售价格维持规制模式需要经济分析。《纵向限制指南》指出，企业在个案中可以根据《条约》第 101 条第 3 款的规定来证明促进竞争效果，这就可以豁免转售价格维持。但是美国反托拉斯法对欧盟竞争法处理转售价格维持方式的影响终究有限。虽然在欧盟，企业在理论上存在证明转售价格维持具有效率，从而根据《条约》第 101 条第 3 款得到豁免的可能，但是实际上，这通常是很困难的。欧盟竞争法或执法机构不太可能改变它们对于转售价格维持的本能厌恶，从而改变执法方式。

---

① 田明君：《企业间纵向关系的经济分析及其对美国反垄断法的影响》，《环球法律评论》2005 年第 5 期。

欧盟竞争法的转售价格维持规制模式有以下两种主要特征。一是转售价格维持被假定是损害竞争的，要推翻这种假设是很困难的。二是不同于美国反托拉斯法，欧盟竞争法的执行是由行政驱动的。欧盟委员会具有评估转售价格维持是否损害竞争的绝对权威，欧盟法院只能进行有限的司法审查，因为它们通常会尊重欧盟委员会的决定。[①]

（二）我国《反垄断法》转售价格维持规定的困惑之处

我国《反垄断法》的转售价格维持规定大体上移植了《条约》第101条的立法框架。《反垄断法》第14条类似于《条约》第101条第1款，禁止了三种类型的纵向限制：固定转售价格、最低转售价格维持和反垄断执法机构认定的其他纵向垄断协议。《反垄断法》第15条则类似于《条约》第101条第3款，列举了豁免条件。

转售价格维持规制模式仍旧是目前我国反垄断法中最富有争议性的问题之一。执法机构对《反垄断法》条文的解读更倾向于欧盟竞争法中的违法推定规则，而法院的司法解释和案件处理的做法则更青睐美国反托拉斯法的合理原则。[②] 反垄断委员会专家小组成员黄勇也在一次采访中提到，全球反垄断司法辖区分析转售价格维持的规制模式主要有两种：本身违法规则和合理原则。从他使用的术语来看，反垄断委员会似乎更加偏好美国对于转售价格维持的分析方法，而这可能直接与执法机构使用欧盟路径的倾向相冲突。

总之，法院和执法机构对于外国法律和执行策略的看法是不同的。这种认知差异源于以下三个原因：首先，向法院和执法机构提供咨询意见的学者的教育背景；其次，决策者所能得到的信息类型；最后，决策者对于外国法律和经验的认知和解释。[③]

---

① Marsela Maci, "The Assessment of RPM under EU Competition Rules: Certain Inconsistencies Based on a Non – Substantive Analysis", *European Competition Law Review*, 2014 (35), p. 106.

② 李剑：《中国反垄断法实施中的体系冲突与化解》，《中国法学》2014年第6期。

③ David Gerber, "Searching for a Modernized Voice: Economics, Institutions, and Predictability in European Competition Law", *Fordham International Law Journal*, 2014 (37), p. 1421.

第三章 转售价格维持规制模式
选择的经济学分析

反垄断法旨在纠正市场中限制竞争的行为，保障竞争性的市场结构。但是，任何市场行为均具有限制竞争的效果，因此反垄断法的理论体系必须能够区分限制竞争的轻重程度，即只禁止那些限制竞争效果严重的行为，或者说市场机制无法自行调节的行为。而传统的法教义学或规范法学着眼于形式推理，当面对实质利益平衡时往往捉襟见肘。因此，反垄断法对于限制竞争行为的具体解释往往需要依赖其他学科的知识，经济学天然地成为反垄断法学理论拓展的必要工具。美国著名法学家博克认为，抛弃经济学等于抛弃了反垄断法执法的理性。[①] 本章将从传统经济理论和新近经济理论两方面着手，探讨转售价格维持的竞争效果，进而确立它的理想规制模式。

第一节 转售价格维持竞争效果的传统经济理论

转售价格维持理想规制模式的确立不能脱离经济学的指导。传统经济理论以"理性人"为基础，[②] 它对转售价格维持竞争效果的分析主要集中在以下两个层面：一是关于转售价格维持竞争效果的理论研究；二是有关转售价格维持竞争效果的实证调查。

[①] 侯利阳：《转售价格维持的本土化探析：理论冲突、执法异化与路径选择》，《法学家》2016年第6期。

[②] 经济学中的"理性人"，具有相当特殊的含义。首先，自己的偏好明确，没有矛盾，始终如一，而且会依据那些偏好，选择能让自己获得最大效用的选项。参见〔日〕有野典男《有限理性》，谢敏怡译，远足文化事业股份有限公司，2019，第16页。

一　转售价格维持竞争效果的理论研究

（一）转售价格维持促进和损害竞争效果的理论解释

经济学对转售价格维持的研究是建立在以下三个假设的基础之上的：上游企业和下游企业（即生产商和经销商）之间形成一个纵向结构且这个结构存在一体化的最优选择；这个最优选择往往和纵向结构中个别成员的利益冲突；生产商的选择代表着纵向结构的最优选择。

经济学家们认为，生产商之所以采取转售价格维持，是因为渠道结构中存在外部性问题。由于在生产商和经销商的结构运作上存在搭便车以及内部竞争等问题，所以，生产商往往采取转售价格维持来进行修正。经济学家们将上述问题全部归纳在外部性的范畴。（1）纵向外部性。经销商加价导致总需求收缩，在双方结算价格一定的情况下，生产商的总利润下降。对生产商和纵向结构带来的损失，和社会福利的损失是相等的。这种情况是生产商和经销商利益之间的冲突，因为生产商和经销商处于纵向结构的上下游，所以这种外部性被称为纵向外部性。（2）横向外部性。它是指纵向结构中平行成员之间的冲突所带来的损失。这种外部性和被普遍称为搭便车现象紧密联系。这个问题的解释比较复杂，除了1960年特尔塞的案例外，1984年麦卡弗蒂（McCafferty）对某些不需要售前服务的行业的观察提供了另外的例证，从而导致了新的解释出现。1997年丹克瑞（Deneckere）等人通过对电子游戏行业的观察，认为转售价格维持还有抑制过度竞争的作用，这是这一理论的最新发展。（3）服务外部性。服务外部性是横向外部性的一种特殊形式。1960年特尔塞首次解释了生产商采取最低转售价格维持的理由。他认为，在需要售前服务的市场内，进行投入的经销商由于成本高于其他不进行售前服务投入的经销商，所以就会出现消费者在有售前服务的经销商那里享受服务，而在不进行售前服务投入的经销商那里购买的情况，这就是所谓"搭便车"现象，亦被称为服务的外部性。按照经济学家的理解，转售价格维持的使用是和克服上述的外部性联系在一起的。[①]

---

① 温宏建：《纵向限制的经济学和法学意义》，《首都经济贸易大学学报》2005年第2期。

具体而言，转售价格维持主要有以下六种促进竞争的解释，它们建立在单个生产商实施转售价格维持的基础之上。

1. 预防搭便车

一方面，在最低转售价格维持经销系统中，负责商品供给的上游企业普遍对该商品市场拥有一定程度的价格支配力，否则其将因其他同类商品的价格竞争策略，导致市场占有率遭受蚕食；易言之，最低转售价格维持存在的本身即意味着该商品市场品牌间竞争受到一定程度的限制。另一方面，包括转售价格维持在内的纵向限制的基本理念在于增加下游经销企业某种程度的独占力量，目的或为赋予下游企业对商品价格的独占控制力，或如最低转售价格维持般扩大成本与售价间的差距，以诱使下游企业更加致力于销售活动。如果是这样的话，上游企业为何要限制下游企业间的销售竞争，令其对商品价格拥有一定程度的控制力量？对上游企业而言，最适当的价格策略应是假设若由自己统合所有生产经销活动，则其对终端消费者的售价应由边际成本等于边际收益时决定，如此定价策略方能促使上游企业获得最大利益。因此，上游企业只要将依此方式所得出之价格扣除经销所需成本，再以此得出的价格出售给下游企业，即可满足自己利益极大化的目的。因此，上游企业合理的行为模式应是尽量鼓励下游企业间的竞争，下游企业间的竞争越是激烈，最终零售价格越低，可卖出的商品数量也越多，上游企业本身也可以获得更多的利益。从而，就上游企业而言，实施最低转售价格维持将会人为地提高商品的零售价格，而在下游经销企业的利益下，减少商品的销售数量，进而导致自己的利益受损，实不足采。因此，传统上认为上游企业根本毫无合理的诱因要去实施最低转售价格维持，若有此行为的发生，应是下游企业间为了达成本身的横向价格垄断协议，而迫使上游企业由上往下作出统一要求。这时，执法机构应可推论出下游企业间横向价格垄断协议的存在，而根据该理由来处罚该最低转售价格维持。实际上，从世界各国过去容许转售价格维持的事例中亦可窥知，要求政府不得对转售价格维持进行管制的团体，多为下游零售企业团体。所以，最低转售价格维持被视为下游经销企业利用作为横向价格垄断协议的手段，也就不足为奇了。但是，如果下游企业间并没有达成横向价格垄断协议，此时，上游企业是否仍有诱因自行实施最低转售价格维持的可能? 过去,一般多认为合理的企业应当不至于有如此的行为。然而,特尔塞在 1960 年发表的一篇论文大大改变了经济学界对此问题的思考生态。他认为,上游企业之所以主动实施最低转售价格维持,是因为这样做可以鼓励下游销售业者从事商品展示、功能解说、使用方法说明、广告宣传、促销等活动,从而增加商品的总销量,弥补因价格上涨所造成的损失。虽然上游企业可以借由降低本身的出货价格补助下游企业所实施上述各项售前服务,但这样做并不能保证所有下游企业都会利用补助来进行各项售前服务。下游企业较为合理的行为模式是利用他人提供的各项售前服务,设定比他人低的售价,引诱消费者在享受他人所提供的服务之后,再回过头来购买自己较为廉价的同样的商品。若此,则原本提供服务的企业为了有效地与此等搭便车企业从事价格竞争,势必被迫放弃各项售前服务,此举减少整体服务,进而降低商品的总体销量,导致上游企业蒙受不利。为了解决搭便车问题,上游企业要求下游销售业者遵守一定的最低转售价格义务,令所有企业在同样价格的基础上,以提供各种售前服务来吸引顾客,彼此竞争,间接地扩大整体商品的销售量。然而,纵使借由最低转售价格维持可以增加上游企业商品销售的总量,但是单单这样并未告诉我们其对社会整体经济公益有利,进而在竞争政策上应受到正面的评价。博克从正面肯定了最低转售价格维持,他在检讨反托拉斯法的演进过程后,主张不论从立法过程或从判例发展来看,反托拉斯法的唯一目的就是促进经济的效率性,或为芝加哥学派惯常喜欢用的消费者福利。在将反托拉斯法的唯一目的定位在经济效率后,博克在经济效率的促进与商品产量的增加间画上等号,认为可以增加上游企业商品销售总量的最低转售价格维持,对照反托拉斯法的目的,应当受到正面的评价,而不应视其为违法行为。[①]

2. 解决需求不确定性问题

经销商在一个给定的市场上所面对的不确定性主要是需求不确定性和成本不确定性。在此情况下,零售价格有助于使用分散的信息,在某种程度上能缓解成本不确定性带来的风险分担问题。丹克瑞等从市场需求不确

---

① 黄铭傑:《维持转售价格规范之再检讨》,《台大法学论丛》1998 年第 1 期。

定性的角度提出，转售价格维持是应对需求不确定性，激励经销商购买产品和储备充足存货的重要机制。因为在需求不确定的情况下，经销商会考虑经营风险进行决策，这导致其预期的购买量低于最优水平，由于转售价格维持阻止了经销商的降价行为，保证其具有稳定的收益，从而激励其购买最优的数量以满足市场需求。在此情况下，转售价格维持是提升社会经济的。克里斯南（Krishnan）和温特（Winter）则进一步分析指出，在静态情况下（如易腐烂商品），最低转售价格维持能解决存货不足的问题。在动态情况下（如不易腐烂的商品），最高转售价格维持能有效激励存货订购。与存货激励理论不同，巴特兹（Butz）也分析了需求不确定下的转售价格维持问题。在他的分析中，市场需求波动导致经销商对批发价格的支付意愿降低，使垄断生产商无法充分实现自己的市场势力。在此情况下，纵向一体化、回购、地域限制、转售价格维持等方式都能解决这一问题。但在这些合约中，只有转售价格维持的执行成本是最低的，因此它成为企业的优先选择。这里的转售价格维持不是补偿经销商的存货成本损失，而是为了消除经销商间竞争导致的市场低需求状态及销售冲动，因此维持了品牌内经销商卡特尔。①

3. 质量和时尚认证

马弗尔（Marvel）和麦卡弗蒂提供了在本质上延伸特尔塞论点的理论以解释无形的非特定商品的服务。他们认为，经销商不仅是提供一系列具体服务的生产商代理人，还履行消费者代理人的职能，负责确定和选择高质量的产品。这些服务容易被搭便车，而转售价格维持可以解决这个问题。经销商从各类进货的商品中选择一些放在货架上，以证明商品质量符合整体声誉。经销商的整体声誉各不相同，有些享有较高声誉。较高声誉经销商通过进货传达给消费者哪些商品符合高标准的信息。由于较高声誉经销商进货这一事实本身就足以彰显商品的品质，所以消费者无须购买商品也同样可以享受其所提供的认证。因此，一些经销商可能搭较高声誉竞争者提供的质量认证的便车。如果消费者能够获得一个经销商所提供的认

---

① 转引自唐要家《转售价格维持的经济效应与反垄断政策》，中国人民大学出版社，2013，第10页。

证而在其他商店购物的话，较低声誉经销商就能与较高声誉经销商进行削价竞争。无疑，消费者就会到声誉较低的商店以较低价格购买商品。一旦较高声誉经销商提供的质量认证服务不能得到相应补偿，他最终会被迫退出市场或停止对认证的开支。为了确保认证的充分供应，生产商会禁止经销商间的价格竞争，从而保证较高声誉经销商的服务能有足够的利润回报。根据马弗尔和麦卡弗蒂的意见，解释并不一定局限于质量。时尚也是认证服务的典型代表。经销商可能会花费大量资源吸引老练的买家，还会运用其他策略来感知正在形成的时尚潮流。在这种情况下，要跟上潮流只需了解经销商进货的信息就足够了，消费者可以利用时尚经销商所提供的认证，在其他地方轻松购物。①

4. 确保经销网点的有效数量

转售价格维持的经销网点假说是由古尔德（Gould）和普勒斯顿（Preston）发展起来的。这一理论基于假设是：产品的需求并不仅仅取决于商品的价格，还取决于经销网点的数量。如果事实如此，生产商就要在商品低价和维持零售网点最低数量之间寻求一个平衡点。如果经销商将产品打折，就将远离任何超竞争回报，价格也会下落到边际成本，他们就只能得到很少的单位回报，有些经销商将被逐出市场或者干脆放弃产品，最终留在市场上的零售网点数量，将是每单位回报刚好弥补平均生产成本的数量。但从社会角度看，这一数量可能是次优的。从社会及生产商的角度看，保留更多的零售渠道，即使成本增加仍有利可图，因为这些成本可由这些网点刺激出的额外需求所抵销。问题是，微薄的回报带来的经销网点不足是一个均衡点，因此市场不会自我纠正。供求曲线相交，现有不充足的网点数量就是一种长期均衡。没有潜在的经销商会发现进入预期利润率的市场是有利可图的，而生产商能够通过指定零售价来纠正这一问题，使商品的利润能够维持额外网点。这些额外网点会导致需求增加，反过来又会导致不同的均衡，从而提高总体福利。有个例子可以阐明零售市场的密度可能是重要的。假设经销商以60美分卖一份报就能获利。有些消费者只买一份报，如果在上班线路上就有一个网点，他们就不会去其他街区买

① 张骏：《美国纵向限制研究》，北京大学出版社，2012，第26~27页。

报。如果这样的消费者很少，在上班线路上建立网点就是经济不合理的，他们的需求就不会得到满足。然而，如果出版商规定了 1 美元的最低零售价，每个消费者买一份报所增加的 40 美分加起来就会使在消费者上班线路上设立网点有利可图。当然，将价格从 60 美分提高到 1 美元，出版商就会失去一些不愿意支付 1 美元买报的消费者。但如果新顾客所带来的额外利润超过了第一种顾客离开所受的损失，生产商就会引入转售价格维持，社会总体福利也会因此而提高。[①]

5. 确保合同执行

在纵向关系中，下游经销商通常从事影响生产商利益的活动，但是由于这些活动的不可证实性和经销商具有的市场需求信息优势，导致逆向选择和道德风险问题的出现。有些经济学家采用了标准的激励理论模型对转售价格维持下的上游生产企业和下游经销企业之间的逆向选择和道德风险问题进行分析，解释转售价格维持对解决这些问题的激励作用。克莱因（Klein）和墨菲（Murphy）最先采用不完全合同的思想来解释转售价格维持，认为它是一种重要的私人合同实施机制。在不完全合同的情况下，为了激励经销商提供充分的促销服务和售后服务，垄断性生产商必须让经销商参与垄断租金的分配，使其成为剩余索取者。转售价格维持为经销商持续地经销产品提供了未来的收入流，生产商通过对没有达到预期促销服务水平的经销商停止供货，这样就可以有效地激励经销商提供预期的促销服务。布莱尔（Blair）和刘易斯（Lewis）重点分析了不对称信息下的道德风险问题，他们推导出了当经销商拥有关于需求条件的私人信息时，有约束的联合利润最大化的零售契约模式，并指出转售价格维持和数量固定可能是最优的纵向合同形式。罗蒙诺（Romano）研究了生产商和经销商之间存在双向道德风险下的转售价格维持机制，指出它是一个有助于解决纵向外部性问题的最优契约。[②]

6. 促进市场进入

如果生产商通过转售而让经销商获得足够的零售利润并保障弥补经销

---

①　张骏：《美国纵向限制研究》，北京大学出版社，2012，第 25 页。

②　唐要家：《转售价格维持的经济效应与反垄断政策》，中国人民大学出版社，2013，第 11 页。

商所负担的巨大销售成本的话，经销商就会积极从事销售活动，其结果是，有助于促进新的生产商进入和投入新产品。例如，当知名度较低且必须积极从事促销的企业试图进入市场之际，甚至是对于著名企业，当有必要搞新产品促销之际，转售可有效作用于此情况。[1]

转售价格维持主要有以下两类损害竞争效果的解释。

（1）促进卡特尔。①促进经销商卡特尔。最可怕的是当分销商结成卡特尔并使用转售价格维持设定销售最低价格。在这一例子中，分销商联合起来迫使生产商实行转售价格维持以维持卡特尔内部的规则，同时为经销商的操纵价格行为提供掩护。生产商因不愿意冒犯其顾客而被迫成为分销商卡特尔的工具。分销商可以在贸易联盟的伪装之下获得垄断地位，或者是其他产业联盟组织如产业投资集团等。生产商并不是这种协议中热情参与者，因为转售价格维持抬高了零售价，减少了生产商的销量，并很有可能降低其利润。[2] ②促进生产商卡特尔。转售价格维持有可能强化上游生产商之间的横向联合。当上游生产商之间存在卡特尔时，往往会有人率先背叛，从而瓦解卡特尔。如果成员意图背叛，就需要通过对经销商降低批发价或给予秘密折扣两种方式来进行，并要求经销商将折扣反映到零售价格上，从而增加本企业的销量。但是，如果产业中全面使用了转售价格维持，生产商便不愿意降低批发价，他们之间卡特尔的稳定性便会因而获得加强。另外，生产商采取转售价格维持还可以避免或减少来自经销商的压力。因为如果没有转售价格维持，那么产品的价格就完全由经销商自己决定，一些有效率或自主性较强的经销商可能为争取更多的市场份额而降低零售价格，而因此失去市场销售量的另一些经销商就会反过来要求生产商降低批发价。如果这些经销商与生产商订有排他性独家交易协议，那么生产商将面临经销商弃他而去销售其他品牌的威胁。但是，如果生产商之间存在卡特尔，同时又有转售价格维持，则可大大降低来自经销商的压力。因此，生产商在市场中占有优势地位的情况下，转售价格维

---

[1] 〔日〕柳川隆、高桥裕、大内伸哉编《法律经济学》，吴波等译，机械工业出版社，2017，第71页。

[2] 〔美〕J. 克伍卡、L. 怀特：《反托拉斯革命——经济学、竞争与政策》（第六版），林平等译，经济科学出版社，2017，第440页。

持就巩固了他们之间达成的价格卡特尔，从而产生垄断高价，对消费者十分不利。①

（2）封锁市场。①生产商使用转售价格维持来排斥竞争对手，封锁市场。卡桑德里早在 1939 年就察觉到经销商喜欢那些能通过转售价格维持得到高利润的产品，认为生产商是他们的同盟者，经销商愿意为这些产品作出促销努力，并多次绝对地排斥缺乏全国性广告推广的产品。莱米在 1966 年又阐释了转售价格维持能服务于一群生产商齐心协力地限制竞争目的，他们会与现有的经销商协会讨价还价，劝说其不再销售被排斥生产商的竞争产品。肯尼迪在 2007 年丽晶案的判决中也指出，比较起来，拥有市场支配力的生产商会使用转售价格维持来激励经销商不出售更小规模竞争对手或新的市场进入者的产品。由此可见，转售价格维持能被上游企业用作回报下游环节排他性的支付方式，这种排他性阻止了上游企业的竞争对手接近消费者，转而抑制了上游竞争。根据该理论，转售价格维持是一种转移租金的策略，生产商通过它来和经销商分享自己的垄断租金。经销商对于这种租金的分享实际上是要视其对上游垄断的保护而定。因此，经销商对保护这种垄断是有切身利益的。他们会避免销售来自于生产商竞争对手的产品。接着，竞争的生产商便不能接触到消费者，生产环节的竞争就被抑制了。一言以蔽之，转售价格维持是生产商迫使经销商内化上游市场进入对行业利润造成影响的一种方法，如果经销商让一个新的生产商进入市场，那么他们通过转售价格维持所能分享到的租金就会消失了。②②经销商使用转售价格维持排斥竞争对手，封锁市场。在不涉及各个供应商的情况下，转售价格维持的另一种损害竞争用途是一个强大的经销商利用它来阻止价格竞争，或者阻碍一个更有效率的经销商进入销售市场。如果竞争对手能够因为销售方面的创新而在价格上削弱强大的经销商，后者使用转售价格维持将尤其有害。因为强大的经销商能够使用转售价格维持来阻止竞争对手将利益传递给消费者。强大的经销商为了让自己能够避免来自更有效率的经销商的竞争，他必须能够说服生产商终止与竞争对手的

---

① 古红梅：《纵向限制竞争的反垄断法规制》，法律出版社，2011，第 44 页。

② 张骏：《转售价格维持的排他性理论及其反垄断执法含义》，《竞争政策研究》2019 年第 1 期。

交易。那么生产商为何要与其合作呢？一定是因为经销商拥有强大的市场力量。与促进经销商卡特尔有关的一些条件在这里也同样适用。为了让经销商能够运用强大的市场力量，必须要让可供选择的、同样有效率的经销商难以进入市场。为了使强大的经销商能够预先阻止竞争，并获得超竞争水平的利润，需要淘汰效率更高的竞争对手。[①]

（二）　两种不同效果理论解释之间的矛盾对立

1. 就转售价格维持促进竞争的解释而言，反对论者认为它们承袭了芝加哥学派的理论范式，转售价格维持消除了纵向交易的外部性，故而能增加产出，也会增加消费者的总体福利。[②] 但是，现代产业组织理论已经对芝加哥学派的根本立场提出了一些相当具有说服力的反对意见

（1）有些理论的适用范围是有限制的。特殊服务理论只有在售前服务具有重要意义时才能成立。有人认为像汽车、香水和冰箱这类产品，消费者在很大程度上依赖于售前服务，要么是因为它们会被要求试用，要么是因为产品本身比较复杂。质量和时尚认证理论的适用范围在某种程度上更加广泛，但也仍然不适用于所有市场。[③] 理论在何种程度上适用于市场需要进行广泛的分析。

（2）转售价格维持被用于矫正纵向非价格外部性就能普遍提高福利这一基本论据的重要限制是，它在很大程度上依赖于消费者同样受益于经销商额外投资的假设。然而，合乎逻辑的假设却是生产商和消费者的利益在某些情况下是互相冲突的。结果是，他们对于售前服务的最佳数量以及销售服务和价格的正确组合是无法达成一致意见的。[④] 因为，消费者对于产品的估值普遍不同，相应地，对于经销商提供的额外服务的需求也不同。一方面，边际消费者，如果没有转售价格维持所带来的促销努力，

---

① Hyun Jae Doh, "Multi - Product Retail Competition and Minimum Resale Price Maintenance", *Korean Economics Review*, 2010 (26), pp. 390 - 391.

② Robert Bork, *The Antitrust Paradox*: *A Policy at War with Itself*, New York: Basic Books, 1978, p. 290.

③ Howard Marvel & Steven McCafferty, "Resale Price Maintenance and Quality Certification", *The RAND Journal of Economics*, 1984 (15), pp. 352 - 353.

④ Rodger Van den Bergh and Peter Camesasca, *European Competition Law and Economics*: *A Comparative Perspective* (2nd ed), London: Sweet & Maxwell Press, 2006, p. 211.

他们是介于购买产品和不购买产品之间的。经销商提供的服务增加了，可能会提高边际消费者对于产品的估值，从而购买产品，增加其福利。另一方面，边际内消费者对于手头产品的价格比较敏感，不看重额外服务。[①] 因此，边际内消费者会愿意购买没有额外服务的产品。当产品涉及提供售前服务的努力时，似乎有理由假定边际内消费者已经足够了解产品了，即使经销商没有提供信息，他们也渴望购买该产品。[②] 如果生产商实施了转售价格维持，边际内消费者就得付出更高的价格，这会减少他们的福利。然而，需要注意的是这种相反的论据在很大程度上依赖于品牌间竞争薄弱的假设。如果不看重额外销售努力的边际内消费者突然要为同样的产品支付更高的价格，他们就会转向其他产品竞争者。换句话说，如果消费者有替代方案，产品涨价就不会损害他们的福利，因为他们可以转向替代产品。[③] 因此，现代的经济学文献普遍认为只有在纵向结构中具有实质性的市场力量时，边际消费者和边际内消费者的偏好区别才是重要的。[④]

（3）售前服务理论的核心论据是服务必须与相关产品挂钩。但是当经销商能够将产品和售前服务分开出售时，就不会出现搭便车问题了。[⑤] 由此而论，这些服务必然与产品相联系，但对于新形式的零售概念来说，这种联系就不那么可信了。一方面，生产商可以实施一项促销津贴计划来为其所希望的服务付费，通过这种方式，生产商可以确保不用实施转售价格维持就能提供所希望的服务；另一方面，生产商也可以与经销商在协议中写明，生产商只有在经销商提供了训练有素的销售人员和良好的服务的条件下才会将产品线供应给他。[⑥] 除了这些协议安排以外，生产商还可以

① M. Motta, *Competition Policy*, *Theory and Practice*, Cambridge: Cambridge University Press, 2004, p. 316.

② F. Scherer and D. Ross, *Industrial Market Structure and Economic Performance*, Boston: Houghton Mifflin, 1990, p. 548.

③ P. Rey and J. Tirole, "The Logic of Vertical Restraints", *American Economic Review*, 1986 (76), p. 921.

④ M. Motta, *Competition Policy*, *Theory and Practice*, Cambridge: Cambridge University Press, 2004, p. 316.

⑤ Rodger Van den Bergh and Peter Camesasca, *European Competition Law and Economics*: *A Comparative Perspective* (2nd ed), London: Sweet & Maxwell Press, 2006, p. 211.

⑥ R. Steiner, "How Manufacturers Deal with the Pricing – cutting Retailer: When are Vertical Restraints Efficient?" *Antitrust Law Journal*, 1997 (65), pp. 427 – 429.

决定自己来提供所需的服务。例如，生产商可以开设特别设计的概念商店或角落来为消费者提供所需的服务。还有一种可以让生产商内部化外部性的方式是在他们自己的网站上提供信息。

（4）应当考虑使用转售价格维持在多大程度上是与所期望的结果成正比的。其他经济上可行且限制性更少的手段是否也能达到转售价格维持产生的效率。[①] 一个可以被普遍接受的观点是，转售价格维持并不是唯一可以矫正非价格外部性的方式。对于特殊服务假说而言，选择性销售也同样可以防止或至少减轻售前服务的搭便车问题，例如，生产商有选择地通过提供售前服务的渠道来销售产品。[②] 然而，在存在品牌间竞争的情况下，如果生产商投资于培训销售人员，那么不只是他自己的产品，他的竞争者同样可以从其投资中获利。还有一种可以与选择性销售一同使用的方法是独家地域。生产商可以将其地理市场划分为不同区域，在每个区域指定独家经销商。结果是，消费者如果在一个经销商那里获得售前服务，而在另一个经销商那里购买产品，将会付出更多的钱。[③] 对于质量认证假说而言，即经销商可以搭其他经销商投资而来的只出售高品质产品声誉的便车，选择性销售同样可以解决此问题。[④] 生产商可以与经销商在合同中约定，经销商必须具有一定的特质，从而防止因为搭便车而坍塌的奢华形象。品牌假说只是简单地认为更高的价格本身可以增加品牌的声誉，因为消费者会将产品价格作为质量的指示，该问题可以被批发价格歧视所解决。[⑤] 通过向那些打算将该产品作为赔本赚吆喝产品的经销商收取更高的价格，生产商可以避免上述问题，或使其可能性变小，消费者也不会对于产品的质量丧失信心。如前所述，除了实施转售价格维持，生产商也常常

---

① Luc Peeperkorn, "Resale Price Maintenance and its Alleged Efficiencies", *European Competition Journal*, 2008 (4), p. 212.

② S. Bishop and M. Walker, *The Economics of EC Competition Law*: *Concepts*, *Application and Measurement*, London: Sweet & Maxwell Press, 2002, p. 161.

③ M. Motta, *Competition Policy*, *Theory and Practice*, Cambridge: Cambridge University Press, 2004, p. 315.

④ M. Motta, *Competition Policy*, *Theory and Practice*, Cambridge: Cambridge University Press, 2004, p. 334.

⑤ H. Aiura, "Whole Price Discrimination between High Street Retailers and Online Retailers", *Economic Bulletin*, 2007 (12), p. 6.

能够自己提供售后服务，因此也会削弱涉及转售价格维持的质量保证假说。根据渠道理论，经销商会选择选址时彼此远离，地点条款可以被用来替代转售价格维持。① 需求风险理论指出，消费者的需求是不确定的，而经销商厌恶风险，因此会将生产商的产品库存保持在一种不足的状态，该问题也可以通过数量强制的手段来解决。② 经销商具有购买生产商一定数量产品的合同义务，这样生产商就能确保经销商具有足够的产品库存了。总之，所有的非价格外部性都可以通过其他方法来解决。

2. 就转售价格维持损害竞争的解释而言，反对者认为，从福利经济学的角度来看，转售价格维持损害竞争用途的前提条件很少能够得到满足

（1）为了促进经销商卡特尔，经销商必须寻求政策，而生产商必须愿意实施转售价格维持。③ 如果生产商产品的超竞争价格将会使大量消费者转向其他品牌，经销商就不太可能愿意寻求提高零售利润的政策。④ 这种需求替代有可能会发生，除非这种转向是困难的。如果在产品市场上拥有支配地位的生产商受制于转售价格维持，或者大多数生产商的竞争对手同样施加转售价格维持的话，转向就很难发生。因此，经销商为了推动转售价格维持来提高零售利润，必须满足上述两个条件之一。在这种情况下，转售价格维持将是促进竞争的，或者是缺乏经销产品的替代方法。只有当没有足够数量的其他经销商经销生产商的产品或者转向这些经销商的成本较高，或者促进产品经销的整合是不可行之时，后者的偶然性才会被满足。⑤

（2）为了使转售价格维持能够促进生产商卡特尔，生产商参与的市场必须易于卡特尔化，并且转售价格维持的使用必须足够广泛以便协助共

---

① Rodger Van den Bergh and Peter Camesasca, *European Competition Law and Economics: A Comparative Perspective* (2nded), London: Sweet & Maxwell Press, 2006, p. 215.

② S. Bishop and M. Walker, *The Economics of EC Competition Law: Concepts, Application and Measurement*, London: Sweet & Maxwell Press, 2002, p. 162.

③ H. Hovenkamp, *Federal Antitrust Policy: The Law of Competition and its Practice* (3rd ed), New York: West Publishing, pp. 449 – 451.

④ Herbert Hovenkamp, *Federal Antitrust Policy: The Law of Competition and its Practice* (3rd ed), New York: West Publishing, p. 449.

⑤ Herbert Hovenkamp, *Federal Antitrust Policy: The Law of Competition and its Practice* (3rd ed), New York: West Publishing, p. 451.

谋。因此促进生产商卡特尔所导致的损害竞争效果是不太可能的，除非能满足以下条件：生产商的市场集中；所涉及的产品是具有相当的可替代性；生产商市场存在进入壁垒；使用转售价格维持的生产商占据了相当大一部分的市场。[1]

（3）欲使转售价格维持成功地作为一种排他性机制，占据市场支配地位的经销商就要扼杀与更有效率的竞争对手之间的竞争。转售价格维持政策必须广泛地实施，以至于这些竞争对手无法在经销商市场上获得有效的立足点。至少，占据市场支配地位的经销商实施转售价格维持的品牌必须占有相关市场销售额的很大一部分。假设一个占据市场支配地位的婴儿产品经销商成功地要求少数的产品生产商施加转售价格维持政策。虽然这样做会使得更有效率的婴儿产品经销商，例如互联网婴儿用品店无法以折扣价格出售价格受限的产品，但这些更有效的经销商仍然可以继续经营，仍会在任何假定的婴儿产品零售市场中增加份额，只要市场中很多品牌的零售销量没有受制于转售价格维持政策。由于经销商可以通过销售其他品牌来增加其市场份额，占据市场支配地位的经销商将会发现越来越难以在生产商那里实施限制产出的转售价格维持政策，而生产商想要接触占据市场支配地位的经销商的有效率的竞争对手。因此，转售价格维持不能作为排除占据市场支配地位的经销商的市场竞争对手的持久手段，除非该市场中的大部分产品销售受到转售价格维持政策的约束。而要建立起有效地将生产商的竞争对手排除出市场的进入壁垒，让转售价格维持促进生产商垄断，就必须保证经销商有足够的利润让他们放弃竞争品牌，或者避免推广竞争品牌。即使如此，除非转售价格维持使用广泛，以至于会对市场中的竞争对手产生明显的排斥效果，否则仍旧不会有损害竞争效果。[2] 鉴于主要以价格展开竞争的折扣经销商无处不在，他们不太可能放弃采用较低价格的产品换取更高利润，因为以上条件很少会得到满足。

---

①　Richard Posner, *Antitrust Law* （2nd *ed*）, Chicago: University of Chicago Press, 2001, pp. 72 - 75.

②　Thomas Lambert, "A Decision - theoretic Rule of Reason for Minimum Resale Price Maintenance", *The Antitrust Bulletin*, 2010 （55）, p. 184.

综上所述，虽然对于转售价格维持的促进和损害竞争效果存在一定程度的理论共识，但无论是哪种效果，在理论有效性方面均有可质疑之处，并非无懈可击。

二　转售价格维持竞争效果的实证调查

经济理论和经验性规律两者哪个更为重要，经济学家们存在分歧。美国丽晶案的判决，最低转售价格维持从本身违法规则转向了合理原则。许多支持该案判决的经济学家相信，厂商参与搭便车行为的动机很强烈，就连合理原则也不适用了，他们认为采用本身合法规则才合适。然而，也有许多反对该案的经济学家认为，有足够的实际证据表明转售价格维持是有碍竞争的。[①] 而现在国内的很多反垄断案件请经济学家作为证人，一方面是因为法官对经济学理论的理解不够；另一方面是因为在适用合理原则时需要经济学证据，分析过程比较复杂。这也导致在许多案件的实际审理中，经济学家并没有拿出具体的经济学证据，而仅仅提供了经济学理论就被视为完成证明，即经济学理论被当作案件的直接证据。[②] 传统经济学理论对于转售价格维持的竞争效果分析是有分歧的，无论哪种竞争效果的产生都有赖于前提条件的严格界定，这是需要实证调查支撑的。对转售价格维持实证问题的不同意见在很大程度上能够解释为何有些经济学家对它持怀疑态度，而有些人的看法则更为宽松。因此，使用转售价格维持到底是为了促进竞争还是损害竞争归根结底是一个实证问题。

为了解释转售价格维持的可能成本和收益，已经有多种候选理论，但很少有相应的实证调查来检验促进竞争或损害竞争的行为是否具有更大影响。在美国，自从丽晶案放宽了联邦层面对转售价格维持的法律待遇以来，政策制定者一直在讨论是否要进行新的立法来解决转售价格维持的合法性问题。有什么证据可以帮助指导公共政策呢？马修（Mathewson）和

---

① 〔美〕罗伯特·皮托夫斯基等：《超越芝加哥学派——保守经济分析对美国反托拉斯的影响》，臧旭恒、林平等译，经济科学出版社，2013，第 50 页。
② 李剑：《从转售价格维持规制反思经济学理论的法学意义》，载陈云良主编《经济法论丛》2018 年第 1 期，社会科学文献出版社，2018，第 89 页。

温特认为，没有太多的证据。[①] 20 多年过去了，这句话依然适用。实证调查的挑战在于关注理论文献，并为政策制定者提供决策依据。由于转售价格维持最常出现在零售环境中，因此，大多数实例都是发生在生产商与经销商关系的背景下。然而，这些原则可以扩展到几乎任何纵向关系领域。需要强调的是，实证调查应当尽可能广泛地考虑一系列的商品。转售价格维持的许多理论表明，持久搜索的商品、很少购买的商品、时尚商品、上等商品和新进入市场的商品是提升服务需求以及转售价格维持促进竞争用途的自然候选者。[②] 然而，专注于这些类型的商品会导致产生偏见。通过转售价格维持来促进市场力量的运用这种情况几乎可以存在于任何商品。正如皮托夫斯基（Pitofsky）所问的那样，想一下包装糖果、宠物食品、牛仔裤、维生素、洗发水、针织衬衫、男士内衣等产品领域中所存在的转售价格维持情况。我们在这些案件里谈论的是怎样的增加需求的服务呢？[③] 虽然许多经济学家都指出，电视将会受制于转售价格维持，有些人可能会惊奇地发现最低转售价格维持协议也适用于快速消费品，比如干麦片、牙膏、啤酒、除草剂、牛奶、面包、冰淇淋、零食、纸制品、汽油、油漆。[④] 实证调查不应该孤立地研究一组产品，这些产品可能先天符合某些促进或损害竞争的转售价格维持理论。

（一）现有转售价格维持竞争效果实证调查的三种路径

1. 直接观察合同数据

转售价格维持是通过明确的合同来维护的。合同及其执行机制提供了必要的激励，以确保经销商收取想要的价格。观察合同本身是判断转售价格维持存在与否的最直接的信息来源，尽管它们在判断转售价格维持的效果方面用途有限。但有了足够的合同数据，就可以用合同定价信

---

① Frank Mathewson and Ralph Winter, "The Law and Economics of Resale Price Maintenance", *Review of Industrial Organization*, 1998 (13), p. 80.

② H. Marvel and S. McCafferty, "Resale Price Maintenance and Quality Certification", *The RAND Journal of Economics*, 1984 (15), pp. 57 – 58.

③ Robert Pitofsky, In Defense of Discounters: The No – frills Case for a Per Se Rule Against Vertical Price Fixing, *Georgetown Law Review*, 1982 (71), pp. 1487 – 1500.

④ P. Ippolito, Resale Price Maintenance: Empirical Evidence From Litigation, *Journal of Law and Economics*, 1991 (34), pp. 263 – 294.

息构建生产商和广泛的经销商之间合同的面板数据集。面板数据集，即panel data，是指在时间序列上取多个截面，在这些截面上同时选取样本观测值所构成的样本数据。这样的数据集有助于深入了解转售价格维持在实际中的实施机制。合同条款可以帮助缩小转售价格维持的原理以及预测效果的解释理论范围。例如，长期合同可能更适合鼓励经销商投资，而短期合同不太可能鼓励投资能够促进销售的特定资产，比如新建一栋大楼或者培训一支销售队伍。可以对违反合同的条款进行分析，以便更好地了解生产商和经销商如何调整激励措施。但许多经销商的合同都是保密的，研究人员很难获得。在没有实际合同的情况下，对生产商或经销商的调查可能能够确定用于形成和实施转售价格维持的经销商合同的关键特征。特别值得注意的是：有无转售价格维持时价格变化的频率、合同的期限以及违反合同条款的后果。自我报告的实施转售价格维持的基本理由可能是有偏见的，因为转售价格维持被用于损害竞争的目的时，生产商大多不愿承认。

为了在没有直接合同证据的情况下证明转售价格维持的存在，实证研究人员的任务是展示价格、数量等结果。对于怀疑存在转售价格维持的货物，库存是不同的。此外，这些差异是由于转售价格维持而不是其他因素造成的。关于零售产品价格和数量的高频数据使研究人员能够测试转售价格维持的存在和影响。

由于很难获得非常详细的数据，一些研究人员已经跟踪并汇总了他们自己对特定产品的经销商价格数据。这些研究集中在一个或几个产品上，不包括转售价格维持将会影响到的产品范围。此外，以这种方式收集价格数据的研究人员无法测试对数量的影响，也无法测试对相近替代品的影响，因此只能测量转售价格维持整体效果的一小部分。一般来说，最好对一组广泛的产品进行分析。对于这样的数据，研究人员可能依赖于公司层面的调查、客户层面的调查，或者像尼尔森公司这样的数据收集公司。

即使有一个涵盖广泛产品的丰富的价格和数量数据集，也不容易证明转售价格维持的存在或测量其影响的大小。由于转售价格维持设定了一个经销商不能销售的底线，有人可能会认为通过观察一个地区提供相同最低价格的许多公司推断出转售价格维持的存在。然而，即使没有转售价格维持，消费品的最低价格也常常是给定区域的模态价格。①

实施转售价格维持的决策可能与价格相关，要么是直接相关，要么是因特定的生产商—经销商关系或地域而不可观测。例如，生产商更有可能在被认为"有利于商业"的司法辖区内实施转售价格维持，这可能是影响价格的地域性特征。即使要观察价格和实施转售价格之间的相关性，这种相关性也可能受到其他不可观测因素的驱动，这些因素会随着时间或地域变化。因此，研究人员应该寻找经济环境中潜在的变化，比如转售价格维持的法律处置发生了意料之外的变化，变化前后的分析可以提供关于转售价格维持实际影响的信息。立法或司法可以促成法律的改变，法律的改变随即会对行为产生影响。② 根据库伯（Cooper）等人的研究，自然实验适宜指导反垄断执法政策的研究。③

但即使是这种自然实验也不能消除内生性问题，因为无法观察到的因素可能随时间而变化。例如，立法或司法解释可能因当地司法部长或反垄断执法机构对转售价格维持看法的改变而改变。这反过来又可能与价格或业绩有关。或者，当一个产品在经销商之间的低价也是模态价格时，很难区分价格变化到底是由生产商实施的转售价格维持，还是由其他市场效应的变化而造成的。在这些情况下，并不是一切结果变量的改变都可以归因于法律环境的变化。

2. 诉讼和案例研究

以往对转售价格维持的研究主要依靠法律案件中的证据来确定它的存

---

① 这可能是由于高弹性消费者和左位数偏差的联合所导致的。"左位数偏差"是行为经济学和实验心理学中的一个概念，指的是人们倾向于把注意力集中在数字的最左边，而部分忽略其他数字。See M. Korvorst and F. Damian，"The Differential Influence of Decades and Units on Multidigit Number Comparison"，*The Quarterly Journal of Experimental Psychology*，2008（61），pp. 1250 - 1264.

② E. Bailey and G. Leonard，"Minimum Resale Price Maintenance: Some Empirical Evidence from Maryland"，*The BE Journal of Economic Analysis and Policy*，2010（10），pp. 1 - 8.

③ 库伯建议反垄断执法政策应该以自然实验中有关限制行为竞争效果的推论为指导。自然实验的质量及其究竟能在多大限度上模拟限制行为的效果，将是法院或者决策者需要解决的问题。See C. Cooper，"Vertical Antitrust Policy as A Problem of Inference"，*International al Journal of Industrial Organization*，2005（23），pp. 639 - 664.

在及其影响。这些数据的好处是很容易得到。然而，在若干种最能准确地描述公司一般行为的理论中，它只能提供有限的洞见。来自诉讼和案例研究的证据不能提供受影响产品的代表性样本，而且可能会影响人们对哪些产品会受到转售价格维持影响的看法。

在丽晶案之前，伊波利托分析了 1976~1982 年被报告的转售价格维持案例，在此期间，针对此行为的法律是最严格的。她回顾了美国 1975 年至 1982 年间 203 个转售价格维持案件，发现大多数案件涉及复杂的、新的或不经常购买的产品。其中转售价格维持的经销商服务理论是最有可能成立的。伊波利托的结论是，共谋并不是这些案件的主要理由。然而，假设类似的研究在丽晶案之后也会得到相同的结果是不恰当的，因为之前的规则本身可能会阻止企业出于损害竞争目的而使用转售价格维持。① 她发现，根据本质标准提起诉讼的转售价格维持案件样本并不是相关纠纷的随机样本。尽管自从丽晶案以来法律环境已经发生了变化，但诉讼案件仍可能是一个有偏见的样本。促进竞争的行为不太可能受到挑战，因为原告要承担提起诉讼的成本。在那些受到挑战的做法中，原告和被告的利益往往是不对称的，因为被告的平均损失会更多。原告经常寻求恢复到转售价格维持之前的状态，这不仅会影响该经销商销售的问题产品，还可能影响通过生产商在相关地区的整个分销网络销售的问题产品。这种不对称影响了解决问题的动机，这就成为转售价格维持争议样本的另一种偏见。

或许诉讼和案例研究的最大价值在于，它们可以解释特定的转售价格维持行为，否则这些行为可能会对公众保密。从同意实施转售价格维持的公司、竞争公司和客户那里得到的证词可能支持或至少表明了决定实施转售价格维持的理由。这些案例研究可以通过提供已知的存在转售价格维持的详细证据来说明这一点。然而，由于它们仅限于单个产品，所以在将结论推广到广泛种类的产品时的用途有限。奥弗斯特里特（Overstreet）发现他所调查的案例研究在确定竞争效果方面，比更多的调查研究更有用，但是证据却是混合的。

---

① J. Baker, "Taking the Error out of 'Error Cost' Analysis: What's Wrong with Antitrust's Right", *Antitrust Law Journal*, 2015 (80), pp. 1 - 38.

在丽晶案之后，许多州都对转售价格维持适用了合理原则，与转售价格维持有关的诉讼案例应当也有改变，因为在一个更为宽松的法律环境中，企业会调整自身的行为。分析丽晶案之后的转售价格维持诉讼，可以为哪些产品可能会遭受转售价格维持的损害竞争提供有用的见解。然而，以上讨论的这一系列诉讼案件可能仍然存在偏见的原因。可见，转售价格维持对消费者整体福利的影响并不会明显导致诉讼案件类型的变化。

3. 决定竞争效果

在没有严格理论限制的情况下，评估转售价格维持的竞争效果是一个相当大的挑战，即使有了合同和详细的价格和数量数据。为了说明这种困难，考虑单一产品实施转售价格维持导致销量减少会对消费者剩余产生什么影响。

如果由于竞争减弱，销量减少反映为需求曲线上的移动，那么消费者剩余将会明显减少。然而，转售价格维持的促进竞争观点预测需求曲线不会保持稳定，因为转售价格维持将会提升能够增加需求的服务，从而提高消费者的购买意愿。如果销量减少既反映了需求增加，也反映了需求曲线上的移动，那么对消费者剩余的净效果就是不确定的。为了得到一个明确的答案，我们需要评估边际单位的盈余是否大于边际单位的损失。因此，一个简单的数量测试，无论数量增加还是减少，都普遍是不可靠的。结果取决于需求曲线变化的性质，它可以旋转、向上移动、向外移动或者弯曲。

最常被引用的评估转售价格维持竞争效果的工具是波斯纳（Posner）的数量测试。他认为，如果产出增加，产品总体上更具有吸引力，消费者福利也会增加。[①] 这项测试要在可能增加需求并减少竞争的政策背景下进行。数量测试很有吸引力，因为衡量产出的指标很容易获得，而且很少需要了解对需求和竞争的影响。然而，这种分析的基础是对潜在的能够增加需求的服务如何影响需求曲线的严格假设。在更加宽松的假设下，数量检验不是决定性的。为了说明这一点，我们考虑两种基本的需求曲线变化：

---

① Richard Posner, "The Next Step in the Antitrust Treatment of Restricted Distribution: Per Se Legality", University of *Chicago Law Review*, 1981 (48), pp. 6 – 26.

（1）纵向移动，例如购买意愿的一致增加；（2）需求曲线绕着价格轴交点旋转。对于第二种变化，逆时针旋转通过增加需求弹性和正的需求曲线上所有的购买意愿来影响消费者需求。

在我们假设的场景中，可以观察到实施转售价格维持之后价格上涨，也能看到销量是增加还是减少。在这两种情况下，我们对消费者剩余和福利能得出什么样的结论呢？

表 3-1 为不同需求曲线变形对消费者剩余和福利的影响。当需求曲线一致上升时，波斯纳测试成立，因为在（a）项下，消费者剩余与数量变化的符号相匹配。然而，对于需求曲线的旋转，测试不成立。正如（b）项所显示的那样，数量增加并不意味着消费者剩余增加。例如，转售价格维持旋转出需求曲线，同时也允许以前有竞争力的公司协调垄断价格。随着需求曲线趋平，实施转售价格维持的公司可以通过提高价格来获得更多的超边际剩余。价格上涨所产生的损害竞争效果可能超过需求效应和消费者剩余的减少带来的后果。

表 3-1　数量测试、消费者剩余和福利

	消费者剩余	福利
（a）纵向需求变化		
数量↑	+	+
数量↓	−	?
（b）需求曲线的旋转		
数量↑	?	+
数量↓	−	?

在转售价格维持会急剧减少竞争的情况下，很容易看到即使产出增加，消费者剩余也可能减少。然而，即使没有减少竞争，消费者剩余也可能减少。如果需求曲线是凹形的，那么需求曲线的旋转可能会在企业价格高于边际成本的市场中导致更少的消费者剩余。[①]　此外，

---

① 一个众所周知的结果是，当需求曲线围绕价格轴上的一个定点旋转且边际成本不变时，垄断者不会改变其价格。当需求呈线性时，这个结果是适用的；当需求曲线呈非线性时，垄断者可能希望提高或降低价格。在考虑到需求增强的周期性因素后，价格上涨幅度可能足以降低净消费者剩余。

在这两种需求变化的情况下，数量减少的竞争效果都是模糊的。在许多情况下，边际内消费者付费意愿的提高足以抵销失去的消费者似乎是合理的。

以上分析表明，波斯纳测试是一种弱检验。它只有与转售价格维持匹配的能够增加需求的服务一致地沿着需求曲线向上移动时才成立，而即使在其他简单的需求曲线变形的情况下，也很难站得住脚。

（二）现有转售价格维持竞争效果的实证调查概要

转售价格维持竞争效果的实证调查与汗牛充栋的理论研究文献相比，数量十分有限。从现有实证调查的三大路径来看，其自身或多或少存在一些问题。但是毕竟已经有部分学者作出了开拓性的探索，也累积了一些成果，可以为转售价格维持规制模式选择奠定理论基础。

表 3 - 2　现有的转售价格维持实证调查①

代表性学者	产品	方法和数据	调查结果	研究结论
爱途（Itto）、丸山（maruyama）	经销商店的产品	转售价格维持对产品毛利率影响的自然实验：美国在废除允许转售价格维持法案后，美日经销体系的毛利率对比	1986 年，美国已废除了允许转售价格维持的法案，但日本仍允许对指定产品的转售价格维持。此时，日本的经销体系利润率明显高于美国	转售价格维持有利于维持行业的利润率
依波利托	复杂性产品（如空调设备、电子设备、滑雪器材等）和简单产品（如汽油、纸制品、啤酒等）	针对 1976～1982 年 203 起转售价格维持案件的样本研究：将案件分为私人起诉和政府起诉，检验转售价格维持的多种经济学理论	在众多的诉讼样本中，共谋理论最多适用 13% 左右的案件。大多数案件都可以用特殊服务理论来加以解释	对转售价格维持适用本身违法规则会妨碍委托—代理问题的解决，而对阻止共谋没什么作用

① 张骏：《转售价格维持反垄断法规制模式的发展及其启示》，《江南大学学报》（人文社科学版）2017 年第 1 期。

续表

代表性学者	产品	方法和数据	调查结果	研究结论
赫歇尔（Hercher）	白酒、商店出售的衣服、电子配件、家用电器、化妆用具、轮胎、手表等产品	美国联邦最高法院舒格曼案判决影响股票市场的案例研究：它在本质上减弱了转售价格维持合同的可实施性	判决对这个样本中的绝大多数公司产生了最小的股价变化。判决对上游生产商没有造成明显的损失，对于部分经销商则产生了正面影响	调查结果微弱地支持了转售价格维持便利经销商卡特尔的理论（主要是在消费电子产品行业）以及提高效率的理论。没有发现对生产商卡特尔的支持结论
依波利托、奥弗斯特里特	玻璃器具类产品	美国联邦最高法院康宁案判决影响股票市场的案例研究分析了：（1）康宁及其竞争对手市场份额的变化；（2）当康宁使用转售价格维持被判决违法时，康宁及其竞争对手异常的股票收益	在被迫放弃转售价格维持之后的若干年里，康宁失去了市场份额。当联邦贸易委员会宣布起诉时，康宁的股价就下跌了 12% ～16%，而它主要的竞争对手霍金的股价则上升了 3% ~7%	证据排除了转售价格维持便利经销商或生产商卡特尔的反竞争理论。相反，支持了"委托—代理"理论，转售价格维持可以帮助康宁增加产品的需求
日本公正交易委员会	化妆品、一般医药产品	转售价格维持指定商品范围缩小之后，产品价格变化的自然实验	随着允许转售价格维持的产品范围的缩小，这些产品降价比例增加，与一般产品价格之间的差别缩小	转售价格维持有利于推高零售产品的价格
尤顿	图书	英国图书出版行业的自然实验：转售价格维持与新书出版数量的变化关系	新书出版的数量变化不定，很难剥离其他影响因素来判断转售价格维持的作用	在特定行业中，转售价格维持的经济学理论难以得到适用

（三）传统经济理论并不能推导出转售价格维持应当适用合理原则

转售价格维持的竞争效果在不同产业、不同市场条件下的结果并不确定，无法证明它的正、反面效果，哪种更有可能发生以及发生的频率更高。现有的实证调查更多的是证明了转售价格维持可能具有促进竞争效果，也可能具有限制竞争效果，但是证明行为的双重属性本身远远没有达到法律在规范意义上的要求。为了达到这种要求，至少还需要说明两个方面的问题。一是行为的可能性分布。行为在现实市场中可能的效果至少有五种情况：完全的负面效果，完全的正面效果，正面效果更多，负面效果更多，正面、负面效果相当。知道效果在市场中的大体分布才能更好地设计法律制度。二是需要考虑到反垄断法规制形成的动态影响。对某种行为采用本身违法规则，会促使企业采用一种限制性更小的替代方案；采用倾向于被告的合理原则，则会激励企业更多地采用限制性更大的行为。在制度先验性地把转售价格维持设定为违法推定后，现在的经济学理论仅仅证明转售价格维持具有双重属性来改变既定规则是不够的，还需要经验证据证明转售价格维持在现实市场中到底如何分布，然后再考虑如何设定相应的规则。①

第二节　转售价格维持竞争效果的新近理论发展

一　行为反托拉斯理论的研究成果

传统经济理论指出，转售价格维持具有促进竞争和损害竞争的双重效果。因此，经济学界有关转售价格维持的争论主要围绕着其双重效果可能出现的频率及其表现。然而重要的是，转售价格维持竞争效果争论中的两个阵营都假设生产商是严格的理性行为人，他们只采用能使利润最大化的协议。相反，行为经济学表明，在现实世界中，有限理性的生产商倾向于使用转售价格维持，即使在他既不是理性地促进竞争，也不是理性地损害竞争的情况下也是如此。现有的证据进一步表明，生产商对转售价格维持的过度依赖会随着时间的推移而减少，有

---

① 李剑：《从转售价格维持规制反思经济学理论的法学意义》，载陈云良主编《经济法论丛》2018 年第 1 期，社会科学文献出版社，2018，第 90 页。

偏见的生产商要么认识到自己的错误，要么受到市场的惩罚。但是，转售价格维持的缓慢消亡可能会导致多年来的效率损失，有时还会产生竞争损害。①

（一）行为反托拉斯理论的核心观点

行为反托拉斯将行为经济学的分析方法与反垄断相结合，是对传统经济学假设的发展和修正。行为反托拉斯可以被定义为实证的行为结果在反垄断法领域的应用。这种方法借鉴了研究者对构成人类判断和决策过程的行为的研究，特别注重那些和严格理性假定背离的真实的、系统的、可预测的有限理性偏差。行为反托拉斯的理论基础是行为经济学，它的基本思想是有限理性，这是行为分析方法中的基石。20 世纪 50 年代后，学者们在研究中发现，建立在"经济人"假说之上的完全理性决策理论是一种理想化状态。西蒙（Simon）提出了满意标准和有限理性标准，用"社会人"取代了"经济人"的假设，形成了一种新的理论——有限理性决策理论。行为经济学的开创者卡内曼（Kahneman）指出，有限理性表明了消费者在作出经济决策时不是完全理性和客观的，人的信念会因目标的影响发生变化，而且人类决策受经验法则的影响。除了有限理性理论之外，还有有限意志力理论和有限自利理论。有限意志力是指人在面对经济决策时，虽然知道最优选择，却因为自我意志的原因，往往作出基于短期利益而非长期利益的选择；有限自利则指人的动机远比简单的利己主义的假设要复杂和微妙（见表 3 - 3）。

表 3 - 3　行为经济学的理论及相关内容②

理论名称		代表性学者	主要结论
有限理性 （bounded rationality）	框架效应 （framing effect）	丹尼尔（Daniel）、卡内曼、特维尔斯基（Tversky）（1979）	未来可能得到的收益或遭受的损失会改变一个人的决策

①　A. Tor and W. Rinner, "Behavioral Antitrust: A New Approach to the Rule of Reason after Lee-gin", *University of Illinois Review*, 2011 (3), pp. 805 - 806.

②　吕伟、任剑新、张凯：《论行为反托拉斯的创新及反垄断意义》，《现代财经》2014 年第 2 期。

理论名称		代表性学者	主要结论
有限理性 (bounded rationality)	禀赋效应（the endowment effect）	泰布勒（Tabler）、卡内曼、泰勒（Thaler）	个人一旦拥有某种物品，他对该物品价值的评价要比未拥有之前增加许多
	现状偏差效应（status quo biaseffect）	泰勒	当事人具有维持现状的强烈偏好
	锚定效应（anchoring effect）	卡内曼、艾普利（Epley）、季洛维奇（Gilovich）	人们需要对某个决策做定量评估时会将某些特定数值作为起始值，像锚一样制约着估测值。在做决策的时候，会不自觉地给予最初决策过量重视
	便利法则（availability heuristic）	泰勒、桑斯坦（Sunstein）	人会根据相关因素的便利程度对事件的概率作出评估
	直觉推理（representative heuristic）	科罗布金、尤伦	人会根据建立在多年经验基础上的事务之间的联系性进行推理
	过度自信效应（overconfidence bias effect）	维尼亚（Vigna）、恩格尔（Engel）	人在决策中有自私的倾向，会将失败原因归结于周边环境不利而不考虑自身的因素
有限意志力（bounded willpower）		麦克卢尔、勒文施泰因（Loewenstein）、科恩（Cohen）	人在面对经济决策时，虽然知道最优选择，却因为自我意志的原因，往往作出基于短期利益而非长期利益的选择
有限自利（bounded self - interest）		金迪斯（Gintis）、鲍尔斯（Bowles）、费尔（Fehr）	人的动机远比简单的利己主义假设要复杂和微妙

（二）行为反托拉斯理论视角下的转售价格维持

行为反托拉斯理论为研究转售价格维持提供了新的视角。传统经济学的完全理性假设夸大了生产商判断和决策行为的现实。转售价格维持常常能使利润最大化，因此生产商就必须在不确定性之下成功地完成一系列富有挑战性的判断和决策任务。在做任何决定之前，理性的生产商必须判断在其销售系统中降低零售价格会有怎样的预期效果。在确定了降价的整体预期效果之后，生产商必须决定是否要以及怎么样来解决降价问题。但生产商做这些决定时所拥有的信息是很有限的。实际上，现实中的生产商并不是完全理性的，他们只有少量的认知资源，并受到动机和情感的影响，其理性是有限的。在真实的世界里，当生产商在不确定性之下作出判断时，会受到精神和心理因素的影响，还会依赖情境线索。行为反托拉斯积累的理论文献和实证证据表明生产商一方面倾向于对降价的预期损失作出不恰当的负面判断、厌恶降价，另一方面则过分地倾向于把转售价格维持作为处理降价问题的最佳方法（见表3-4）。

表3-4   行为反托拉斯视角下生产商对于转售价格维持的使用

判断或决策过程	行为效果	运用	结果
锚定效应	源自偏见之锚的不充分的调整	由于有偏见的信息，无法充分调整对有关降价发生及危害的判断	高估了降价的预期损失
基于有效性的判断	更容易回忆起来的事件显得更为普遍	基于极少数令人印象深刻的事件，高估了有害降价的发生频率	
	急剧变化的事件更容易被想到，因此显得更可能发生	对有害降价作出言过其实的预测	
基于典型性的判断	忽略了事前概率	对特定打折事件的传闻证据给予了过多的权衡	
	对样本规模不敏感	将一小部分的打折传闻作为判断时做依据的典型	
	对可靠性不敏感	过度考虑了不可靠的信息	
厌恶损失	就相同价值的损失和收益而言，对前者的厌恶要甚于对后者的喜爱	为了防止潜在的损失，耗费的资源要多过降价的预期损失	厌恶降价
关注公平	愿意牺牲经济收益来阻止不公平的结果	付出较高的成本来努力阻止被视为不公平行为的经销商搭便车	

判断或决策过程	行为效果	运用	结果
基于理性的选择	基于单个方面最重要的属性，来寻求胜过其他方法的最佳方法	与解决降价的潜在后果不同，过度注重消除价格竞争或降价本身	偏向支持转售价格维持
相容性效应	偏好能更为直接地解决问题的方式		
确定性效应	消除风险的价值要远高于减少风险		
模糊厌恶	偏好明确的而非模糊的风险或成本	高估了转售价格维持的收益	
管理者的风险态度	过分努力地控制商业风险		
	自我高估商业能力和技巧		

资料来源：参见张骏《转售价格维持反垄断法规制模式之争的化解》，《法学》2017 年第 7 期。

（三）行为反托拉斯理论支持转售价格维持的违法推定规则

行为反托拉斯理论揭示了转售价格维持在传统的理性意义上既不促进竞争，也不损害竞争。依靠一系列的实证行为发现以及作为其补充的传闻和历史证据，转售价格维持通常只是真实世界里，生产商的有限理性而造成的系统性错误的产物。[①] 具体而言，和完全理性假设下的生产商相比，现实生活中的生产商受各种行为因素的影响，往往会高估直接降价的危害，并且对通过转售价格维持来保住产品高价具有独特的偏好。这使生产商过多地实施了转售价格维持策略，但在很多情况下它并没有起到预期的提高效率结果。[②] 因此适用合理原则时所要考虑的动机、市场结构等因素并非现实中的生产商使用转售价格维持的理论依据。反观违法推定规则，

<hr>

[①] A. Tor and W. Rinner, "Behavioral Antitrust: A New Approach to the Rule of Reason after Leegin", *University of Illinois Review*, 2011（3），pp. 863 – 864.

[②] 吕伟：《限制最低转售价格的反垄断规制——基于行为反托拉斯的视角》，《价格理论与实践》2014 年第 2 期。

其简单、直接的违法推定性却正好符合了行为反托拉斯中生产商深受各种行为因素影响而使用转售价格维持的观点。综上所述，可抗辩的违法推定规则更加可取。

二　消费者行为理论的研究成果

很多的经济学文献都提供了转售价格维持促进竞争或损害竞争的解释。针对这些解释，理论界和实务界也提出了各种关于转售价格维持的规制模式，这些路径的范围从违法推定规则、全面型合理原则到本身合法规则。然而，所有转售价格维持的现行解释都有一个共同的弱点：缺乏对零售部门中可以观察到的市场现实和消费者行为的详细审查和描述。就转售价格维持的合理性而言，销售服务通常被认为是同质的，缺乏对各种销售服务的探讨，以及每种服务如何与转售价格维持的无数理由相适应。此外，人们对经销商也缺乏关注，通常认为他们是可以替代的，除非其拥有不同程度的市场力量。经销商在销售多少品牌这一很重要的维度上是不同的。单一品牌还是多品牌的经销商对于转售价格维持的分析而言具有重要意义。

大多数的转售价格维持解释都是建立在消费者行为模型基础上的。在此模型中，消费者在选择购买哪个经销商的产品之前会选择一个品牌，换句话说，品牌是消费者最主要的考虑因素。品牌间竞争和品牌内竞争是分析转售价格维持的基本概念，它的前提就是消费者行为模型，可称之为"品牌间主导模型"。然而，市场营销理论长期以来注意到了确实存在其他消费者行为模型，比如经销商间主导模型以及冲动性购买模型。在这些模型中，品牌不再是消费者的主导考虑因素，消费者不再遵循上述思维过程。一旦品牌间主导模型不再适用，传统的转售价格维持分析就会失效，关于转售价格维持的大多数主流观点也将不再有效。事实证明，将这些市场现实和消费者行为的替代模型结合起来的一个主要含义是，转售价格维持的许多现有理由都值得怀疑。

（一）消费者行为的不同模型

支持大多数关于转售价格维持的传统法律和经济分析的一个不言而喻的假设建基于消费者行为的品牌间主导模型。该模型对消费者的决策顺序、品牌和经销商在市场中各自的角色，以及品牌内竞争和品牌间竞争的相对重要性作出了一定的假设。虽然这些假设通常没有被阐明，但它们对于如何阐述和运用转售价格维持促进竞争和损害竞争的理论具有重要意义。因此，有必要明确说明这些假设。不仅因为它将提高人们对转售价格维持的潜在危害和存在理由的理解，而且因为品牌间主导模型并不是消费者行为的唯一模型。消费者行为的另外两种模型是经销商间主导模型和冲动性购买模型。在这些替代模型下，品牌和经销商的角色不同，品牌内竞争和品牌间竞争的相对权重也发生了变化。事实上，这种竞争概念的类型化分析未必是正确的。有必要重新定义竞争过程，这可能会影响到转售价格维持各种促进竞争和损害竞争理论的有效性。

斯坦纳（Steiner）最为简洁地总结了品牌间主导模型和经销商间主导模型之间的区别，相关问题是消费者是会"在商店内更换品牌"还是"在品牌内更换商店"[1]。正如科曼诺（Comanor）所言，他的这种区分方法对于设计和实施针对生产商与经销商关系的反垄断政策具有很强的影响。在过去，针对这种关系的反垄断政策之所以失败，部分原因在于反垄断调查者意欲执行一种"一刀切"的政策。[2] 这种"一刀切"的政策是需要检讨的。

1. 品牌间主导模型

在品牌间主导模型下，消费者被假定在差异化的产品市场中首先选择购买产品的品牌，然后在不同的经销商中挑选最便宜的商品。市场营销学者称这些消费者为计划者，他们在制定购买计划时，已经确定了产品的类型和购买的品牌。[3]

在所有购物者中，计划者对品牌的偏爱最为强烈。[4] 这些消费者决策

①　Robert Steiner, "The Nature of Vertical Restraints", *Antitrust Bulletin*, 1985（143）, pp. 157 – 158.

②　William Comanor, "Leegin and Its Progeny: Implications for Internet Commerce", *Antitrust Bulletin*, 2013（58）, pp. 107 – 108.

③　Cathy Cobb and Wayne Hoyer, "Planned Versus Impulse Purchase Behavior", *Journal of Retailing*, 1986（62）, pp. 384, 394.

④　Cathy Cobb and Wayne Hoyer, "Planned Versus Impulse Purchase Behavior", *Journal of Retailing*, 1986（62）, p. 396.

过程中的第一步是品牌间竞争，第二步是品牌内竞争。消费者被假定在这两个阶段关注不同的因素。在品牌间竞争阶段，消费者会关注各种各样的产品属性，比如价格、产品质量、品牌声誉以及售后服务等。其中一些属性在生产商的直接控制之下，比如产品质量和品牌声誉。有些则不是，比如最终产品价格和提供包括产品演示、店内促销在内的某些销售服务。在品牌内竞争阶段，消费者已经选择了一种产品，现在只是在寻找购买它的最佳地点。消费者在该阶段主要考虑的是价格。在众多不同的品牌中选定了一种产品后，消费者现在想以尽可能低的价格购买产品。[①] 很明显，经销商的其他属性也会影响消费者对他们的选择，而这些属性属于一般销售服务的范畴，比如店内环境、设施可用性等。然而一般认为，由于品牌决策的首要性，影响消费者选择经销商的主要因素是产品价格，而非一般销售服务。

对于这类消费者而言，他们的第一选择是品牌，第二选择才是经销商。品牌间竞争优先于品牌内竞争。这类消费者行为最常出现在"品牌给予了消费者强大的特权，并进行了大量广告宣传"的产品中。[②] 当品牌知名度相对较低，消费者对品牌的偏好不强时，就不太可能被观察到。如果产品质量不能立即显现或被轻易地验证，或者就像奢侈品一样，产品的吸引力完全来自于品牌的吸引力，而不仅仅是产品本身，那么品牌声誉对消费者来说可能是更重要的。[③] 这种竞争概念使得生产商和经销商之间的关系可视作是"纵向结构"。每个品牌都有自己的结构，与其他品牌的分销结构相并行。竞争应该发生在这些平行的纵向结构之间，然后转移到同一结构内的不同分支之间。这种市场结构的概念解释了为什么经济学家试图从最大化经济效率和最小化纵向结构外部性的角度来具体地说明为什么转售价格维持是合理的。

---

① G. Frank Mathewson and Ralph A. Winter, "The Law and Economics of Resale Price Maintenance", *Review of Industrial Orgnization*, 1998（13）, p. 73.

② Robert Steiner, "Exclusive Dealing + Resale Price Maintenance: A Powerful Anti – competitive Combination, *Southwestern University Law Review*, 2004（33）, pp. 447, 454.

③ Niraj Dawar and Philip Parker, "Marketing Universals: Consumers' Use of Brand Name, Price, Physical Appearance, and Retailer Reputation as Signals of Product Quality", *Journal of Marketing*, 1994（58）, pp. 81, 88, 90.

品牌间竞争是平行的纵向结构之间的竞争，这一概念在经济学家对横向外部性的表述中是显而易见的。横向经济外部性反映了这样一个事实：当经销商提高生产商产品价格时，它通过正的需求交叉弹性增加了竞争的经销渠道对该产品的需求。[①] 这种外部性在品牌间主导模型中是有意义的，因为消费者会在选择经销商之前先选择品牌。当消费者到经销商那里查看产品价格时，留给他的决定事项是向哪个经销商购买所选择的产品。经销商提高产品价格会驱使消费者转向相同品牌的其他经销商，因此便产生了横向经济外部性。被认为是外部性是因为每个经销商并不承担价格上涨的全部后果。从纵向结构整体的角度来看，却导致了价格上涨的供给不足。横向经济外部性可能不再适用于品牌间主导模型，而横向促销外部性也是如此。横向促销外部性会导致个别经销商进行的促销活动不足，因为每个经销商无法充分利用其促销活动的全部效益，其他经销商也从中得到了一些好处。因此，从整个纵向结构的角度来看，促销活动的供应是不足的。但是，如果某一经销商提供的特定产品的销售服务对其他经销商不再有好处，则令人担忧的供应不足问题将会消失。

2. 经销商间主导模型

在经销商间主导模型下，消费者的选择顺序是相反的。消费者不是在经销商之前选择品牌，而是先选择经销商，浏览一番后就从商店提供的产品中进行选择。这些消费者是"部分计划者"，他们在进入商店之前就决定了购买产品的种类，但实际的品牌选择是在购买时作出的。[②] 在三类消费者中，他们对于品牌的偏好是最弱的。但很明显，这种模式只适用于多品牌经销商。对于只经营一个品牌的经销来说，比如奢侈手表、手袋或汽车，经销商的选择与品牌的选择是一致的。

在经销商间主导模型下，消费者根据一系列的标准来选择经销商，比如个人购物需求，包括商店位置、规模、陈列、展示、普遍价格预期和经销商声誉在内的一般销售服务。这些消费者的价格和服务弹性取决于他们

---

① G. Mathewson and Ralph Winter, "An Economic Theory of Vertical Restraints", *Rand Journal of Economics*, 1984（15），pp. 27, 32 – 33.

② Cathy Cobb and Wayne Hoyer, "Planned Versus Impulse Purchase Behavior", *Journal of Retailing*, 1986（62），p. 394.

是单次购买的消费者还是一揽子购买的消费者。一揽子购买的消费者具有服务弹性，他们对于商店的规模、布局和陈列等都很敏感。考虑到购买产品的数量，单个产品的特定服务对这些消费者的影响较小。因此，他们更加注重一般销售服务，而较少注重特定产品的服务。虽然购买一揽子产品的消费者具有价格弹性，但是他们关注的是一揽子的产品，而不是特定产品。相对于这些产品，它们的价格没有弹性。他们可能对同一经销商内部的品牌没有那么感兴趣，而主要是根据其对经销商的整体价格预期来决定去找哪个经销商。尽管这类消费可能对单个产品的价格了解相对较少，但他们能够对不同商店的价格水平作出准确的区分。[①] 他们能够根据特定产品的价格广告和非广告产品的价格预期来形成对经销商的一般价格预期。即便如此，这类消费者对于商店层面的价格敏感度也相对较低。研究发现，商店经理往往高估消费者的比价行为和交叉购物行为。[②] 这也许可以解释为什么经销商能保持顾客的高保有率。

单次购买消费者的价格弹性和服务弹性与一揽子购买的消费者价格弹性和服务弹性有所不同。这些消费者会根据店内不同品牌的价格、产品质量和特定产品的服务进行比较。就服务弹性而言，尽管单次购买的消费者关心的是一般销售服务，毕竟这些服务是其选择经销商的基础之一，但他们对单个产品的特定服务也更敏感。由于购买数量较少，他们会更加关注单个产品的属性，包括它们与其他产品的相对价格。因此，这些消费者在个别产品上具有价格弹性。他们在经销商层面的价格弹性较小。然而，这些消费者可能仍然会对竞争对手的降价作出反应。如果消费者有价格意识，这一点尤其正确。因此，单次购买的消费者可能会根据各种属性选择经销商，浏览品牌选择，最终选择一种产品，但是仍然会在经销商之间比较价格，特别是涉及高价商品时。

很明显，在经销商间主导模型下，不同类型的消费者不再沿着价格弹性和服务弹性整齐地排列。一揽子产品和单个产品在价格和服务上都有一

---

① David Bell and James Lattin, "Shopping Behavior and Consumer Preference for Store Price Format: Why 'Large Basket' Shoppers Prefer EDLP", *Marketing Science*, 1998 (17), p. 66.

② Torben Hansen, "Intertype Competition: Specialty Food Stores Competing with Supermarkets", *Journal of Retailing & Consumer Service*, 2003 (10), p. 39.

定的弹性。消费者价格弹性和服务弹性之间的相关性被打破，价格竞争将不再存在偏见。因此，转售价格维持的主要理由就消失了。横向价格和促销外部性在经销商间主导模型下的意义有限，尽管纵向促销外部性的理论基础不受此模型影响，并且仍有意义。如前所述，在经销商间主导模型下，经销商提高产品价格的主要效果是经销商间的品牌间替代效应。在这种影响下，经销商提价并不会增加其他经销商相同产品的销售，而是导致商店内相互竞争生产商的产品销量全部减少。从纵向结构的角度看，如果销售结构的概念化仍然是合适的，那么经销商就不会出现价格上涨时的供应不足。同样，销售服务是否会供应不足也不再明朗。如果消费者在选择产品之前选择了经销商，那么提供特定产品的销售服务只会影响消费者在商店内的品牌选择。一旦消费者选择了经销商，就不太可能仅仅因为其中一个品牌提供的服务而转向另一家商店。如果消费者对销售服务的质量不满意，他会选择另一个不同的品牌。在这种情况下，就不会存在强制性的促销外部性，因为消费者在获得产品演示后不会去不同的商店寻找相同的产品。一个经销商提供的特定产品的销售服务也不会对其他经销商产生溢出效应。从纵向结构来看，特定产品的销售服务创造的外部性是很小的。

3. 冲动性购买模型

以上两种模型都假定消费者在进入下一阶段的选择之前，会在一定程度上勤奋地搜索某个品牌或经销商，唯一的区别是选择的顺序。事实证明，还有第三种消费者的行为模式，即消费者很大程度上是冲动的购买者，根本不会进行太多的搜索。他们走进一家商店，似乎只是路过，如果看到有东西很吸引人就去买，如果没有就不买。如果消费者发现商店里各种品牌所提供的价格、质量与服务组合没有吸引力，他们不会进一步搜索，只是走开。这就是冲动性购买，可以被定义为在没有对产品和购买后果进行仔细评估的情况下计划外的、突然的、自发的购买。[1] 它也可以被定义为消费者突然产生一种强烈而持久的立即购买的冲动。[2] 冲动性购买

---

① Mirela Mihic and Ivana Kursan, "Assessing the Situational Factors and Impulsive Buying Behavior: Market Segmentation Approach", *Management: Journal of Contemporary Management Issues*, 2010 (15), pp. 47, 49.

② D. W. Rook, "The Buying Impulse", *Journal of Consumer Research*, 1987 (14), p. 189.

的一个显著特征是，消费者没有事先作出任何购买决定，也没有对合理的替代品进行评估。冲动性消费者不会提前作出关于任何产品种类或品牌的决定，只会在商店里作出决定。冲动性购买的特点是消费者不会评估或识别所有的购物选择。[①]

冲动性购买模型对各种横向外部性的影响是显而易见的。如果消费者根本不在不同的经销商之间货比三家，那么本质上就不存在经销商间的竞争。当经销商提高产品的价格时，就不会给其他经销商带来更大的产品需求。冲动性消费者如果觉得价格太高，就会直接走出商店，不买任何东西，因此，不存在横向价格外部性。在这种情况下，纵向结构所面临的唯一定价压力就是纵向价格外部性，这意味着纵向的最高限价是最合适的救济手段。同样，在没有经销商间竞争的情况下，销售服务和其他店内促销活动对其他经销商的业务不会产生影响。消费者不会在一家经销商接受销售服务，而在另一家更便宜的经销商处购买产品。这里不存在溢出效应。因此，没有横向促销外部性，也没有从纵向结构的角度来看提供的销售服务不足问题。

从转售价格维持的角度来看，缺乏横向促销外部性意味着搭便车不太可能，这与所讨论的销售服务类型无关。即使对于技术复杂产品的产品演示，缺乏外部性也意味着经销商不必担心竞争对手搭便车。这不是因为产品或服务不合适，而是因为缺乏经销商间的竞争。这就否定了搭便车理由的前提。至少对于那些主要是被冲动性购买者所购买的产品而言，防止搭便车不太可能成为转售价格维持的有效理由。然而，这并不意味着转售价格维持永远不可能被冲动性消费者所主导的产品所接受。生产商与经销商的关系仍然存在纵向促销外部性。

（二）消费者行为理论的适用

1. 转售价格维持各种抗辩理由的质疑

基于消费者行为理论，转售价格维持的促进竞争理由是值得质疑的。有些理由的基本前提是有问题的，有些理由则在高度限制性的环境

---

① Ruzica Znidersic, "Impulsive Consumer Behavior", *International Journal of Multidisciplinary Business & Science*, 2014（2），pp. 81, 84.

中才能成立。

（1）搭便车及促进新产品引入的理由。对于搭便车理由各种假设的批判性研究表明，该理由只适用于高度受限的情况。同样的结论也适用于促进新产品的引进，因为它只是搭便车的一个变体。首先，有人认为搭便车并不适用于一般的销售服务，而只适用于特定产品的销售服务。这大大缩小了它的适用范围。甚至有人进一步认为，搭便车只适用于很小部分的销售服务，比如产品演示。其次，有人注意到，搭便车只适用于具有巨大价值的产品，因此，消费者在购买打折产品时是值得的，他们不太可能为购买一件很小的商品而花钱。最后，生产商和经销商之间的激励不相容问题是无法克服的，在涉及出售多个品牌的经销商时，市场特征是经销商间的主导模型或者冲动性购买模型。与一般销售服务相比，多品牌经销商更不愿意投资于特定产品的销售服务，因为特定产品的销售服务只会带来经销商内部的品牌间替代效应。因此，转售价格维持不太可能是确保生产商所需特定产品的销售服务的有效工具。事实上，有人认为，搭便车理由的根基在于横向促销外部性，而这在经销商间主导模型和冲动性购买模型下其实并不值得关注。在这两种模型下，经销商提供的特定产品的销售服务不会产生经销商间的溢出效应。因此，没有什么可以让其他经销商坐享其成。简而言之，搭便车理由只适用于品牌间主导模型，出售的产品是昂贵的，且需要单一品牌经销商的产品演示。

（2）质量认证及确保销售渠道的有效数量。这两个理由均以经销商提供一些一般的销售服务为前提。依靠多品牌来资助一般销售服务的提供充满了困难，由于一般销售服务的品牌间溢出效应，单一品牌将有巨大激励来免费搭彼此贡献的便车。这些理由的问题在于，单一产品的转售价格维持产生的零售利润与开设新门店或进行质量认证所需成本之间存在巨大差异。即使假设这些品牌都不打算搭便车，也不愿意真诚合作，考虑到涉及的品牌和经销商众多，协调问题也可能令人望而生畏。一个经销商新渠道的足够利润可能并不必然对另一经销商也是足够的。随着时间的推移，加上每个品牌的销售和一般销售服务计划的变化，协调问题实际上是无法克服的。换句话说，当涉及多品牌经销商时，这两种理由在很大程度上是不适用的。

（3）促进合同执行。理论上，该理由在很大程度上是合理的，它的主要局限是适用范围较小。这一理由根本不适用于一般销售服务，只适用于特定产品的销售服务。即使在特定产品的销售服务中，它也不适用于产品展示和产品演示，两者都可以与产品分开消费。该理由可以适用的唯一的销售服务是对特殊产品的维护和处理。很少有广泛受到转售价格维持影响的产品需要这样的特殊维护和处理，这意味着该理由只能解释现实中很少的转售价格维持实例。

（4）使用转售价格来处理纵向促销外部性。转售价格维持的这个理由优于前面提到的许多理由，因为它不是以消除横向促销外部性为前提的，而横向促销外部性比通常假设的要少。然而，该理由也有其他弱点。首先，它假定品牌更加多样化，因此比经销商拥有更大的市场力量。但如前所述，情况不一定如此。一旦这不是真的，这个理由的整个基础就会被严重削弱。其次，与之前讨论的一些理由一样，它的适用范围有限。尽管克莱因认为它适用于产品展示、特定品牌销售人员的促销努力和零售，但实际上它只适用于特定品牌销售人员的营销努力。对于从经销商那里得到这类促销活动，有一些更好的补偿机制。最后，克莱因被迫为该理由辩护，理由是生产商需要向经销商提供资金激励以促销自己的产品，这相当于承认消费者没有从转售价格维持迫使他们支付的更高价格中获得任何好处。事实上，消费者从这些产品中得不到任何有价值的东西。我们仍然可以把这称为理由，但是它是否可以被描述为一个值得反垄断法承认的理由是非常值得怀疑的。

2. 对各种损害竞争理论的修正

总体而言，多品牌经销商的存在以及消费者行为替代模型的融合意味着两种促进卡特尔损害理论相对不那么重要。一个具有市场力量的生产商或经销商更有可能排斥竞争对手。此外，多品牌经销商的存在也创造了价格协调，而非共谋的可能。

在消费者行为的替代模型下，无论是在生产商环节，还是在经销商环节，转售价格维持都不太可能促进卡特尔。在经销商间主导模型和冲动性购买模型下，生产商追求卡特尔的动机更少，至少在经销商之间是这样，因为他们之间的价格变化变得不那么重要了。品牌间竞争主要发生在单个经销商的内部。随着经销商之间价格的一致性变得不那么相关，转售价格维持在稳定生产商卡特尔方面的作用就没那么重要了。转售价格维持在防止卡特尔的欺骗方面也没那么有效，因为品牌间的服务竞争变得更加重要，生产商将有更大的动力通过向经销商提供资金激励来推销产品。类似的观点也适用于经销商卡特尔。因为经销商对他们之间的价格差异不太关心，所以追求品牌内经销商卡特尔的动力较小。一旦消费者选择了一家经销商，他就不太可能因为价格差异而转向另一家。唯一的例外是，一个品牌非常受欢迎，消费者认为它几乎没有替代品。在这种情况下，品牌内经销商卡特尔就能够提高经销商的盈利能力。这就相当于说，品牌拥有市场力量，而这种市场力量很可能适用于品牌间主导模型。与此同时，多品牌经销商应该更容易组织起品牌间经销商卡特尔，因为这可以使参与的经销商相对较少。然而，这样的卡特尔会相对更容易被发现。

多品牌经销商的存在，开启了生产商价格协调而非完全共谋的可能性。多品牌经销商允许生产商将其销售集中起来，因此可以将他们的降价决定对竞争对手利润水平的影响内部化，从而能使他们共同地收取垄断价格。两部制定价可以让生产商分享部分（如果不是全部的话）垄断利润，这取决于生产商与经销商两者之间的相对市场力量。转售价格维持的使用防止了品牌内竞争，垄断利润被消除，这会迫使生产商提高批发价格，从而导致整个计划瓦解。这种价格协调只能在多品牌经销商在场的情况下进行。由于经销商之间的品牌间价格竞争的作用减少，在消费者行为的替代模型下，转售价格维持在价格协调方案中所起的作用也会降低。品牌内价格竞争不太可能消除垄断利润，导致整个计划瓦解。

多品牌经销商的存在，结合消费者行为的替代模型，使得这两种排斥竞争的损害理论更加中肯。根据生产商排斥理论，多品牌经销商的存在意味着，新进入者可以为了经销商放弃现有品牌而付出更少的补偿。牺牲现有品牌而引入新品牌会使多品牌经销商损失更少的利润。在经销商间主导模型和冲动性购买模型下尤其如此。经销商排斥理论是以多品牌经销商的存在为前提的。这一理论在经销商间主导模型下尤其适用，因为占据市场支配地位的经销商的威胁将会更加可信。之所以会出现这种情况是因为，首先，在经销商间主导模型下，经销商在消费者眼中主导品牌，这意味着经销商对品牌具有更强的议价能力。其次，一个品牌退出市场而转移出来的销售额将会更多地被同一家商店内的其他品牌所获得，这意味着经销商停止一个品牌的销售，损失会更少。反过来又使得让该品牌退出市场的威胁更加可信。

综上所述，转售价格维持促进竞争效果通常被夸大了。考虑到多品牌经销商的特点、消费者行为的替代模型以及其他相关的批评，转售价格维持促进竞争的大多数理由都不再有效，或者只有非常有限的适用性。转售价格维持传统的损害竞争理论仍然是有意义的，尽管促进卡特尔理论可能不如排斥理论。多品牌经销商的存在，创造了一种新的可能性，即生产商协调价格，但没有共谋。然而，必须承认的是，从消费者行为的其他模型中得到的洞见只能为反垄断法的实施提供指导，而转售价格维持损害竞争理论应当着重于此。

3. 消费者行为理论运用于实践的结论

对于转售价格维持案件的调查而言，判断所涉产品是通过单一品牌经销商销售，还是通过多品牌经销商销售，应该不是难事。一方面，当事方应该能够相当容易地提供这种资料。通过观察即可发现，大多数产品都是通过多品牌经销商销售的。如果是这样的话，就可以否定搭便车、质量认证和确保有效数量的零售店的理由。另一方面，应特别注意转售价格维持被用来促进生产商卡特尔的可能性，因为由多品牌经销商来组织一个卡特尔更加容易。还应注意在没有直接共谋的情况下，利用转售价格维持实现价格协调的可能性。这只可能出现存在多品牌经销商的情况下。对于多品牌经销商而言，生产商排斥竞争理论是更可信的，因为从现有品牌转向新进入者对经销商来说成本更低，从而使得市场进入的可能性更大。当然，有些产品并不完全依赖于这两种经销商。在这种情况下，应当确定两类经销商对某一特定产品的相对重要性。如果产品主要是通过多品牌经销商销售的，那么上述分析本文应该可以适用。同样，对于不同类型经销商的依赖应该是当事方可以提供的信息。

如果品牌间主导模型不适用于某一特定产品，就可以否定防止搭便车的理由。生产商卡特尔和经销商卡特尔的可能性也不大，因为在经销商间主导模型和冲动性购买模型下，这两种卡特尔都不太可能出现。然而，在这两种消费者行为模型下，两种损害竞争的排斥行为理论，尤其是经销商的排斥行为理论将具有更大的适用空间。哪种消费者行为模型描述了消费者对某一特定产品的购买行为并不是很容易确定的，可能需要通过调查消费者来确定，对于某一特定产品，消费者是注重选择品牌、经销商还是只是冲动性购物。

　　一个有用的指标是产品是相对同质化还是差异化。对于差异化产品，消费者可能更关注品牌。消费者可能更关心自己是否购买了产品，而不是购买了相对同质化产品的哪个品牌。另一个可能有助于调查的指标是市场力量。市场力量是反垄断中比较熟悉的概念。如果一个品牌被认为具有市场力量，那么很可能在消费者的购买决策中，品牌相对来说更重要，更有可能采用品牌间主导模型。如果一个经销商被发现具有市场力量，那么更有可能采用经销商间主导模型。如果依赖市场力量的存在作为确定适当消费者行为模式的代用品，转售价格维持的案件的调查者所要处理的仅仅是在标准反垄断分析下的那些问题而已。消费者行为的多个模型有可能描述同一个产品市场。可以想象，对于一个特定的强势品牌，消费者比经销商更关注品牌，而对于市场其余没有市场力量的品牌，消费者并不关心。适用哪种消费者行为模型取决于转售价格维持涉及哪个品牌。如果一个具有市场力量的知名品牌已经采用了转售价格维持，就应以品牌间主导模型来分析案件；如果转售价格维持是由一些相对较弱的品牌来实施的，那就应该使用经销商间主导模型。

（三）消费者行为理论支持违法推定规则

　　尽管转售价格维持可能是反垄断经济学和法学中最常被提及的话题之一，但是现有文献对其竞争效果的解释却存在着明显的疏漏。特别是它们没有考虑到销售部门的市场现实，即各种销售服务、销售结构和消费者行为模型，以及它们如何影响诸多转售价格维持促进竞争和损害竞争理论的可信性。消费者行为理论对于转售价格维持促进竞争理由的有效性提出了质疑，并说明考虑到市场现实，其中许多理由都是不可信的，有些理由只在非常有限的情况下有效。此外，还建议对现有的损害理论进行调整，并提出了一种以促进价格协调为前提的新的损害理论，这种协调并不是直接的共谋。转售价格维持的调查者应当重视消费者行为理论的洞见，对转售价格维持的各种促进竞争理由表现出更大的怀疑。事实上，根据消费者行为理论来挑战转售价格维持的各种促进竞争理由，调查者可以考虑在转售价格维持案件中，采取举证责任倒置，首先推定该行为违法，继而要求被告说清楚，并证明其使用转售价格维持是为了一个促进竞争的目的。只有当被告成功地证实了一个转售价格维持促进竞争的理由，原告才会被要求证明其中一个损害理论是适用的。

第四章　转售价格维持规制模式
选择的比较法分析

美国反托拉斯法和欧盟竞争法是世界各国（地区）反垄断立法的主要模板。我国《反垄断法》的立法蓝本是欧盟竞争法，但在实施的过程中也深受美国反托拉斯法的影响。我国《反垄断法》的转售价格维持规定所使用的术语以及逻辑结构主要借鉴的就是《欧盟运行条约》第101条的规定。但在转售价格维持反垄断法实施过程中，却也深受美国反托拉斯法的影响，在司法判决中倾向于美式合理原则。本章主要论述美国反托拉斯法和欧盟竞争法对转售价格维持的规定，通过这两者的对比和分析，厘清转售价格维持的理想规制模式。

第一节　美国反托拉斯法对于转售价格维持的规制

一　美国反托拉斯成文法的规定

《谢尔曼法》第1条规定，任何契约，以托拉斯形式或其他形式的联合、共谋，用来限制州际间或与外国之间的贸易或商业，是非法的。任何人签订上述契约或从事上述联合或共谋，是严重犯罪。如果参与人是公司，将处以100万美元以下罚款；如果参与人是个人，将处以10万美元以下的罚款或3年监禁。或由法院酌情并用两种处罚。[①]

美国反托拉斯法对转售价格维持的规定比欧盟竞争法薄弱。首先，在

---

① 中华人民共和国商务部反垄断局编《世界主要国家和地区反垄断法律汇编》（上册），中国商务出版社，2013，第180页。

《谢尔曼法》第1条中，对于限制性协议普遍禁止的任何例外情况都不存在一种系统的豁免制度。其次，在美国反托拉斯法的司法实践中，并不存在目的和效果限制的区分，但是有本身违法规则和合理原则的类型区别。这条清晰的界线近来正在被美国联邦最高法院引入的所谓快速审查（简明型或结构型合理原则）所改变。根据这种做法，即使某种协议反映出了应受本身违法规则规制的特征，被告仍有非常有限的机会来提交协议具有正当理由的证据，法院将会对这些理由进行快速审查。如果这些证据给人的印象似乎是站得住脚的，那么法院就会适用全面型合理原则，进而被告需要承担证明促进竞争效果的举证责任，而损害竞争效果是被假定了的。《谢尔曼法》第1条结构的概念化如下：（1）协议的概念（合同、联合以及共谋）；（2）对于限制性协议的普遍规则，比如，本身违法规则和合理原则、合理原则分析的结构以及权衡因素、快速审查的概念。①

到了20世纪30年代，由于连锁经营和超级市场的发展，美国零售业的市场结构发生了很大的变化，面对新的大型零售厂商降低成本经营的压力，在传统的小规模零售商及其协会的推动下，美国立法机关开始对转售价格维持采取比较宽容的立场。起初是由各州通过立法确认转售价格维持的合法地位。1933年加利福尼亚州甚至制定出这样的规定：一项转售价格维持协议一经协商确定，任何零售商包括未参加协议的零售商的有意削价行为都是非法的。尽管开始有许多法院怀疑这种立法的合法性，但1936年美国联邦最高法院确认这类立法是符合宪法规定的。随后，美国大部分州都制定了类似的法律。但按照美国的法律制度，各州的立法不能影响联邦的立法，因而，当一项转售价格维持协议影响了州际贸易时，它仍不能逃脱联邦反垄断法的制裁。1937年美国参议院通过了《米勒—泰丁斯法》，该法规定，如果根据某一州成文法，一项涉及州际交易的规定商品最低转售价格的合同是合法的，那么《谢尔曼法》将不认为该项合同为非法。这样，在限制转售价格协议问题上，《谢尔曼法》不得做与各州的立法相冲突的解释。从总体上看，该法是对各州有关转售价格维持协

---

① Csongor Nagy, *EU and US Competition Law: Divided in Unity?* Farnham: Ashgate Publishing, 2013, p. 7.

议的法律的肯定，但对于此类协议是否能够约束未签约的零售商，该法未做规定。到了 20 世纪 70 年代，美国零售业市场竞争的格局已相对稳定，消费者保护运动日益强大，转售价格维持协议又开始引起人们的非议。于是，各州的公平交易法相继被废除，许多人建议国会重新将转售价格维持协议列为违法。终于美国国会于 1976 年废除了《米勒－泰丁斯法》和《联邦公平交易法》。[1]

二　美国反托拉斯判例法的发展（见表 4 - 1）

（一）迈尔斯案（1911 年）：所有纵向限制均为本身违法

在《谢尔曼法》早期，美国联邦最高法院在迈尔斯案中确立所有转售价格维持与纵向限制类型均为本身违法，即使该限制不涉及任何卡特尔行为也是一样。[2] 判决认为转售价格维持等同经销商的横向卡特尔限制竞争行为，因此宣告转售价格维持应当属于本身违法的行为类型。不过，迈尔斯案判决并未对该限制所可能导致的竞争效果做太多论述，反而仅以普通法的转移限制为基础，作为禁止转售价格维持或纵向限制的主要理论基础。

（二）高露洁案（1919 年）：企业可以单方面拒绝与他人交易

在高露洁案中，法院基本立场认为，企业在没有创造或维持独占地位意图的前提下，应当有选择交易对象的自由。高露洁案的法院基于这种推论，认为企业可以事先宣布在何种条件下，拒绝与其他企业交易，比如停止供货或终止经销权，而这种单方面宣告与拒绝交易行为由于不构成《谢尔曼法》下的共谋，因此并非违法行为。[3] 这就是所谓的高露洁原则。只要生产商没有独占地位或没有意图建立独占地位，其拒绝与不遵守转售价格维持政策的经销商交易，即有可能因高露洁原则而合法。如此一来，企业仍能以单方面拒绝交易为手段，间接、迂回地使用转售价格维持或其他纵向限制。

---

[1]　古红梅：《纵向限制竞争的反垄断法规制》，法律出版社，2011，第 49~50 页。

[2]　Thomas Arthur, "The Core of Antitrust and the Slow Death of Dr. Miles", *Southern Methodist University law Review*, 2009（62），p. 437.

[3]　United States v. Colgate & Co., 250 U. S. 300（1919）.

（三）希尔维尼亚案（1977 年）：纵向非价格限制应适用合理原则

审理希尔维尼亚案的法院对于纵向非价格限制的判断标准有重大变革。原来在施温案（1967 年）判决中以本身违法规则规制纵向非价格限制的见解遭到推翻。① 法院认为，纵向非价格限制，比如顾客与地域限制应当适用合理原则分析，主要理由在于纵向非价格限制虽然会限制品牌内竞争，但也会有促进品牌间竞争的效果。而且生产商能够借由纵向非价格限制的使用，减少经销商间搭便车行为，并能促使经销商致力于高品质的销售，因而促进品牌间竞争。对于希尔维尼亚案判决，有学者指出仅当竞争手段在实质上有助于产生竞争效果的可能性时，即无须受到本身违法规则的规制。过去的司法经验观察到，某种行为常常显示损害竞争的效果时，才能适用本身违法规则。纵向非价格限制有着促进品牌间竞争的可能，推定它为本身违法并不适当。②

自从希尔维尼亚案以来，涉案行为应为纵向价格限制或纵向非价格限制对诉讼当事人而言极为重要。由于转售价格维持在当时仍属本身违法，原告无须作出繁复的市场分析，而只要证明被告与他人有纵向价格共谋，通常即可胜诉。而纵向非价格限制使用合理原则，除纵向非价格共谋外，原告还需提供证据证明被诉行为的负面竞争效果，否则无法胜诉。纵然希尔维尼亚案判决已经将纵向非价格限制改为合理原则，仍有学者对该判决结果不满意，并持续主张所有纵向限制均能促进竞争，甚至认为其应当属于本身合法。③

（四）孟山都案（1984 年）：被告终止折扣商经销权并非就有价格共谋

在孟山都案中，原告斯普雷是孟山都多年的大盘经销商，但遭被告孟山都终止经销。斯普雷在诉讼中主张因价格折扣而被终止经销，且有证据证明在孟山都终止其经销权之前，其他经销商曾向孟山都抱怨他的价格折

---

① 施温案判决推翻了在怀特汽车案中美国联邦最高法院拒绝以本身违法审查纵向顾客和地域限制的见解。在希尔维尼亚案之前，美国联邦最高法院对于纵向非价格限制的立场时宽时严。对于转售价格维持，在丽晶案之前，则一贯采取严格的本身违法规则。See United States v. Arnold, Schwinn & Co., 388 U. S. 365 (1967).

② Herbert Hovenkamp, *Federal Antitrust Policy*, *The Law of Competition and Its Practice*, St. Paul: West Publishing Company, 1999, p.477.

③ Robert Bork, *The Antitrust Paradox*, New York: Free Press, 1978, p.297.

扣行为。但是孟山都主张，终止原告的经销权并非基于价格折扣，而是因为原告缺乏足以促销产品的专业雇员。被告是否因为价格因素或非价格因素将原告终止经销引发争论，但该案陪审团认为是非价格因素。事实上，因为斯普雷并没有雇用专业人员，所以自然能打折，亦即搭了其他竞争者雇用专业雇员提供信息的便车，自然其他竞争者会抱怨，但抱怨的对象通常是外观的现象，即价格折扣而非专业人员的缺乏。[①] 孟山都判决缩小了终止折扣商经销权被认定为价格共谋的范围，对于生产商而言将有更多空间运用终止经销权，以间接达到转售价格维持的目的。

（五）夏普案（1988 年）：有价格或价格环节的共谋才是价格限制

在夏普案中，美国联邦最高法院明确指出仅因经销商就价格折扣的抱怨并不足以证明存在价格共谋。该案证据指出曾有经销商向被告抱怨原告的低价销售，并威胁被告若不终止原告的经销权，其将停止出售被告的产品，被告因此终止了原告的经销权。法院认为，虽然本案有合意存在，但却不是价格合意。而且，事实上所有经销商抱怨其他经销商几乎都会用到价格折扣的字眼，且价格折扣与一些服务折扣经常是紧密相连的。因此法院要求生产商与经销商必须有特别的价格合意，而经销商必须遵守该合意。[②] 更加具体地说，转售价格维持除非包含价格或价格环节的共谋，否则并不是本身违法。

（六）康恩案（1997 年）：纵向最高价格限制并非本身违法

美国联邦最高法院对于康恩案中的纵向最高价格限制，认为应当适用合理原则。主要理由有以下两点：一是纵向最高价格限制可以降低价格而符合消费者利益；二是纵向最高价格限制并没有严重的损害竞争效果，无法合理化本身违法规则的适用。不过法院同时仍然认为转售价格维持应当属于本身违法。[③]

（七）丽晶案（2007 年）：转售价格维持并非本身违法

丽晶公司采用了美国联邦最高法院 100 年前的迈尔斯案中不予支持的

---

① Monsanto Co. v. Spray - Rite Svce. Corp., 456 U. S. 752 (1984).
② Business Elecs. Corp. v. Sharp Elecs. Corp., 485 U. S. 717 (1988).
③ 黄勇、董灵：《反垄断法经典判例选读——禁止垄断性协议》，人民法院出版社，2008，第 197～198 页。

转售价格维持的定价方式。尽管从地区法院到巡回法院均已败诉，但为了捍卫自己的商业模式，丽晶公司上诉到了美国联邦最高法院。在丽晶公司的定价策略中处于核心地位的是转售价格维持。它意味着在经销商环节取消价格折扣。从表面上看，取消折扣是反竞争的，毕竟折扣有利于消费者。丽晶公司必须说服法庭其减少折扣能够增进消费者福利。它最终获得了成功，美国联邦最高法院以5∶4的微弱比例判决丽晶公司胜诉。① 判决的核心理据主要有以下四点。首先，美国联邦最高法院在丽晶案中强调了品牌间竞争的重要性，并重申了反托拉斯法的首要目标是保护品牌间竞争，因为这会带来更低的价格。其次，它认识到了转售价格维持的四种潜在损害竞争效果：生产商卡特尔使用它来监测有没有成员作弊；经销商使用它来组织卡特尔，迫使生产商消除降价；具有市场支配地位的经销商使用它来免受与具有更好经销系统和更低成本结构的经销商竞争，从而抑制销售环节的创新；具有市场支配地位的生产商使用它来激励经销商不出售更小规模的竞争对手以及新的市场进入者的产品。再次，它指出了转售价格维持的五种潜在促进竞争效果：通过减少品牌内竞争，诱导经销商发挥主观能动性，利用经验来提供有价值的服务，从而促进品牌间竞争；防止不向顾客提供服务的经销商搭便车，以便保护能够促进品牌间竞争的服务；促进经销商向顾客提供服务的竞争，鼓励经销商即便在没有搭便车的情况下也要提供服务；营销消费者不熟悉的产品通常需要投入资本和劳动力，保证经销商有可观的利润以便其有动力促进新企业和新品牌的市场进入；允许服务合同符合成本—收益原则的替代品，因为服务合同常常是困难的、无效率的。最后，在上述意见的基础上，它要求下级法院能够建立起行之有效的诉讼结构以确保合理原则的运行能够消除市场中的反竞争限制，为商业提供更多的指导，并建议下级法院设计提交证据的规则，甚至是合理假设，以便使合理原则成为一种公平、有效地禁止损害竞争的限制行为和促进有利竞争的限制行为的方法。为了达成上述目标，它提出了三条如何根据合理原则审查转售价格维持的指导意见：生产商在行业中是否

---

① 〔美〕J. 克伍卡、L. 怀特：《反托拉斯革命——经济学、竞争与政策》，林平等译，经济科学出版社，2017，第438～439页。

广泛地使用了转售价格维持；转售价格维持是由谁发起的，如果是经销商迫使生产商使用该行为，则损害竞争的可能性更大；生产商或经销商在相关市场中具有何种程度的支配地位。[①]

表 4 - 1　美国联邦最高法院纵向限制重要判决摘要与影响

判决（年份）	判决重点摘要	判决后续影响
迈尔斯案（1911 年）	所有纵向限制均为本身违法	企业避免有纵向限制共谋的存在
高露洁案（1919 年）	企业有拒绝和他人交易的自由，并可事先宣布拒绝交易的原因	生产商在符合高露洁原则下，可以单方终止折扣经销商的经销权（可以迂回使用纵向限制）
希尔维尼亚案（1977 年）	废弃施温案判决（纵向非价格限制为本身违法），确立纵向非价格限制适用合理原则	区分纵向限制为价格和非价格限制，此乃诉讼重要争议点，但没有明确区分标准
孟山都案（1984 年）	生产商基于经销商抱怨而终止折扣经销商的经销权，而非构成纵向价格共谋	从严认定纵向价格共谋
夏普案（1988 年）	企业共谋除非包含价格或价格环节的共谋，否则不属于纵向价格共谋	从严认定纵向价格共谋
康恩案（1997 年）	最高转售价格维持适用合理原则	部分开放转售价格维持
丽晶案（2007 年）	转售价格维持适用合理原则	所有纵向限制均适用合理原则；区分被诉的行为是价格限制还是非价格限制的重要性已不如以往

　　在丽晶案判决之后，转售价格维持若能用以促进品牌间竞争，它就有可能通过司法审查。[②] 但如果转售价格维持被用作损害竞争时，比如，促进卡特尔仍旧为法所不容。不过，转售价格维持究竟是促进竞争的还是损害竞争的争议，恐怕在长时间之内难以达成共识（见表 4 - 2）。

[①] Christine Varney, "A Post - Leegin Approach to Resale Price Maintenance Using a Structured Rules of Reason", *Antitrust*, 2009 (24), pp. 23 - 24.

[②] Brain Winrow and Kevin Johnson, "The Rule of Law is the Rule of Reason", *North Dakota Law Review*, 2008 (84), pp. 81 - 82.

表 4 - 2　转售价格维持的促进竞争、损害竞争效果和争议问题

促进竞争效果	损害竞争效果	核心争议问题
1. 转售价格维持限制品牌内竞争可间接促进品牌间竞争 2. 转售价格维持可鼓励新进入市场的企业有效地建立经销渠道 3. 转售价格维持可以解决经销商的搭便车问题，以便生产商建立理想的经销体系	1. 转售价格维持实际上可能有助于促进生产商卡特尔 2. 转售价格维持实际上可能有助于促进经销商卡特尔 3. 转售价格维持实际上有助于上游领导品牌的生产商排斥竞争对手	1. 转售价格维持将使价格上涨，有效率吗？ （1）丽晶案判决：生产商与消费者利益方向一致，转售价格维持将促使经销商提供消费者重视的服务，整体上有利于消费者； （2）反对意见：经销商可能没有为消费者提供等值服务，个案可能不利于消费者 2. 生产商以转售价格维持促进卡特尔施行，是否被滥用？ （1）丽晶案判决：机会甚微； （2）反对意见：无法排除 3. 转售价格维持是否能解决搭便车问题？ （1）丽晶案判决：肯定； （2）反对意见：无法解决所有搭便车问题

　　由于丽晶案判决普遍被解读为违反国会对纵向价格限制的立法意思，国会将来可以用立法的方式实质性废弃丽晶案判决。但事实上也能借由丽晶案判决，以理性辩论汇集民意，作为今后转售价格维持的规制基础。因此，丽晶案判决无疑能够为反托拉斯理论界和实务界提供一个讨论转售价格维持的机会。

　　实务上除非国会以立法废弃或支持丽晶案判决而有统一见解前，企业为保险起见，或许仍会继续沿用已有的经销手段，不会因为丽晶案判决而有所改变，以避免不必要的反托拉斯诉讼。即使对转售价格维持全面采取合理原则，丽晶案的审理法院支持的反托拉斯目标即限制品牌内竞争以促进品牌间竞争，基于现实法律差异的因素，或许在短时间内也无法完全实现。因此，丽晶案判决实际上造成的冲击程度，值得后续观察。

三 美国丽晶案之后立法、司法和执法的进展

(一) 立法进展

丽晶案判决之后,美国联邦政府和若干州随即试图通过立法将迈尔斯案判决成文化,以期搁置丽晶案判决,恢复对纵向价格限制适用本身违法规则,但也有州试图通过立法确立丽晶案判决的原则。

2009 年 4 月,马里兰州通过修改反托拉斯法,明确规定"为零售商、批发商或经销商设立最低价,要求其不得低于该等价格销售商品或服务的协议、联合或共谋构成对贸易或商业的不合理限制",成为全美首个通过立法推翻丽晶案裁决的州。与马里兰州形成鲜明对比的是堪萨斯州。为回应堪萨斯州最高法院 2012 年奥布莱恩案判决,2013 年 4 月,堪萨斯州修改了该州反托拉斯法,规定除五种例外情形,《堪萨斯州限制贸易法》的理解和适用应当与联邦最高法院适用联邦反托拉斯法的司法解释相协调。同时,该次修法明确了《堪萨斯州限制贸易法》不禁止合理限制贸易和商业的协议,要求根据个案的全部事实和情形,以与公平福利不抵触的方式,判断一项限制是否应被界定为"合理限制"。也就是说,堪萨斯州该次修法明确了适用合理原则评估转售价格维持的合法性。堪萨斯州是美国迄今为止唯一以立法形式确立丽晶案原则的州。但是,不应忽视该次修法列出的州与联邦反托拉斯法协调化的例外情形,特别是州检察长根据《堪萨斯州限制贸易法》发起的行动或程序,或该法赋予州检察长的其他权力或职责被明确排除。也就是说,一旦堪萨斯州检察长根据《堪萨斯州限制贸易法》针对转售价格维持提起诉讼或参与跨州诉讼,不能排除该州法院在适用州的反托拉斯法时出现与联邦最高法院适用联邦反托拉斯法不一致的情形。截至 2016 年 11 月 30 日,除马里兰州和堪萨斯州之外,其他各州成文法未因为丽晶案而有所变化,其中,纽约、加利福尼亚和新泽西等州的法律依然明令禁止转售价格维持。

在联邦层面,科尔士、拜登和克林顿等参议员曾提出撤销丽晶案判决的法案。2008 年 5 月,35 个州的检察长联名致函联邦众议院请求通过颁布《消费者折扣保护法》推翻丽晶案判决。2009 年 10 月,41 个州的检察长再次联名致函联邦众议院和参议院,请求颁布《消费者折扣保护法》

推翻丽晶案判决，该拟议立法明确规定："任何对零售商、批发商或经销商销售产品或服务的最低转售价加以限制的协议、联合行动或共谋均违反《谢尔曼法》第 1 条。"目前，联邦层面的相关立法努力处于搁置状态。[①]

（二）司法进展

美国联邦最高法院在丽晶案中苦心孤诣的指导实际上是缺乏成效的，下级法院并未如其所愿地发展出一套精致的分析方法，来说明在转售价格维持案件中如何适用合理原则才能查明其会导致明显不当的损害竞争后果。回顾美国反托拉斯判例法的发展就会发现，法院往往会在转售价格维持案件中刻意回避进入权衡竞争效果的阶段，以求不必澄清这一复杂领域。

1. 下级法院适用合理原则的实际做法

合理原则被要求适用于转售价格维持案件已逾十年了，但是几乎没有法院在具体案件中权衡过促进竞争与损害竞争的净效果，或者提出举证责任转移的方法。在丽晶案之后，并未出现许多富有争议的转售价格维持案件。美国若干州的反垄断法仍未放松规制转售价格维持，例如在加利福尼亚州和马里兰州，转售价格维持依然是本身违法的，因此厂商不敢贸然使用转售价格维持，否则就有可能面临严厉的指控。[②] 即使极少数转售价格维持案件存在争议，也没有任何一个案件到了竞争效果权衡的阶段。法院会想方设法地避免这样做，有些法院在发现原告无法证明潜在反竞争效果时就驳回起诉，有些法院则会在原告无法满足界定真实相关市场的门槛要求时驳回起诉。[③]

2. 下级法院适用合理原则的现实困境

判例法仅仅提供了很少试图作出权衡的例子，在绝大多数适用合理原则的案件中，诉讼都不会进入这个阶段。当原告无法证明限制的实质损害竞争效果，或者被告无法提供证据证明限制对于达到实质促进竞争效果是

---

① 卢延纯、苏华：《美国纵向价格限制反垄断十年回顾：2007 年—2016 年》，《竞争政策研究》2016 年第 1 期。

② 黄勇：《价格转售维持协议的执法分析路径探讨》，《价格理论与实践》2012 年第 12 期，第 4 页。

③ Theodore Voorhees, "Reasoning through the Rule of Reason for RPM", *Antitrust*, 2013 (28), p. 60.

合理必要之时，案件就被解决了。[1] 有学者在 1999 年对希尔维尼亚案之后适用合理原则的判例进行了调查，评估了联邦法院在近 25 年内如何适用合理原则进行竞争效果权衡的各种方法。他总结出将近 96% 适用合理原则的案件，法院完全没有进行任何竞争效果的权衡。之所以会产生这一问题，最重要的原因是促进竞争和损害竞争效果都是绝对多样化和异质性的，无法通过数学或其他的系统量度来进行简单的比较，法院根本没有能力来权衡它们。[2] 该学者在 2009 年又分析了 1999～2009 年发生的适用合理原则作出最终处理的反托拉斯案件，发现原告几乎无法胜诉：在全部 222 个案件中有 215 个案件，法院以原告未能证明存在损害竞争效果为由驳回起诉，剩下的 7 个案件在权衡促进竞争效果和损害竞争效果之后，只有 1 个案件是原告获胜的，而这不过是 1977 年以来法院适用合理原则最终效果的一个延续。因此，对于法院或陪审团而言，试图权衡转售价格维持所有相关的竞争效果都面临着无法逃避的方法论困境。法院最普遍的做法就是判定原告未能证明限制行为达到了任何损害竞争效果的门槛阶段。[3] 尽管有许多学者提出了如何在转售价格维持案件中适用合理原则的建议以缓解这种尴尬状况，但是几乎所有建议都有隔靴搔痒之嫌。他们的建议主要强调转移举证责任，而非直言如何权衡竞争效果。这才是合理原则的根本所在，是不能用避重就轻的方式来解决的。

（三）执法进展

美国反托拉斯法之所以能够获得世界性的影响力，执法机构功不可没。在法院系统对于如何具体地适用合理原则来对转售价格维持进行规制陷入瓶颈之际，联邦贸易委员会和司法部均提出了各自的规制模式以指明方向。它们的方案基于以下三点理由值得关注。首先，方案与丽晶案判决中联邦最高法院对于合理原则的视角相一致。其次，方案纠正了全面型合理原则中的结构型缺陷。最后，方案最有可能获得足够的支持来影响未来

---

[1] Theodore Voorhees, "Reasoning through the Rule of Reason for RPM", *Antitrust*, 2013 (28), p. 61.

[2] Michael Carrier, "The Real Rule of Reason: Bridging the Disconnect", *Brigham Young University Law Review*, 1999 (8), p. 1269.

[3] Michael Carrier, "The Rule of Reason: An Empirical Update for the 21st Century", *George Mason Law Review*, 2009 (16), p. 827.

对于转售价格维持合理原则的司法适用。

1. 联邦贸易委员会提出的"天然可疑"规制模式

玖熙公司是世界著名的女装皮鞋和配饰设计生产商，总部位于纽约州。2000 年，玖熙公司与联邦贸易委员会以及若干州的检察长达成同意令以了结针对该公司固定转售价格的指控。联邦贸易委员会的同意令禁止玖熙公司在 20 年内固定、控制或维持产品的转售价格。丽晶案后，玖熙公司于 2007 年 10 月提出申请，要求修改 2000 年同意令的内容，随后应联邦贸易委员会的要求提供了一系列的补充信息。① 联邦贸易委员会认为丽晶案判决可以被解读为一种快速审查分析方法。② 它早在宝丽金案中所使用的分析框架就很可能适于分析转售价格维持。此案分析的第一步是决定涉案行为是否"天然可疑"。分析关注的是行为本身的证据，而不是行为的效果，之所以这么做则是基于行为的本质。如果根据经济理论和市场经验，某种限制很可能损害竞争，那么它就会被归为"天然可疑"的范畴。与本身违法不同，"天然可疑"的行为受制于可抗辩的违法推定规则。③ 联邦贸易委员会认为如果原告能够证明案件中存在丽晶案判决指导意见中提及的一个或多个因素：生产商或经销商具有市场支配地位、转售价格维持在相关市场中被广泛使用以及经销商向生产商施加了转售价格维持，它就会被认为是"天然可疑"的，从而被推定违法，且无须证明损害竞争效果的所有前提。④ 被告只有证明转售价格维持具有不太可能损害消费者利益的理由，或者存在足以抵销明显或可预期损害的竞争收益时，才有可能胜诉。玖熙公司证明了自己在相关市场上只有适中比例的市场份

---

① 卢延纯、苏华：《美国纵向价格限制反垄断十年回顾：2007 年—2016 年》，《竞争政策研究》2016 年第 1 期，第 25 页。

② 快速审查分析方法要求被告首先为固有嫌疑的行为提供正当性理由，以此作为继续进行效果分析的前提。这种分析方法确保作出更加准确的竞争效果判断，但是也保留了本身违法规则一样的可操作性。参见〔美〕欧内斯特·盖尔霍恩、威廉姆·科瓦契奇、斯蒂芬·卡尔金斯《反垄断法与经济学》（第 5 版），任勇等译，法律出版社，2009，第 213 页。

③ Jesse Markham, "Sailing A Sea of Doubt: A Critique of The Rule of Reason in U. S. Antitrust Law", *Fordham Journal of Corporate & Financial Law*, 2012（17），p. 609.

④ John Kirkwood, "Rethinking antitrust policy toward RPM", *The Antitrust Bulletin*, 2010（55），p. 460.

额，并且是出于提高出售自身产品的经销商服务水平的意愿而实施了转售价格维持。因此，联邦贸易委员会决定部分同意玖熙公司的请求，允许其实施转售价格维持，同时要求它定期提交报告以便监测。① 由此可见，联邦贸易委员会提出的"天然可疑"的规制模式究其本质就是一种可抗辩的违法推定规则。

2. 司法部提出的结构型合理原则

司法部的助理检察长瓦尼认为在原告初步证明的转售价格维持案件中，如果具备了某些结构型条件，它就能被推定违法了。结构型合理原则主要集中在丽晶案中联邦最高法院认定的更有可能导致转售价格维持产生损害竞争效果的四种情况之上。根据这种方法，原告必须证明谁是转售价格维持协议的动力来源。（1）如果转售价格维持是由生产商实施的，法院就能在两种情况下发现它会损害竞争。首先，生产商实施转售价格维持是为了促进共谋。卡特尔成员能够通过它来监测协议的遵守情况。原告要证明案件的表面证据确凿，需要证明以下三个要素：市场上多数的销售都涉及转售价格维持；结构型条件能够传导到价格协调；转售价格维持明显能够帮助认定卡特尔成员的欺骗。其次，生产商实施转售价格维持会导致市场排斥，或者能够保证经销商获得大量利润，从而不会销售新的市场进入者的产品。在此情况下，原告要证明案件的表面证据确凿，需要证明以下三个要素：生产商拥有市场支配地位；转售价格维持涵盖了大部分的经销渠道；转售价格维持具有明显的排斥效果，影响到了实际竞争对手。（2）如果转售价格维持是由经销商实施的，法院就要特别慎重。首先，经销商实施了排斥行为。一个或一群具有市场支配地位的经销商强迫重要的生产商实施转售价格维持，从而抑制来自于折扣商店或网络零售商的价格竞争。在此情况下，原告只要证明了以下三个要素，举证责任就可以转移给被告了：涉及的经销商具有足够强大的市场支配地位；经销商的强制覆盖了很大部分的市场；转售价格维持具有明显的排斥效果，影响了实际竞争对手。其次，经销商实施的转售价格维持导致了卡特尔共谋。原告要

---

① Jarad Daniels, "Don't Discount Resale Price Maintenance: The Need for FTC Guidance on the Rule of Reason for RPM Agreements", *George Washington Law Review*, 2016 (84), pp. 193 – 194.

证明经销商按照共谋理论来行事，需要证明以下三个要素：转售价格维持被广泛地使用，至少占到了市场上销售份额的 50%；转售价格维持源于经销商的强制，而不仅是说服；经销商共谋不会被生产商诸如开辟新经销渠道的行为所挫败。[①]

3. 两种规制模式的比较分析

联邦贸易委员会提出的"天然可疑"规制模式和司法部提出的结构型合理原则都能满足丽晶案判决指导意见的要求，但前者还是更胜一筹。首先，从联邦贸易委员会提出并付诸实施的规制模式本身出发，它无疑是一种更好的替代方式，更有可能影响到未来的司法适用。它具有运用了将近三十年的快速审查分析方法的判例法经验支持；它可以弥补传统全面型合理原则的内部结构型缺陷[②]；它得到了州、立法者、对外贸易伙伴以及政府机构的支持。[③] 其次，从这两种规制模式的比较来看，司法部的结构型合理原则虽然也作了很好的论证，提出原告证明案件表面证据确凿的必需要求，但这种分析框架仍然要求法院从一开始就要简单地处理原告的主张，让他承担证明被告具有市场支配地位的初步举证责任。但这是一件令人头疼的工作，需要通过大量的调查，聘请高酬劳的经济学家才能进行。该问题通常极为复杂，需要具体问题具体分析，而且常常伴随着争议，难以保证成功。界定相关市场需要深入细致地研究事实，耗时长、成本高，

---

① Christine Varney, "A Post – Leegin Approach to Resale Price Maintenance Using a Structured Rules of Reason", *Antitrust*, 2009 (24), pp. 24 – 25.

② 美国联邦最高法院大法官布兰代斯在 1918 年的 Chicago Board of Trade v. United States 案中提出了全面型合理原则：协议或管理内容是否限制了竞争不能仅靠一个简单的标准来确定。每一个商贸协议、每一条商贸管理规则都有限制性，约束和限制是它们的本质。判断一种限制是否合法要看这种限制是否只是一种管理形式，是因此促进了竞争还是纯粹地压制乃至破坏了竞争。为了回答以上问题，法院通常必须考虑受限制产业的特殊情况，该产业受限制前后的情况对比，限制的性质以及限制产生的实际效果和可能产生的效果。限制的历史、限制的邪恶之处、采取具体经济措施的理由以及限制所要达到的目的等都是重要的考虑因素。这并不是因为仅有好的目的就可以为限制性规则开脱，而是因为对目的的了解可以帮助法院解释事实，预测结果。参见李剑《横向垄断协议法律适用的误读与澄清——评"深圳有害生物防治协会垄断案"》，《法学》2014 年第 3 期，第 132 页。

③ John Moore, "Resale Price Maintenance After Leegin: Why Treating Vertical Price – fixing as 'Inherent Suspect' Is the Only Viable Alternative to the Traditional Rule of Reason", *Journal of Law & Policy*, 2011 (36), pp. 316 – 321.

还不精确。法院要考虑市场支配地位势必会引来相互竞争的专家之间耗费时间的争论，他们都试图将抽象的、技术性强的标准运用于经常被错误界定的市场。在转售价格维持案件中，原告面临的最大障碍之一就是证明市场支配地位的要求。① 事实上相较原告而言，被告是处在更好地证明市场支配地位的位置上的。因此，司法部提出的结构型合理原则不能纠正全面型合理原则的根本缺陷。根据结构型合理原则所得出的结论是否会明显地区别于全面型合理原则有利于被告的结论也是存疑的。此外，根据联邦贸易委员会在宝丽金案中提出的"天然可疑"的规制模式，只要原告证明被告实施了转售价格维持，举证责任就会转移到被告身上，让他来提出法律上认可的竞争理由。被告还要承担证明自己不具有市场支配地位的责任。这就会让那些意欲实施转售价格维持的企业承担更大的责任，使其在实施该行为前就考虑清楚促进竞争效果以及市场份额，从而减少通过实施该行为增加利润的生产商数量，最终降低这类案件的诉讼数量。

第二节　欧盟竞争法对于转售价格维持的规制

一　欧盟处理转售价格维持的法律依据

欧盟竞争法的架构是由《欧盟运行条约》、相关的欧盟条例、大量解释欧盟委员会政策与解释实体法的通知以及指南所构成。

（一）主要法律渊源：《条约》第 101 条

第 101 条第 1 款不区分横向协议和纵向协议，原则上禁止一切可能影响成员国之间贸易，以阻止、限制或扭曲竞争为目的或能产生此类结果的协议、决定或协同行为，而其中第 1 项即规定直接或间接地固定购买或销售价格或其他交易条件。与此同时，该条第 3 款关于豁免的规定同样也适用于纵向限制竞争协议。欧盟委员会和法院都认为，第 101 条不仅是纲领

---

① John Kirkwood，"Rethinking antitrust policy toward RPM"，*The Antitrust Bulletin*，2010（55），p. 458.

性的政策指南，也是可以根据通过条约建立的共同体的需要加以解释的
"法律"①。

（二）次要法律渊源：《条例》

格伯尔指出最重要的立法形式，即集体豁免，是高度形式化的。集体
豁免通常提供了具体条款的列表，分别列出被认为可以接受的、不可接受
的和有可能接受的行为。这导致了一种较为灵活的、有着潜在扭曲作用的
管制，实际上这些管制经常变成命令式的。根据一项研究，成员国及其工
商业界倾向于认为，它们不是司法豁免，而是强制性的行为规范。②

（三）派生性法律渊源：《纵向限制指南》

沃勒（Waller）认为，详尽而具有可操作性的指南给予市场的参与者
更多的确定性，使他们能够更好地判断自己行为的结果，并以此指导自己
的行为。一系列指南处理了反垄断的绝大部分领域的问题，由此建立的反
垄断权力渊源已经使先前的法官造法的普通法体系以及国会的制定法体系
失去光芒。虽然这些指南只是执行机构对执行政策的表述，但是经过多年
的演化，指南已经成为一种执行机构的法律制定形式。从实际运作效果来
看，这些管制指南在事实上已经成为反垄断法实施最为重要的组成
部分。③

二 欧盟竞争法对于转售价格维持的具体规定

欧盟竞争法对限制性协议的分析基于以下三个问题：该协议是否违反
了《条约》第101条第1款？协议是否可以纳入《条例》的安全港？协
议是否可以得到《条约》第101条第3款的个别豁免？

（一）《条约》第101条第1款下的转售价格维持：自动被判违法

欧盟竞争法向来对转售价格维持非常敌视。根据《条约》第101条
第1款的规定，转售价格维持的目标就是损害竞争的。这意味着转售价

---

① 张骏：《最高转售价格维持的经济逻辑及其反垄断法规制》，《华侨大学学报》（哲学社
会科学版）2014年第2期。

② 〔美〕戴维·格伯尔：《二十世纪欧洲的法律与竞争》，冯克利等译，中国社会科学出版
社，2004，第470页。

③ 李剑：《反垄断私人诉讼困境与反垄断执法的管制化发展》，《法学研究》2011年第5期。

维持本身就违反了该条规定，不论市场环境如何。除了传统的反对转售价格维持的经济论据之外，欧盟竞争法的规制模式也受到了欧洲市场一体化目标的影响。[1] 转售价格维持常常被用来作为支持地域保护制度的一种工具，以此在不同的成员国之间维持或多或少的统一价格，从而阻碍成员国之间的商品流通。[2] 在巴农案中，欧盟法院判决转售价格维持协议自身就构成了对竞争的限制，它的目标就是损害竞争。[3] 在路易斯案中，欧盟法院再次确认了根据《条约》第101条第1款的规定，转售价格维持是可以自动被判违法的。[4] 在帕里斯案中，欧盟法院判决推荐价格可以采用基于效果的分析，但是转售价格维持仍旧是自动被判违法的。[5] 与这些司法实践相一致，欧盟委员会决定的案件中也充满了这样的例子，确认了转售价格维持的损害竞争本质。[6]《纵向限制指南》也完全遵循了这样的认识。

　　转售价格维持司法裁决和行政决定的实践虽然也给出一些暗示，但终究未能全面解释该行为为何会被视作目标违法。原因之一可能是消除了品牌内价格竞争：欧盟法院在路易斯案中提到了经销商卡特尔理论。[7]《纵向限制指南》详细地列出了转售价格维持可能带来的竞争风险。第一，转售价格维持能够提高市场价格透明度，使供应商背离共谋均衡的削价行为更易被察觉，因此能够促进供应商之间的共谋。转售价格维持还能够削弱供应商对分销商降价的动机，因为固定转售价格使其无法从降价导致的销量上涨中获益。这种消极效果在容易出现共谋后果的市场上更为明显，例如，对于紧密的寡头市场的生产商以及大部分被转售价格维持所覆盖的市场。第二，通过消灭品牌内价格竞争，转售价格维持能够促进分销环节

---

[1]　Frank Alese，"Unmasking the Masquerade of Vertical Price Fixing"，*European Competition Law Review*，2007（28），p. 525.

[2]　77/66/EEC GERO – fabriek OJ［1977］L 16/8，para II（3）（c）；2002/190/EC JCBOJ［2002］L 69/1，paras 168 – 172.

[3]　Case 243/83 SA Binon & Cie v. SA Agence et Messageries de la Pressem［1985］ECR 2015.

[4]　Case 27/87 SPRL Louis Erauw – Jacquery v La Hesbignonne SC［1988］ECR 1919，paras 12 – 15.

[5]　Case 161/84 Pronuptia de Paris GmbH v. Pronuptia de Paris Irmgard Schillgallis［1986］ECR 353.

[6]　Valentine Korah and Denis O'Sullivan，*Distribution Agreements under the EC Competition Rules*. Oxford：Hart Publishing，2002，pp. 105 – 106.

[7]　Case 27/87 SPRL Louis Erauw – Jacquery v. La Hesbignonne SC［1988］ECR 1919，para 15.

上购买商之间的共谋。强有力或组织良好的分销商可能有能力强迫或说服一个或多个供应商在竞争水平之上固定转售价格，并因此帮助分销商达成或稳定共谋均衡。当转售价格维持由购买商所引起时，削弱价格竞争的问题更为严重，因为购买商之间横向的共同利益将导致消费者利益受损。第三，转售价格维持通常可以削弱生产商之间和/或零售商之间的竞争，特别是当生产商均使用同样的分销商分销其产品，并且这些生产商全部或大部分均采用了转售价格维持时。第四，转售价格维持的直接效果是阻止全部或部分分销商对特定品牌的产品实施降价。换句话说，转售价格维持的直接效果就是价格上涨。第五，转售价格维持能够降低生产商的利润率压力，特别是当生产商与降低后续分销商的供应价有利害关系时。在这种情形下，生产商可能倾向于达成转售价格维持，以帮助其承诺不对后来的分销商降价，进而降低自己的利润率压力。第六，具有市场力量的生产商可以通过实施转售价格维持排斥小竞争者。由于转售价格维持导致分销商的利润率增加，在面对客户时，分销商可能被诱导无视客户利益而努力销售实施转售价格维持的品牌，而忽略或干脆不销售那些未实施转售价格的竞争品牌。第七，转售价格维持可能减少分销环节的动态和创新。通过阻碍不同分销商间的价格竞争，转售价格维持可能阻止更有效率的零售商进入市场或阻止其通过低价获得足够的规模。转售价格维持还可能阻止基于低价的分销模式进入市场或进一步扩张。[①]

《条例》摒弃了转售价格维持的主要风险之一是减少品牌内竞争的观点；如果品牌间竞争是有效的，品牌内竞争就没有独立的意义。虽然转售价格维持可能产生上述的所有影响，但并不是必然的。只有当行业中广泛采用了转售价格维持，并且市场容易受到秘密协调的影响时，价格透明才会引起横向关切。就价格上涨的风险而言，转售价格维持涉及的是特定品牌的价格，而不是市场价格，因此，市场价格上涨并不是必然的。总而言之，这些例子表明转售价格维持并不总是危险的，但在某些情况下也会引起对于竞争的担忧，因此要具体情况具体分析。为了确定这些潜在的消极

---

①　中华人民共和国商务部反垄断局编《世界主要国家和地区反垄断法律汇编》（上册），中国商务出版社，2013，第 467 页。

效果是否确实存在，必须考虑到这些利害攸关的问题。

（二）《条例》对转售价格维持的规定

《条例》明确地将转售价格维持列为核心限制，并将其排除在集体豁免的安全港之外。值得注意的是，转售价格的确定可以通过直接和间接地方式来达成，而它们的实际效果是相同的。《条例》第 4 条第 1 款 a 项列出的核心限制涉及转售价格维持。转售价格维持是指向购买商设立固定或最低转售价格，或以固定或最低价格水平为直接或间接目的的协议或协同行为。当合同条款或协同行为直接确定转售价格时，限制是显而易见的。但是，转售价格维持也可以通过间接手段实现。间接手段包括：固定分销利润的协议，固定分销商在规定价格水平上可以授予的最大折扣水平，供应商依据分销商遵守规定价格水平的情形给予折扣或者补偿推广费用，把规定的转售价格与竞争者的转售价格相关联，有关遵守规定价格水平的威胁、恐吓、警告、处罚、延迟或中止交货或者终止合同等。固定价格的直接或间接手段在与确认削价分销商的方法相结合时更加有效，例如，实施价格监测制度，或者要求零售商承担举报偏离价格水平标准的其他分销网络成员的义务。同样，直接或间接固定价格如果与削弱购买商降低转售价格动机的方法相结合时更加有效，例如，供应商在产品上标明建议转售价格或者供应商迫使购买商适用最惠客户条款。相同的间接手段和相同的支持手段可用来使最高价格或建议价格起到转售价格维持的作用。但是，使用某一特定的支持手段，或供应商向购买商提供建议价格或最高价格清单之本身不被视为转售价格维持。[①]《条例》第 4 条第 1 款规定，本条例第 2 条规定的豁免不适用于直接或间接地、单独或与各方控制下的其他因素相结合而具有下列目的的纵向协议：限制购买商决定销售价的能力，但供应商可以规定最高销售价或者建议销售价，只要最高销售价或者建议销售价不因来自任何当事方的压力或激励而成为固定或最低销售价格。[②]

---

① 中华人民共和国商务部反垄断局编《世界主要国家和地区反垄断法律汇编》（上册），中国商务出版社，2013，第 426~427 页。

② 中华人民共和国商务部反垄断局编《世界主要国家和地区反垄断法律汇编》（上册），中国商务出版社，2013，第 473 页。

（三）《条约》第 101 条第 3 款下的转售价格维持：个别豁免的机会

如果协议落入了《条约》第 101 条第 1 款的规制范围，它就无法得到集体豁免了，但是如果能够满足《条约》第 101 条第 3 款的条件，就仍旧能够逃脱竞争法的处罚。欧洲初审法院在阿谢特案中宣称，反竞争行为原则上是不能存在的，无论它在特定市场上的效果如何，都不能被豁免，除非它能满足《条约》第 101 条第 3 款规定的所有条件。① 然而，司法裁决、行政决定以及《纵向限制指南》都表明了《条约》第 101 条第 3 款在理论上是可行的，但实际上却几乎从未对包含转售价格维持的协议网开一面。②

转售价格维持只有极少的机会能够满足《条约》第 101 条第 3 款的个别豁免要求。简而言之，理论上如此，实际上几乎不现实。③ 从理论上讲，所有协议，包括转售价格维持在内的纵向协议都能适用个别豁免，但它们几乎无法得到豁免的利益。此外，转售价格维持自动违反《条约》第 101 条第 1 款，但在理论上却有适度机会来获得第 3 款个别豁免的立场在概念上是有缺陷的：《条约》第 101 条第 3 款容纳了生产效率的论点，而所有支持转售价格维持的理论都认为它可能会加剧竞争，而这正是第 1 款规定的一种价值。

在巴农案中，欧盟法院并没有说转售价格维持不太可能满足《条约》第 101 条第 3 款规定的条件，反而判决欧盟委员会要考虑到涉案企业提出的因素。④ 然而，能否从欧盟法院判决的中性语言中提取出任何相关的结论是相当值得怀疑的。无论如何，在 2004 年 5 月 1 日，欧盟的 1/2003 号条例生效之前，欧盟委员会对于《条约》第 101 条第 3 款的适用具有垄断性的权力，它从未给予转售价格维持个别豁免。⑤ 随后，包括《条约》

---

① Case T – 17/93 Matra Hachette SA v Commission ［1994］ECR II – 595，para 85.
② Valentine Korah and Denis O'Sullivan, *Distribution Agreements under the EC Competition Rules.* Oxford：Hart Publishing，2002，p. 233.
③ Alison Jones, "Resale Price Maintenance：a Debate about Competition Policy in Europe", *European Competition Journal*，2009，5（2），pp. 501 – 502.
④ Case 243/83 SA Binon & Cie v. SA Agence et Messageries de la Pressem ［1985］ECR 2015，para 46.
⑤ Bell Gulati, "Minimum Resale Price Maintenance Agreements – and the Dilemma Continues", *Competition Law Review*，2012，8（2），p. 133.

第 101 条第 3 款在内的欧盟竞争法适用去中心化了。尽管如此，很难想象作为竞争政策形成的基础，该条款会在实践中有不同的解释。与执行不同，它有必要保持中心化。

值得注意的是，在比利时的 AMP 报纸分销合同案中，欧盟委员会确实就转售价格维持发出了一封安慰信，但不是正式决定。欧盟委员会明确地得出结论，认为本案中的转售价格维持符合《条约》第 101 条第 3 款的要求。[①] 本案中市场的必要特征是产品（报纸和杂志）的寿命很短，而且方案是基于销售或退货制度。然而根据当事人提供的证据，经销商可能是代理人，他们没有获得期刊的所有权，一切未能销售产品的风险均由生产商承担。欧盟委员会指出，在分销系统中，承担主要经济风险的经营者应当控制销售价格在经济上是可以接受的。这种情况可能对欧盟委员会的分析产生了很大的影响。与美国反托拉斯法类似，欧盟竞争法通常也将法律代理协议排除《条约》第 101 条第 1 款的适用范围。

《纵向限制指南》明确强调，尽管《条例》第 4 条所列举的核心限制包括固定转售价格和最低转售价格维持，都被假定违反了《条约》第 101 条第 1 款，且无法满足第 3 款规定的条件，但是这个假定是可以反驳的，当事人可以有一个几乎不可能但又并非不现实的机会在个别豁免的基础上脱离处罚。[②] 虽然含有转售价格维持的协议会产生不太可能满足《条约》第 101 条第 3 款规定条件的假设，但是企业在个案中仍然具有根据该条款提出效率抗辩的可能。[③] 这种可能性是非常特殊的，尽管在理论上存在已发生，但实际被认为是禁止的。

上述主张被转售价格维持规定的条文结构加强了，它要根据《条约》第 101 条第 3 款加以分析。《条例》又增加了这种不确定性。《条例》规定转售价格维持是核心限制，一旦协议中包含了核心限制，整个协议都会

---

① Cases IV/C – 2/31.609 and 37.306, XXIXth Report on Competition Policy 161 (1999).

② 参见中华人民共和国商务部反垄断局编《世界主要国家和地区反垄断法律汇编》（上册），中国商务出版社，2013，第 426 页。

③ 参见中华人民共和国商务部反垄断局编《世界主要国家和地区反垄断法律汇编》（上册），中国商务出版社，2013，第 466～467 页。

失去集体豁免的安全港。因此，企业根据《条约》第 101 条第 3 款来测试转售价格维持，风险并不仅仅限于转售价格维持条款，而是整个分销协议的竞争法合规性。

《纵向限制指南》提供了转售价格维持的若干正当用途：虽然转售价格维持能够限制竞争，但也能够产生效率，特别是当供应商设置转售价格维持时。这将需要依据《条约》第 101 条第 3 款进行评估。最为明显的情形是，当生产商引入新产品，转售价格维持有助于在产品推广期扩大对产品的需求，因而诱导分销商更多地考虑生产商的利益而努力推销产品。转售价格维持促使分销商努力提高销售量，如果分销商面临竞争压力，将使其努力扩大对产品的需求而促成产品的成功投放，这将有利于消费者。同样，对于特许专营或类似的适用统一分销模式的分销体系，当组织协同短期低价活动（多数情况下 2~6 周）时，固定价格而不仅仅是最高价格，可能是必需的，而短期低价活动将会有利于消费者。在有些情形下，转售价格维持提供的额外利润率使得零售商可以提供额外的售前服务，特别是对经验产品或者复杂的产品。如果足够多的客户基于这些服务作出购买决定，但却从不提供这些服务的低价零售商（因此不产生这些服务成本）那里购进产品，高服务水平的零售商将减少或停止这些促进供应商产品需求的服务。转售价格维持可以帮助避免分销环节的这种搭便车行为。协议方需要有力地证明转售价格维持协议既能够提供手段也能够提供动机，以克服零售商之间可能的搭便车行为，并且售前服务总体上有利于消费者。[①] 才能满足第 101 条第 3 款所规定条件的部分要求。

尽管《纵向限制指南》规定了转售价格维持的若干正当理由，但从欧盟竞争法的角度来看，固定转售价格和最低转售价格仍然存在相当大的风险，企业在实施这类行为时没有任何安全保障。也就是说，除了上述三种理由之外，企业根据《条约》第 101 条第 3 款来提出效率抗辩的举证责任负担是很沉重的。

---

① 中华人民共和国商务部反垄断局编《世界主要国家和地区反垄断法律汇编》（上册），中国商务出版社，2013，第 467~468 页。

三 欧盟竞争法对于转售价格维持的规制实践

(一) 欧盟转售价格维持案件的执行程序

欧盟竞争法能被欧盟委员会和单个成员国的执法程序所执行。欧盟委员会 1/2003 号条例已经生效，公共执行已经去中心化，意味着欧盟委员会和成员国执法机构都能执行欧盟竞争法了。从那时起，欧盟竞争法的大多数案件都是由成员国执法机构，而非欧盟委员会来决定的。对于纵向限制案件，根据《条例》和《纵向限制指南》的规定，转售价格维持仍旧保持了有争议的严格规制模式，但欧盟委员会近年来并没有对转售价格维持作出任何决定，而成员国执法机构在此领域却很活跃。

与美国不同，在纵向限制领域，欧盟的公共执行是普遍胜过私人执行的。在欧盟层面，执行通常是公共的，因为它受制于欧盟委员会的决定。欧盟委员会根据程序作出调查，并作出最终决定发现损害、进行罚款以及进行行为、结构救济。这些决定可以由欧洲初审法院审查，再上诉到欧盟法院作出终审判决。法院可以根据《条约》第 263 条宣告委员会的决定无效，也能根据《条约》261 条改变欧盟委员会作出的罚款和处罚决定。

单个成员国内的欧盟竞争执法绝大多数是公共执行，但《条约》第 101 条允许私人执行发生在成员国法院。欧盟竞争法也能针对在单个成员国境内发生的损害提起私人诉讼。虽然与美国相比，欧盟损害案件的发生频率很低，但许多专家和欧盟委员会近年来正在促成这种执行，他们发现可以通过提出赔偿从这些案件中获益。

成员国法院对欧盟竞争法的私人执行受制于成员国的程序规则，基于成员国的程序自治。同样地，单个成员国和委员会之间的公共执行程序规则也是不同的。例如，成员国执法机构具有不同的调查和执行权力，虽然类似于委员会，许多成员国执法机构也有权作出最终决定和施加罚款。

尽管执行方面的区别，会对欧盟竞争法的执行效率产生影响，欧盟也有许多机制来确保统一的解释。这种统一的解释对于法律的确定性和透明性是至关重要的。成员国执法机构和法院对于《条约》第 101 条的解释必须符合欧盟法院的解释。成员国法院在根据欧盟竞争法处理案件时，可以根据《条约》第 267 条向欧盟法院提出初步问题，欧盟法院会对此作出判决。有关纵向限制的案件在成员国法院的初审中是普遍存在的。当成员国法院需要时，欧盟委员会也有义务在诉讼程序中作为法庭之友来协助它们。而且欧盟竞争网络要确保欧盟委员会和成员国执法机构能够十分有效地展开协作，统一适用欧盟竞争法。

（二）欧盟成员国处理的转售价格维持案件

波兰的一家主要炼油商奥伦石油与他的机油经销商们达成了一项协议，奥伦石油在2003～2012年间，对其产品实施转售价格维持，并保留制裁违规者的权利，为此他向波兰的竞争当局申请了个别豁免，但却遭到了拒绝。奥伦石油声称这种做法是为了方便新产品进入机油市场，降低品牌贬值的风险。他还辩称，这些协议允许经销商获得更高的利润率，从而使转售有利可图，如果通过其他手段向市场推出新产品，效率会更低。波兰的竞争当局拒绝向奥伦石油提供豁免，认为这种做法阻碍了经销商对市场动态作出反应，而且由于产品的可替代性较低，限制了消费者的选择。竞争当局的结论是，奥伦石油完全可以利用其他有效方法，例如，补偿经销商在推广产品和认证产品质量方面的努力来达到其目的。奥伦石油已经接受了罚款的处罚，并停止了该行为。[①]

波兰竞争当局要面对的另一个案件——IMS沙发案中也包括了最低转售价格维持协议。它没有调查行为的实际效果，而认为协议具有反竞争的目的，因此会限制竞争，损害消费者利益。波兰竞争当局强调经销商都是被动的参与者，没有任何证据证明他们之间存在横向共谋，因此没有对他们进行指控，但同时也没有给予IMS沙发宽大处理，尽管该公司申请了完全豁免，也确信自己提供的信息和证据为波兰竞争当局的决定作出了重要的贡献。评论者指出波兰竞争当局在以过去的最低转售价格维持案件中很少选择仅仅处罚生产商，未来的案件是否会遵循这一政策还有待观察。他们在目前的制度允许对纵向协议进行宽大处理是否合适这一问题上存在争论。与横向共谋相比，纵向环节上的反竞争行为更容易被监测到。且当事方不能因为交代竞争当局能够比较容易发现的协议细节而受到

① M. Stryszowska, The handbook of competition economics, http：//globalcompetitionreview.com/handbooks/56/sections/196/chapters/2229/poland/, Last visited 2 July 2019.

奖励。①

西班牙竞争当局已经决定通过利用弗拉明卡斯案中的微量不计规则来赞成最低转售价格协议。西班牙《竞争法》第1条规定所使用的语言类似于《条约》第101条，禁止那些消除西班牙的市场竞争的协议；第3条也类似于《条约》第101条第3款，如果协议能够满足所列条件就能够自动豁免。西班牙《竞争法》与欧盟竞争法的不同之处在于，即使是在有核心限制，比如最低转售价格维持的情况下，如果该行为不会对竞争产生显著影响，竞争当局也可以放弃适用第1条的规定。西班牙竞争当局在2009年12月3日的弗拉明卡斯案中第一次赋予生产商这种权利，决定其实施的最低转售价格维持不属于禁止的范围，因为竞争当局相信其市场份额非常低，而且市场也没有被任何类似限制的平行网络所分裂。②

匈牙利竞争当局在2008年5月14日的阿斯维尼兹案中也对最低转售价格维持行为作出了非同寻常的判决，认为该协议既不违反欧盟竞争法，也不违反匈牙利竞争法。本案的细节包括经销商必须在考虑到他们开展业务的当地市场的基础上来遵循不同的价格决定。竞争当局认为这种做法的目的并非制定统一的价格，也不会产生排除市场上价格竞争的效果。尽管竞争当局强调差异化的转售价格也可能导致损害竞争效果，比如将竞争对手赶出市场，但是其表示在目前的案件中尚未发现这种效果。③

第三节　美欧对转售价格维持采取的规制模式的比较分析

一　美欧转售价格维持规制模式的宏观比较

反垄断法所追求的直接效果是发现限制竞争行为并予以规制，它的所

---

① K. Kanton, Authority accepts leniency application in vertical price fixing arrangement, http: // www. internationallawoffice. com/, Last visited 2 July 2019.

② A. Pascual and M. Contreras, "Vertical Agreements the Regulation of Distribution Practices in 36 Jurisdictions Worldwide", http: //www. herbertsmithfreehills. com/ - /media/Files/PDFs/2013/ VA2013% 20Spain. pdf, Last visited 2 July 2019.

③ E. Eklund, "Question A, Which, if any, Agreements, Practices or Information Exchanges about Prices Should Be Prohibited in Vertical Relationships?" http: //www. wettbewerbszentrale. de/media/getlivedoc. aspx? id = 30165, Last visited 2 July 2019.

有制度都是为此过程而展开的。反垄断法的实施离不开理论界与实务界通过共同努力而建构出来的限制竞争行为规制模式的指导。美欧反垄断法都根据自身情况发展出了限制竞争行为的规制模式。对它们进行比较，有助于确立我国转售价格规制模式的理想图景。

（一）美国规制转售价格维持的主要特征

首先，美国反托拉斯法对转售价格维持的规制是随着经济形势、经济政策以及经济理论的变化而变化的。目前美国转售价格维持案件的反托拉斯法实施适用的是合理原则。美国联邦最高法院将合理原则解释为，案件调查者根据合理原则，会衡量案件中的一切因素以判定行为是否对竞争施加了不合理的限制从而应当被禁止。丽晶案判决指出，法院能够随着时间的推移来设计规则，甚至使得假设合理化。但在丽晶案中支持合理原则的意见并非一致。以布鲁尔（Brewer）法官为代表的少数派仍然坚持对转售价格维持适用本身违法规则。他们的意见与那些反对转售价格维持的经济理论基本一致。他们还指出并未出现相应的经济和社会变化来支持废除对转售价格维持适用本身违法规则。其次，合理原则通常要求被告具有市场支配力从而被判违法。这一观点也被丽晶案所接受，除非生产商或经销商具有市场支配力，否则它们就无法通过滥用转售价格维持达到反竞争目的。最后，美国反托拉斯执法机构目前尚未再制定纵向限制指南。因此，转售价格维持不存在安全港。

（二）欧盟规制转售价格维持的主要特征

首先，欧盟委员会将转售价格维持视为一种核心限制，这种规制模式的效果更接近于美国的本身违法规则，但二者在本质上有着明显的不同。包含核心限制的协议排除了集体豁免的适用，这在很大程度上反映出欧盟委员会洞悉到有些行为很可能会提升大家对于竞争状况的担忧。然而在《纵向限制指南》中，欧盟委员会却缓和了对转售价格维持的严厉规制，允许生产商在个案中以效率为由提出抗辩。其次，转售价格维持的违法性判定不需要有市场支配力这一要件。最后，欧盟的《条例》和《纵向限制指南》设立了普遍的安全港，即30%的市场份额。但是安全港不适用于包括转售价格维持在内的若干核心限制。

（三） 两者的比较

首先，《谢尔曼法》和《条约》都没有区分纵向垄断协议和横向垄断协议，但是都在反垄断法实施的过程中，经过经验的累积，通过判例或立法对转售价格维持进行了很好的规制。其次，美国反托拉斯法对转售价格维持的规制建基于经济分析，即具体的经济效果；欧盟竞争法虽然日益重视经济理论，但技术性的法律上的区分仍然决定着案件结果。最后，美国反托拉斯判例法对转售价格维持运用合理原则进行分析，从而使之除外适用《谢尔曼法》；欧盟竞争法对转售价格维持的个案豁免是基于《条约》第 101 条第 3 款的规定。

二 美欧转售价格维持规制模式核心要素的微观比较

选择转售价格维持的理想规制模式，无可避免地要兼顾经济分析和法律形式主义这两方面的因素。换句话说，转售价格维持的理想规制模式需要解决的是经济理论与法律确定性之间的张力问题。美国反托拉斯法和欧盟竞争法对此问题的权衡是截然不同的。

（一） 美国反托拉斯法对两者的权衡

丽晶案的里程碑意义在于转售价格维持脱离了长期以来的本身违法规则，转而适用合理原则。1911 年的迈尔斯案奠定了转售价格维持的本身违法规则，但判决依据并非是经济分析，而是基于经销商的自由定价权。[①] 随着经济理论的发展，经济分析逐渐成了美国反托拉斯立法和实施过程中的决策基础。在丽晶案中，判决依据完全采纳了经济理论。美国联邦最高法院的多数法官认为，分析转售价格维持的关键是判断它的效果是促进竞争还是反竞争的。经济文献中有很多生产商使用转售价格维持促进竞争的例子。在许多市场条件下，转售价格维持不会有反竞争效果，普遍的共识是一旦允许生产商控制货物销售的价格，其就会以各种方式促进品牌间竞争。而反垄断法的主要目的是保护品牌间竞争。因此，转售价格维持的竞争效果支持了该行为不符合本身违法规则的立场。[②]

---

① 吴玉玲：《契约自由的滥用与规制——美国反垄断法中的垄断协议》，江苏人民出版社，2007，第 198～200 页。
② 张骏：《美国纵向限制研究》，北京大学出版社，2012，第 110 页。

　　审视美国转售价格维持反垄断法规制模式的发展，便可知晓其是如何权衡经济理论与法律确定性的。本身违法规则的本质是阻却一切抗辩理由的高度违法性推定，具有极强的法律确定性。但司法是会出错的，错误可以分成两类：其一为假阳性错误，即把本来是促进竞争的行为错判为反垄断违法；其二为假阴性错误，即把本来具有反竞争效果的行为错判为合法。[①] 基于多种原因，原谅假阴性错误更可取。因为错误地放过了限制竞争行为而犯的错误，会被市场竞争力量所纠正；错误地惩罚促进竞争行为所犯的错误，则可能带来显著的成本，对这一行为的惩罚会影响整个经济，并且不会被市场力量所弥补。[②] 本身违法规则由于其高度的违法推定性而无法兼顾经济理论所揭示的转售价格维持的促进竞争效果，过于严苛以致容易产生假阳性错误，对经济发展不利。由于美国反托拉斯法规制模式的两分法，转售价格维持自然只能转而适用合理原则，但它却是反托拉斯法中的最高标准，程序复杂，成本高昂。[③] 在转售价格维持案件中适用合理原则，若原告为了证明案件的表面证据确凿，则必须证明行为有实际的反竞争效果，或者因为被告有市场力量，行为可能会有反竞争效果。这无疑是令人头疼的工作。由于发现这些问题的证据需要大量的调查和高酬劳的经济学家的支持，问题通常很复杂，需要具体问题具体分析并且时刻伴有争议，无法保证成功，所以存在很大的法律适用上的不确定性。[④] 更为令人担忧的是合理原则的"亲商界"立场，让它甚至接近于本身合法。卡里尔（Carrier）分析了 1999～2009 年发生的适用合理原则的反托拉斯案件判决，发现原告几乎无法获胜：在全部的 222 个案件中，法院以原告未能证明存在反竞争效果为由驳回了 215 个案件，剩下的 7 个案件中，法院在比较了促进竞争与反竞争效果之后，只有 1 个是原告胜诉的。[⑤] 美国规

---

① 薛兆丰：《商业无边界——反垄断法的经济学革命》，法律出版社，2008，第 205 页。

② 李剑：《中国反垄断法实施中的体系冲突与化解》，《中国法学》2014 年第 3 期。

③ Maurice Stucke, "Does the Rule of Reason Violate the Rule of Law", *U. C Davis Law Review*, 2009, 42 (3), p.1375.

④ John Kirkwood, "Rethinking Antitrust Policy Toward RPM", *The Antitrust Bulletin*, 2010, 55 (2), p.455.

⑤ 李胜利：《美国联邦反托拉斯百年——历史经验与世界影响》，法律出版社，2015，第 176 页。

制转售价格维持的两分法模式存在明显的困境：本身违法规则能保证法律确定性，但却违背了经济学理论揭示的促进竞争效果；合理原则能吸收经济学理论的成果，但却牺牲了法律确定性，更有成为事实上的本身合法的危险性。美国尝试将所有反竞争行为归为两种截然不同的分析模式必然会失败。由于各种可能的反竞争行为都有很多变化，所以简单地贴标签不能解决问题，需要反垄断立法与实施的决策者们根据经济原则来评估证据要求，从而降低服从和执行的成本。

（二）　欧盟竞争法对两者的权衡

欧盟竞争法对转售价格维持的规制尽管受到了丽晶案的冲击，被要求引入效果路径，甚至还有学者和当事人不断地援引合理原则的概念，试图在现有的法律框架下寻找适用合理原则的方法，但最终只是稍微修正了一下本来的立场。根据欧盟竞争法的规定，转售价格维持属于核心限制的范畴，不适用有关集体豁免的规定，而是直接适用《条约》第 101 条第 1款，原则上予以禁止，除非可以依据第 3 款予以个别豁免。《纵向限制指南》更是具体地提出了三种效率理由，个案审查可在此基础上予以豁免。由此可见，转售价格维持违法性认定原则上是在目的限制的分析框架下进行。但在个案中，当事人仍然有机会主张效率抗辩，在效果限制的分析框架下要求豁免。

欧盟竞争法在面对具体行为时，不是首先询问该行为可能造成什么样的损害竞争效果，而是考虑它符合法律列举的及在此基础上发展出来的哪种垄断行为形式。欧盟竞争法对限制竞争行为的规制立足于法律的技术性区分，从而保证较高程度的法律确定性，让企业行为有稳定的预期。但自 2004 年欧盟改革竞争政策后，它在各个方面都清楚地表达出更多经济考量的倾向和内容。欧盟竞争法在转售价格维持领域也要再一次地权衡经济理论与法律确定性。由于欧盟竞争法的规制模式的兼容性较强，故而欧盟委员会可以在高度重视法律确定性的基础上，适当地吸收经济学的观点来中和过于绝对的法律确定性，又不会完全倒向效果路径。与现有的更为重视法律确定性的路径相比，效果路径需要依靠个案分析。但这种做法有明显的缺陷。首先，个案分析会给企业带来沉重的负担，因为它们本不需要对所从事的行为进行繁复的经济分析。这会导致企业宁可放弃收益，也要避免实施某些行为，从而损害经济效率和市场竞争。其次，个案分析还会给竞争主管机构执法和当事人提出反垄断诉讼带来沉重的负担，导致执法、司法不力，从而减弱对反竞争行为的威慑力，损害市场竞争。欧盟法院也一贯支持欧盟委员会的立场，认识到欧盟竞争法与美国反托拉斯法在转售价格维持规制模式上的本质区别，故而能够抵御合理原则的冲击，坚守原来的规制模式。

（三）两者的比较

首先，欧盟竞争法的目标更加宽泛。在转售价格维持领域，美国反托拉斯法只关注品牌间竞争，而欧盟竞争法不只关注消费者福利，还注重欧盟市场一体化目标以及保护企业在所有市场环节的竞争过程。这意味着在某些情况下，转售价格维持即便有中性甚至是正面的竞争效果，仍然会受到《条约》第101条的规制。其次，欧盟法院认为美国联邦最高法院推翻了将近百年之久的对转售价格维持适用本身违法规则的判例，走得太远了。经济理论过分夸大了转售价格维持竞争效果的两面性。这就导致了在丽晶案中，法官们的不同表决意见十分接近，从而激起了转售价格维持在将来应当怎样适用合理原则，以及立法是否应当采纳美国联邦最高法院对丽晶案的颠覆性意见这两大问题的持续争论。本案中的异议意见所引发的担忧得到了欧盟委员会《纵向限制指南》的回应，它支持了转售价格维持应当被假定为违反《条约》第101条第1款的观点。最后，欧盟竞争法没有改变转售价格维持现有分析框架的迫切需求。美国原先为本身违法规则所禁止的转售价格维持无法用任何理由来予以正当化，但欧盟的当事人却有机会根据《条约》第101条第3款来豁免转售价格维持。美国迈尔斯案的意见看起来难以与发展中的判例法相协调，特别是美国联邦最高法院在随后的希尔维尼亚等案件中的主流意见都认为合理原则应当成为反托拉斯法的分析标准。而欧盟竞争法则以相同的方式对待品牌内的纵向价格与非价格限制，欧盟委员会对纵向地域限制的敌视在希尔维尼亚案后已经持续了30年，与欧盟的判例法也并未产生矛盾。更何况欧盟委员会也没有支持效果路径。[①]

第四节 美欧转售价格维持规制模式对比的启示

一 合理原则与违法推定规则的对比分析

从实证的角度观察合理原则与违法推定规则的优劣，经合组织基于成员国执法经验的一份研究报告显示，与合理原则相比，违法推定规则在规制垄断行为时，从评估过程的可操作性、适用性、客观性和透明度，到评估结果的准确度和一致性等诸多方面均具有明显优势（见表4-3）。

表4-3 违法推定规则的优点

	优点	具体表现
1	准确度	违法推定规则基于公认的经济学原则和原理，出现错误执法和错误不执法的可能性和成本较低
2	可操作性	相对于合理原则和本身违法规则，违法推定规则可操作性强，更容易实施
3	适用性	违法推定规则适用于广泛的行为类型
4	一致性	违法推定规则所产生的评估结果具有较高的一致性和可预期性
5	客观性	决策者和执法者主观自由裁量的空间狭小
6	透明度	公众能够理解该规则及其目的，因而可以促进执法的透明度

资料来源：参见卢延纯、苏华《美国纵向价格限制反垄断十年回顾：2007年—2016年》，《竞争政策研究》2016年第1期。

二 我国坚持违法推定规则的主要理由

我国《反垄断法》的转售价格维持规定所使用的术语及其逻辑结构主要借鉴的是《条约》101条的内容（见表4-4）。

---

① Alison Jones, "The Journey Toward an Effects – based Approach under Article 101 TEUF—The Case of Hardcore Restraints", *The Antitrust Bulletin*, 2010, 55 (4), pp. 798 – 799.

表 4-4　中国、欧盟有关转售价格维持的相关条款对比

	中国《反垄断法》	欧盟竞争法
垄断协议	第 14 条　禁止经营者与交易相对人达成下列垄断协议：（一）固定向第三人转售商品的价格；（二）限定向第三人转售商品的最低价格；（三）国务院反垄断执法机构认定的其他垄断协议	《条约》第 101 条第 1 款与统一市场不相容的以下行为应当禁止：经营者之间签订的可能影响成员国之间贸易，且其目的是排除、限制或者损害统一市场内竞争的各项协议、经营者协会的决定和协同行为，特别是：（a）直接或者间接限定采购价格、销售价格或其他交易条件……
豁免适用	第 15 条　经营者能够证明所达成的协议属于下列情形之一的，不适用本法第 13 条、第 14 条的规定：（一）为改进技术、研究开发新产品的；（二）为提高产品质量、降低成本、增进效率，统一产品规格、标准或者实行专业化分工的；（三）为提高中小经营者经营效率，增强中小经营者竞争力的；（四）为实现节约能源、保护环境、救灾救助等社会公共利益的；（五）因经济不景气，为缓解销售量严重下降或者生产明显过剩的；（六）为保障对外贸易和对外经济合作中的正当利益的；（七）法律和国务院规定的其他情形。属于前款第 1 项至第 5 项情形，不适用本法第 13 条、第 14 规定的，经营者还应当证明所达成的协议不会严重限制相关市场的竞争，并且能够使消费者分享由此产生的利益	《条约》第 101 条第 3 款　但在下列情况下，可以不适用第 101 条第 1 款的规定：如果上述协议、决定、协同行为有助于促进商品生产、销售或促进技术改进、经济发展，并使消费者可以公平地分享由此而来的收益，并且不会：（a）为实现上述目标，向经营者施加不必要的限制；（b）使上述经营者可能实质性排除在相关产品间的竞争

资料来源：参见万江《中国反垄断法——理论、实践与国际比较》，中国法制出版社，2015，第 10 页。

　　我国转售价格维持规制模式应当继续遵循欧盟的违法推定规则。除了众所周知的政治、经济及法律移植等原因外，还有以下三个理由。首先，美国之所以对转售价格维持适用合理原则，是由于本身违法规则的高度违法性推定与经济理论所揭示的转售价格维持的促进竞争效果无法相容。与之相比，违法推定规则的违法性推定程度较低，具有抗辩可能，没有必要转向合理原则。其次，美国反托拉斯判例法试图在转售价格维持的规制领

域中平衡经济理论和法律确定性，可是规制模式的两分法难以实现一般法秩序和个案正义的平衡，欧盟竞争法则更加强调法律确定性，它的规制模式也兼顾到了经济理论，能够为个案预留一定的矫正空间。至于在实践中难以运行，更多的是欧盟委员会的技术性安排，而非原理上的不可变通。最后，欧盟竞争法理论界与实务界都在想方设法地完善违法推定规则，累积了丰富的智识资源和实务经验，我国完全可以借鉴它们来完善自己的转售价格维持规定，而非迅速转向美式合理原则。[①]

---

① 张骏：《转售价格维持反垄断法规制路径的发展及其启示》，《江南大学学报》（人文社会科学版）2017 年第 1 期。

第五章　转售价格维持规制模式选择的法经济学分析

　　我国理论界与实务界对转售价格维持的规制模式均有着明显的分歧。从理论层面看，大多数学者支持合理原则，只有少数学者赞同违法推定规则。从实务层面看，法院判决倾向于对转售价格维持应当通过合理原则予以审查，充分权衡促进竞争效果和损害竞争效果；而执法机构认为应当通过违法推定规则进行审查，对转售价格维持原则上予以禁止，除非被调查对象提出有力的豁免理由。① 二者孰对孰错、孰优孰劣，莫衷一是，司法裁判和行政执法若仍按各自理解和逻辑各行其是，不仅给经营者合规守法带来不确定性，也损害了法律适用的统一性。② 理论界与实务界之所以产生上述分歧，是因为他们对《反垄断法》的转售价格维持规定理解不同。而这种不同理解的背后潜藏着的是经济分析方法和基于法律形式主义的传统规制方法之间的矛盾张力：前者倚重经济理论对转售价格维持法律规制的塑造，渲染其促进竞争的方面及其经济合理性；后者则更加注重回归法律规定本身，运用规范法学的技艺对相关概念、规则做体系性的解释和逻辑建构。③ 理论界与实务界对转售价格维持规制模式选择的依据并不处于同一理论轨道，要解决该问题便不能只局限于对反垄断法律文本以及相关法学理论的阐释，否则对立双方很容易根据各自的理论得出有利于本方的

---

① 江山：《论反垄断法解释的知识转型与方法重构》，《现代法学》2018 年第 6 期。
② 金善明：《〈反垄断法〉文本的优化及其路径选择——以〈反垄断法〉修订为背景》，《法商研究》2019 年第 2 期。
③ 郝俊琪：《反思与权衡：转售价格维持的反垄断法分析模式探析》，《竞争政策研究》2017 年第 4 期。

结论，无助于争议的解决。徒法不足以自行，反垄断法需要行之有效的执行机制来保证其运行通畅。① 执法机制与法律规则同等重要，必须有执法机制来保障法律规则以合理的成本获得合理程度的遵守。本章试图援引法经济学这一外部视角来探寻转售价格维持的理想规制模式。

第一节　决策理论的基本分析框架

反垄断是一种明智的监管制度，政府的目的是让市场在自由放任中发挥最佳效果。在以市场为基础的经济体制中，政府通常会尊重企业间相互竞争所形成的竞争过程，以确保社会获得有效的结果。有时，这一过程会导致企业获得巨大的市场力量，甚至垄断，但反垄断很少会直接阻碍这一过程的发生。竞争法只负责裁判这种竞争，它在决定某些行为是否越界时，依赖于各种各样的规则。② 规则本身往往会随着时间的推移而演变，但基础是对原始法律、权威决定和法院判决的不断变化的解释。

政府监管通常以结果为导向，但是竞争法并非如此。一般而言，竞争法并不支配或猜测大多数企业的决策，甚至对占据市场支配地位的企业的主要决策也是如此。在大多数体育运动中，比赛规则对比赛应该如何进行几乎只字不提，只说比赛不应该如何进行。这些规则确定了一些犯规行为，尽管有不同程度的特殊性。竞争法的作用就类似于比赛规则，它源于一种两步骤的过程。第一步是在明显合法和明显违法的行为之间划定边界。第二步则要决定在这些边界附近的特定行为是否合法。第一步是通过竞争立法来实现的，比如《谢尔曼法》、《条约》第 101～102 条。执法机构和法院处理的案件越来越多，它们积累的知识日益丰富，对市场性质的看法也会发生变化，从而改变行为的合法性边界。比如，美国就将一些共谋行为从明显违法的一边转移到了合法性边界之内并根据合理原则来评估

---

① 本章从广义上来理解和运用"执行"一词，即与"实施"同义，不仅包括公共执行，还包括私人执行，转换至我国反垄断法语境之下亦相应地包含行政执法和司法诉讼两部分。

② David Evans and Keith Hylton, "The Lawful Acquisition and Exercise of Monopoly Power and its Implications for the Objectives of Antitrust", *Competition Policy International*, 2008（4），p. 208.

这些行为。欧盟拒绝处罚占据市场支配地位的公司进行超竞争性定价,尽管《条约》第102条明确允许欧盟委员会和欧盟法院这样做。[1]

竞争法的最优控制问题涉及设计一套能使市场的某些成果,比如整体经济福利的当前贴现值最大化的规则,同时也要受到包括法律制度在内的各种限制。最优控制问题的解决通常需要牺牲制度的一些短期效率来换取长期效率。美国反托拉斯法允许企业获得和行使明显的市场力量的做法反映了这一解决方案。这种选择反映了企业行使市场力量所造成的短期福利损失,和企业鼓励能够提高经济效益的投资及创新所带来的利润这一长期福利收益之间的权衡。

决策理论为规则设计提供了具体的指导。它涉及在许多影响最优决策的因素不确定性的情况下如何作出最佳决策。将决策理论运用于竞争行为规则的设计需要考虑多方面的因素。首先,竞争政策寻求优化什么目标?为了便于论证,假设为长期社会福利。如果能够确定某一特定行为会增加或减少长期社会福利,那么问题就很容易解决。但由于种种原因,这一点无法确定。经济理论就这种行为对福利效果的影响可能会得出以下结论:答案取决于各种事实和假设,这其中只有一些事实是已知的,而另一些则是不确定的。[2] 包括执法人员、法官等在内的决策者们在处理这些事实时可能会犯错。因此,需要预先知道特定行为是不好的,以及犯错(假阴性错误或假阳性错误)成本的可能性。许多因素可以用来评估以上问题。有理由相信在市场上普遍使用某一行为会损害社会福利吗?处罚某一行为会不会因为它是有效的,而且几乎没有其他选择而损害福利呢?同时,也要认识到法律制度和市场之间的反馈效应。在侦查和威慑方面的重大投资可能会阻止足够多的"坏行为",从而使剩下行为不坏的可能性更大。最后,对社会有效规则的任何分析都需要考虑到法律制度和遵守该规则的主体的成本。执法机构和法院必须投入更多资源来实施复杂的规则,企业必

---

① David Evans and Keith Hylton, "The Lawful Acquisition and Exercise of Monopoly Power and its Implications for the Objectives of Antitrust", *Competition Policy International*, 2008 (4), pp. 222 - 223.

② Ken Heyer, "A World of Uncertainty: Economics and the Globalization of Antitrust", *Antitrust Law Journal*, 2005 (72), p. 375.

须投入更多资源来确保遵守复杂的规则。决策理论通常依赖于贝叶斯分析。它涉及根据先前的信念（可能来自过去的经验）和手头的事实进行预测。在竞争政策方面，由于许多关键因素缺乏确定性，先前的信念就会对规则及其应用产生重要的影响。如果有人认为滥用竞争是普遍现象，那么他很可能会得出这样的结论：最优规则应该对商业行为采取相对严格的方法。如果有人相信不受限制的市场通常会使社会福利最大化，那么他很可能会得出这样的结论：最优规则应该倾向于反对干预。在实践中，先前的信念通常是不明确的，且很少有证据支持。实施机关运用决策理论选择转售价格维持的理想规制模式时需要说明以下三个方面的内容：规则产生错误决定的可能性，规则产生的各种错误所造成的损失大小，规则所需的调查成本。[①]

第二节　决策理论视野下转售价格维持理想规制模式的选择

一　不同反垄断法实施路径产生错误决定的可能性解析

实施机关为了确定两种反垄断法实施路径产生错误决定的可能性，必须首先评估转售价格维持的竞争效果。如果转售价格维持更有可能被用于促进竞争，就应当选择合理原则；如果转售价格维持更有可能被用于损害竞争，则应当选择违法推定规则。经济理论在此分析过程中可以起到决定性的作用。如前章所述，解释转售价格维持福利效果的经济理论主要有以下两点：一方面，转售价格维持的促进竞争效果主要体现在解决外部性问题上；另一方面，转售价格维持的损害竞争效果主要体现在促进卡特尔和排斥竞争对手上。以下分别从福利经济学和其他的经济学视角来分析转售价格维持究竟该采用哪种规制模式。

（一）福利经济学的视角

从福利经济学的角度来看，首先，转售价格维持损害竞争用途的前提

[①]　Thomas Lambert，"A decision – theory rule of reason for minimum resale price maintenance"，*The Antitrust Bulletin*，2010，55（1），p.172.

条件很少能得到满足。例如，为了使用转售价格维持促进经销商卡特尔，经销商必须使用该政策，生产商也必须愿意实施它。然而，如果生产商产品的超竞争性价格诱使大量顾客转向另一个品牌，经销商将不会寻求转售价格维持策略。这样的需求替代很可能会发生，除非因为生产商具有市场力量，或者生产商的大多数竞争对手也同样实施转售价格维持，导致消费者很难转换品牌。只有当生产商缺乏经销产品的其他渠道时，他才有可能遵守此要求。只有在缺乏足够数量的其他经销商来销售生产商的产品，或者转向这些经销商的成本很高且无法将产品迅速整合到他的分销体系中时，才会出现这种情况。① 其次，若要使用转售价格维持以方便生产商卡特尔，他所参与的市场必须容易受到卡特尔化的影响，而转售价格维持的使用必须广泛到足以协助共谋。因此，促进生产商卡特尔所引起的反竞争损害是不太可能的，除非生产商的市场集中，且他们的产品相当标准化，生产商市场存在进入障碍，使用转售价格维持的制造商占据了很大一部分的市场份额。② 最后，转售价格维持构成了进入障碍，有效地排除了生产商的竞争对手进入市场，生产商保证经销商所得的利润必须达到足以让其减少或避免推广竞争品牌，转售价格维持必须广泛地实施，从而排除竞争对手进入其他可接受的经销渠道。因此，增加的经销商集中度被认为极不可能促使经销商向生产商施加压力，要求其实施转售价格维持，因为他们产品供应的增长和扩张，降低了所有生产商发现自己无法接触到愿意在消费者价格上竞争的高效经销商的可能性。

尽管这可以表明，从福利经济学的角度来看，必须对转售价格维持采取略微不同的立场，但并不意味着一种举证责任转移制度是不可取的。相反，举证责任的分配可以略微偏向有利于被告方，并有可能在控制管理成本的同时，将假阴性错误和假阳性错误的成本之和降至最低。在这种制度下，起诉转售价格维持的当事人需要承担最初的举证责任，要么提出直接证据证明涉案的转售价格维持减少了产出，要么提出间接证据证明涉案的

---

① Herbert Hovenkamp, *Federal Antitrust Policy. The Law of Competition and its Practice* (3rd edition), St. Paul: West Publishing Company, 2005, pp. 449 – 451.

② Richard Posner, *Antitrust Law* (2nd edition), Chicago: University of Chicago Press, 2001, pp. 72 – 75.

转售价格维持造成反竞争损害的前提条件都已得到满足。[①] 一旦原告作出了这种证明，被告方的生产商只能通过证明原告未能履行最初的举证责任，或是提供积极的抗辩，证明涉案行为实际上是有利于竞争的，从而避免承担法律责任。显然，可以通过阻止当事人收集无关事实、阻止法院审查无关事实来降低管理成本。此外，明确分配举证责任将确保在举证失败时能够得出明确的适当结果。举证责任转移制度还能为企业提供明确的指导，使其能够容易地评估责任风险。

（二）　其他的经济视角

有种观点对转售价格维持的持有更为批判性的态度，它认为评估市场效果是有问题的。最大化社会或经济福利被认为是一项几乎不可能实现的任务。[②] 哈耶克（Hayek）奠定了这一立场的理论基础。他认为竞争是一种复杂的组织现象，它的结果必然是不可知的。复杂的组织现象涉及了数百万个体相互依赖的行为，这些个体的行为结构在时空上不是恒定的，而是可变的；该领域的相关数据是如此多样、复杂，以至于永远无法完整地捕捉到它们。因此，市场过程只能被认为是一种开放的历史过程，对其进行描述和确认时不能参照结果，而应参照前提条件。因此，必须更加重视经销商之间的竞争限制。例如，销售环节的价格弹性被认为是激励创新和维护市场竞争的重要因素。[③] 正如要在生产商之间发现创新一样，销售环节也是如此：在没有转售价格维持的情况下，经销商往往能够更好地利用各种商业形式来竞争，比如百货商店、专卖店、超市、折扣店、邮购销售和互联网服务。企业内部的竞争被认为是促进发现这些事实的重要组成部分，可能还包括新的定制品牌、更准确地了解当地的购物条件、新的销售方法、新的产品线和价格、不同的地点和服务等。

一项相关观察得出的结论是，为消费品市场建模的经济学家经常忽视关于销售的基本事实，这可能导致有缺陷的假设：基于完全竞争的销售市

---

① Thomas Lambert, "Dr Miles is Dead. Now What? Structuring a Rule of Reason for Evaluating Minimum Resale Price Maintenance" *William and Mary Law Review*, 2008（50）, p. 2002.

② D Zimmer, *The Goals of Competition Law*, Cheltenham: Edward Elgar Publishing Limited, 2012, pp. 182 – 213.

③ Robert Pitofsky, *How the Chicago School Overshot the Mark*: *The Effect of Conservative Economic Analysis on US Antitrust*, Oxford: Oxford University Press, 2008, p. 179.

场的假设，即消费品的经济模型通常并不考虑销售活动。因此，销售被视为在制造成本、竞争环境等方面只是一种无差异的传递活动。反垄断经济学家可能会假设消费品制造成本的变化将完全反映在终端消费者支付的零售价格中。① 斯坦纳将该主流观点称为单阶段模型。② 然而在现实中，分销商和零售商面临着对手的不完全竞争。因此，他们往往能够行使一定程度的市场力量。生产商和经销商通过竞争履行产品认证或提供产品信息等职能，参与纵向竞争。③ 因为企业可以彼此争夺销量、利润或市场份额，所以他们在一个行业的连续阶段应被定义为纵向竞争者。因此，斯坦纳试图用双阶段模型来取代单阶段模型，前者可以说明生产商和经销商在消费品市场中存在竞争性纵向关系。从这个角度来看，价格和非价格限制的结合，特别是独家交易加上转售价格维持，可能会特别不利于竞争。如果普遍存在的独家交易减少了品牌间竞争，那么通过转售价格来抑制品牌内竞争将大大提高消费者购买价格。这是因为转售价格维持可以提高销售利润，消除领导品牌的零售价格下降，而无处不存在的独家交易会抑制来自现有品牌的竞争，也会为新进入者的竞争制造进一步的障碍。

对纵向限制更为批判的解释与更被广泛接受的芝加哥学派观点之间的差异源于以下这一基本矛盾：转售价格维持的批评者相信生产商和经销商之间的品牌内纵向竞争概念，主流经济思想却倾向于认为企业在一个行业的连续阶段是完全互补的，而不是竞争的。④ 尽管如此，即使对转售价格维持采取了一种更为批判的观点，也可以有把握地认为，对转售价格维持适用合理原则过于宽容，而本身违法规则的处理则过于苛刻。⑤ 因此在很久以前，即使是转售价格维持的批评者也承认更明智的做法是接受违法推

---

① P. Harbour, "An Enforcement Perspective on the Work of Robert L Steiner: Why Retailing and Vertical Relationships Matter", *Antitrust Bulletin*, 2004 (49), p. 985.

② R. Steiner, "A Dual - Stage View of the Consumer Goods Economy", *Journal of Economic Issues*, 2001 (35), p. 27.

③ R Steiner, "Intra - brand Competition—Stepchild of Antitrust", *Antitrust Bulletin*, 1991 (36), pp. 155, 161.

④ P. Harbour, "An Enforcement Perspective on the Work of Robert L Steiner: Why Retailing and Vertical Relationships Matter", *Antitrust Bulletin*, 2004 (49), p. 985.

⑤ R Steiner, "The Nature of Vertical Restraints", *Antitrust Bulletin*, 1985 (30), pp. 157 - 158.

定规则。[①] 例如，如果新进入者，或者一家濒临倒闭的企业暂时使用转售价格维持来吸引经销商，应该被允许。转售价格维持可以被假设违法，当被告可以证明其对市场价格的影响很小，或者可以解决搭便车问题时，就可以得到豁免。

二　不同反垄断法实施路径产生错误所造成损失大小的解析

（一）不同反垄断法实施路径产生错误所造成损失大小的理论预设

现实中存在大量不确定性因素和成本限制，没有完全消除假阴性与假阳性错误的完美制度，这就会产生制度的选择和改善问题。在反垄断法实施过程中，必须尽可能地避免其不当实施所带来的假阳性和假阴性两方面的错误成本。在假阳性和假阴性错误之间保持平衡，也是要求反垄断法实施应该保持恰当的规制强度。[②] 实施机关适用合理原则易于产生假阴性错误：使得伤害消费者的转售价格维持案件更加难以证明，还可能诱使生产者和交易者采用排斥竞争的转售价格维持，因为并不触犯法律。而实施机关适用违法推定规则易于产生假阳性错误：使企业惮于法律的惩罚而扭曲其行为选择，在更大范围内对效率造成不利影响。[③] 在这两种规制模式之间做选择，就像在错误宣判无罪的更大风险与错误宣判有罪的更大风险之间进行选择。错误地放过了限制竞争行为而犯的错误，会被市场竞争力量所纠正；而错误地惩罚促进竞争行为所犯的错误，则可能带来显著的成本，对这一行为的惩罚会影响整个经济，并且不会被市场力量所弥补。因此，应当假定绝大多数市场行为是好的，以防止假阳性，并对反垄断干预设定更高的门槛。[④] 由此可见，合理原则本质上倾向于市场的自我纠正，而违法推定规则偏向政府干预。

（二）不同反垄断法实施路径产生错误所造成损失大小的现实因应

任何规则要发挥作用，必须通过现实条件的检验，而不能只诉诸严谨

---

① Robert Pitofsky, "In Defense of Discounters: The No – Frills Case for a Per Se Rule Against Vertical Price Fixing", *Georgetown Law Journal*, 1983（71），pp. 1487，1495.

② 叶卫平：《反垄断法的举证责任分配》，《法学》2016 年第 11 期。

③ 辜海笑：《转售价格维持的经济逻辑与法律规制——兼评〈中华人民共和国反垄断法〉第十四条》，《河南省政法管理干部学院学报》2008 年第 4 期。

④ 李剑：《中国反垄断法实施中的体系冲突与化解》，《中国法学》2014 年第 6 期。

的逻辑或精确的推论。在确立转售价格维持反垄断法实施路径的理想图景时，切入点应是它是否损害了我国市场上的竞争。问题场景、制度设计、规范目标甚至经济社会环境等因素皆是研究我国转售价格维持反垄断法实施路径中不容忽视的参数。域外经验或理论是否能够成功移植或借鉴，仍要取决于我国问题解决的目标预设与现实场景，非为适用或导入域外制度经验而塑造与此相匹配的中国场景，否则即为削足适履，值得警惕。① 以下将从我国市场经济的现实状况出发，分析不同反垄断法实施路径产生错误所造成的损失。

1. 从宏观层面看，我国的市场经济还很不完善

就我国市场的整体情况看，其市场化程度还较低。我国目前面临着体制完善和发展转型的任务，市场化改革尚需分步进行，第一步是通过产权改革而使我国由第二类经济非均衡转变为第一类经济非均衡；第二步主要是通过市场完善化措施，使我国由第一类非均衡逐步向经济均衡靠拢。在美国传统基金会与《华尔街日报》共同发布的《2016 年经济自由度指数》的报告中，我国大陆的经济自由度指数在参评的 186 个经济体中位列第 144 位，未及世界平均水平。此外，我国幅员辽阔，区域间市场化程度差异显著。② 由此可见，我国市场条件的完善程度较低，市场自身的纠偏能力较弱，寄望由它来矫正合理原则产生的假阴性错误并不切合实际。

2. 从微观层面看，我国诸多行业的市场中普遍存在转售价格维持

在我国市场经济发展的现阶段，转售价格维持普遍存在于图书、杂志、报纸以及食品、日用品、家用电器等行业之中。它在我国市场交易中非常突出，许多生产商尤其是电器行业都规定经销商的最低销售价格，甚至执行所谓的统一零售价，否则停止向其供货。一些外国企业特别是跨国公司十分放肆地将已在世界其他国家或地区被当地反垄断法禁止和处罚的转售价格维持行为复制到我国市场，侵害了国内企业和消费者的合法权益。③ 现有的经济学实证调查也证实了上述结论，比如，美国联邦贸易委

① 金善明：《中国反垄断法研究进路的反思与转型》，《法商研究》2017 年第 4 期。
② 时建中、郝俊琪：《原则性禁止转售价格维持的立法正确性及其实施改进》，《政治与法律》2017 年第 11 期。
③ 古红梅：《纵向限制竞争的反垄断规制》，法律出版社，2011，第 3、187 页。

员会曾经对实施转售价格维持的生产商进行过一系列的调查。在调查中，转售价格维持实施的比例和生产商的利润基本上呈正相关的关系，即实施转售价格维持的比例越高，往往利润也越高。日本公正交易委员会对化妆品和一般医药品的转售价格维持行为也进行过实证调查。在该调查中公正交易委员会发现，缩小转售价格维持指定商品的范围后，最初的零售商的价格并没有出现激烈的变化，对消费者的服务也没有下降。并且，由于允许转售价格维持商品范围的缩小，在成为禁止转售价格维持的商品后，这些产品降价的比例加大，价格层面的竞争加剧，和一般商品之间的差别也逐渐减小。① 在行业中广泛使用转售价格维持会弱化市场竞争、损害消费者福利，最终产生危害后果。有鉴于此，我国有必要适用违法推定规则来严格抑制诸多行业内广泛使用的转售价格维持。无论是宏观还是微观层面，我国的市场经济现状都表明了实施机关对转售价格维持适用合理原则会比违法推定规则更可能导致更大、更持久的损害。

三　不同反垄断法实施路径所需的调查成本解析

在探究转售价格维持理想的反垄断法实施路径时，为了最大限度地减少决策成本，理想的规则首先应当把重点放在法律责任的测试上，以便使实施机关和当事人能够明确地知道事实的结果是决定性的。其次，理想的规则应当明确分配举证责任，以便实施机关在当事人举证失败时，作出正确的判决。再次，理想的规则还应为市场主体提供明确的指导，以便使其能轻松评估与行为相关的责任风险。最后，在没有明显增加错误成本的情况下，理想的规则应把提供信息的举证责任配置给最容易得到信息的一方。上述理想规则的实现离不开反垄断决策者对信息的搜集，决策理论恰恰提出了在现有信息基础上做决定，以及在做决定之前何时去收集和考虑更多信息的方法论。②

理性的反垄断决策者会从最相关和最容易获得的信息开始着手收集信息，直到达到获得更多信息的边际成本大于预期边际收益的临界点。在这

---

① 李剑、唐斐:《转售价格维持的违法性与法律规制》,《当代法学》2010 年第 6 期。
② Mark Glover, Probate – Error Cost, *Connecticut Law Review*, 2016 (49), p. 615.

种情况下，边际收益是指最终决定的准确性得到了增强。如果获得某种信息的成本非常高昂，且使最终决定更加精确的可能性也较小，理性决策者就不会再收集这个额外信息了。① 违法推定规则在满足以下两个条件时是恰当的：实施机关在假设和初步证据的基础上能够确定被调查的损害竞争行为在预期价值上会损害消费者福利；根据收集和考虑额外信息的成本——收益，在现有的有限信息之上做决定要比为了提高决定的准确性付出更多成本来收集和考虑更多信息更加划算。②

在转售价格维持案件中，违法推定规则假设转售价格维持具有很大的损害竞争可能，实施机关只要在被告实施了该行为的简单信息之上就能推定其违法，转而将效率收益的举证责任转移给被告。即使在有些案件中，这种违法推定是错误的也无关紧要。因为转售价格维持的促进福利效果不仅在理论上存疑，还缺乏直接的经验证据支持。它具有明显效率收益的可能性并不是很大。更何况被告尚有提出证据证明效率收益来得到豁免的可能。而且，违法推定规则假设收集更多信息的成本很可能会超过预期收益。③ 因为在转售价格维持案件中，被告的市场地位很难测度，收集与之相关的信息成本又很高昂。此外，信息收集还是一个成本高昂的持续性过程。转售价格维持的福利效果是绝对多样化和异质性的，实施机关很难通过数学或其他的系统量度来进行简单比较，从而无法作出科学判断，即使它再努力收集信息也不太可能消除所有错误。④ 即使在转售价格维持案件的决定过程中引入高成本的额外信息可以稍微减少实施机关出错的机会，基于成本——收益的考虑，也是不明智的。实施机关若对转售价格维持适用合理原则就需要花费时间、精力和金钱来审查福利效果，但事实上这种审查很难奏效。因此，它们收集额外信息所付出的成本很可能超过提高决定

---

① 〔美〕赫伯特·霍温坎普：《联邦反托拉斯政策——竞争法律及其实践》，许光耀等译，法律出版社，2009，第 278 页。

② C. Beckner Ⅲ Steven Salop, "Decision Theory and Antitrust Rules", *Antitrust Law Journal*, 1999 (41), p. 63.

③ Warren Schwartz, "An Overview of the Economics of Antitrust Enforcement", *Georgetown Law Journal*, 1980 (68), p. 1075.

④ Michael Carrier, "The Real Rule of Reason: Bridging the Disconnect", *Brigham Young University Law Review*, 1999 (8), p. 1269.

准确性所带来的收益。总之，实施机关在处理转售价格维持案件时，违法推定规则只需被告实施了转售价格维持的简单信息即可，而合理原则却需要收集被告的市场地位、行为的竞争效果等一系列额外信息。收集此类信息需要付出高昂的成本，即使这样能稍微提高案件判决的准确性，也还是得不偿失的。

第三节　错误成本分析框架的基本建构

一　错误成本分析框架的静态构成

在法经济学理论看来，错误成本分析框架是探讨最优竞争规则的适宜理论工具，它的基本理念是使决策成本与管理成本之和最小化。[①]

决策成本包括两种错误成本：首先，假阳性错误是指错误地谴责了事实上对市场竞争和消费者有益的行为。假阳性错误的成本不仅包括被法院或行政机关错误处罚的当事方的损失，也包括那些因担心类似诉讼结果而放弃尝试促进竞争的行为而带来的损失。其次，假阴性错误，是指错误地免于处罚那些事实上有害市场竞争和消费者的行为。假阴性错误的成本不仅包括没有处罚反竞争行为的被告方而带来的损失，而且包括对其他反竞争行为未起到应有威慑作用而带来的损失。[②] 法律是一种管理体制，它的作用只有在规则被法官适用、被律师用作向客户提供建议时方可显现。那种寻求体现各种经济学复杂性和限定性的规则被证明会产生负面效果，反而会使其试图寻求的经济学目的大打折扣。[③] 管理成本是制定和执行竞争规则而形成的各种直接和间接成本，主要有以下四种形式。一是制定规则的成本包括形成和执行竞争规则的所有成本，包括立法机关制定法律以及行政机关制定规章或指南的成本，是与案件数量无关的固定成本。二是个案中的信息和评估成本是指在实际执行规则的过程中，包括法院、行政机

---

① David Evans and Alston. Padilla, "Excessive Price: Using Economics to Define Administrable Legal Rules", *Journal of Competition Law & Economics*, 2005, 1 (1), pp. 113 – 114.

② 叶卫平：《反垄断法的举证责任分配》，《法学》2016 年第 11 期。

③ 〔美〕基斯·希尔顿：《反垄断法——经济学原理和普通法演进》，赵玲译，北京大学出版社，2009，作者序言第 6 页。

关和企业在内的各类主体所耗费的资源。在竞争法领域，绝大部分成本都是因收集和分析界定相关市场和评估福利效果所需的数据而产生的。三是普遍的监督和守法成本包括行政机关和企业在特定程序之外使用的资源。行政机关要承担交流标准和一般监督的成本，企业则要承担包括学习规则、律师提供服务以及使其行为符合规则在内的各种成本。四是法律不确定性造成的成本不仅包括因模糊的法律而造成的数量很多的错误成本，还包括放弃可取的竞争行为所造成的福利损失。不确定性既会导致过度威慑，也会导致威慑不足，两者皆会产生负面福利效果。①

错误成本分析框架认为，竞争规则越复杂，实施机关在个案中进行的调查越深入，就越有可能减少决策成本，同时相应增加管理成本。而竞争规则的执行通常是有缺陷的。首先，竞争规则存在某些潜在缺陷。竞争规则并不总是与经济分析相一致，因而，有些有害行为会逃脱处罚，有些有益行为则会被禁止。其次，在个别案件中，执行竞争规则要面对充斥着不完整信息和不确定性的情况，这是企业战略性披露信息的结果。最后，在个别案件中，寻租行为可能会扭曲竞争规则的执行。②

二　错误成本分析框架的统合运用

图5-1模型可以表明竞争规则的最优差异化程度是如何形成的。坐标纵轴描绘的是社会成本，它是由错误成本与管理成本之和构成的。坐标横轴描绘的是竞争规则的差异化程度，在此坐标轴上，竞争规则从左至右的差异化程度越来越高。某种商业行为是否会被允许的成本可以假定随着竞争规则差异化程度的增加而增加。因为竞争规则额外差异化的边际成本可能会上升，所以社会成本曲线也会随之上升。通过更加差异化的竞争规则所形成的额外评估标准能够更好地识别促进竞争和损害竞争的行为。差异化程度更高的竞争规则通常意味着错误成本的减少。可是边际成本的减

① Arndt Christiansen and Wolfgang. Kerber, "Competition Policy with Optimally Differentiated Rules Instead of 'Per Se Rules vs. Rule of Reason'", *Journal of Competition Law & Economics*, 2006, 2 (2), pp. 227-228.

② Ken. Heyer, "A World of Uncertainty: Economics and the Globalization of Antitrust", *Antitrust Law Journal*, 2005, 72 (2), pp. 375-385.

少，也会降低竞争规则的差异化程度。因此，竞争规则的最优差异化程度可以在社会成本曲线的最小值处找到，而社会成本曲线本身则是由管理成本和错误成本这两条成本曲线的纵向交汇而得来的。

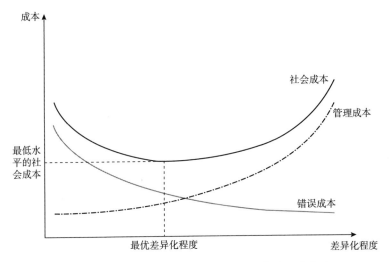

图 5-1　基于效果路径的竞争规则的最优差异化程度

　　错误成本分析框架的关键含义是，最优竞争规则并不是要在每个案件中都能作出正确裁决，而是要尽量减少所有案件的平均决策成本与管理成本的总和。检验竞争规则好坏的主要标准也不是在每个个案中都能作出正确裁决，而是在考虑所有相关成本、利益和不确定性因素的情况下，能否通过正确的裁决和救济来阻止经济运行中的损害竞争行为。

第四节　错误成本分析框架指导下转售价格维持规制模式的选择

一　错误成本分析框架静态构成视野下不同反垄断法实施路径的局限分析

（一）两种规制模式产生的错误成本对比

　　首先，法院对转售价格维持案件适用合理原则，意味着该行为的合法性评估最终取决于促进福利和损害福利效果的权衡。我国法院处理的转售价格维持案件数量还很少，从中尚难归纳出适用合理原则的实际效果。美国反托拉斯判例法的发展对此具有一定的借鉴作用。美国"丽晶案"之后几年的司法实践表明，如果原告承担合理原则所要求的举证责任，则案件常以原告举证不能而被驳回。该案之后，全美只有两起转售价格维持案件进入上诉审程序。在这两起案件中，第五和第十巡回法院均依照诉讼规则第 12（b）（h）条以不可充分证明一个令人信服的产品市场为由驳回了上诉。① 这说明合理原则的立场存在偏差，是一种亲商界的分析方法。法院对转售价格维持案件适用合理原则易产生假阴性错误。

其次，执法机构对转售价格维持案件适用违法推定规则，意味着企业只要实施该行为就会被判定违法，除非具有豁免理由。但是因为豁免条件很高，需要符合特定类型、正当性以及消费者分享等各项要求，所以实际上类似于本身违法。欧盟学者的统计可资佐证，在 2010 年《条例》和《纵向限制指南》修订前的 50 年，还没有实施转售价格维持的企业根据欧盟竞争法成功地进行过效率抗辩。② 我国执法机构处理的转售价格维持案件处罚决定书的法律分析和法理阐释皆过于简单，都未指出有效抗辩的情形，也没有是否提出过抗辩的说明，更没有对抗辩予以采纳或不采纳的说理。这种执法模式似已将转售价格维持视作本身违法，进一步加剧了违法推定规则的声誉危机。③ 由此可见，执法机构对转售价格维持适用违法推定规则会使企业害怕法律惩罚而扭曲行为选择，压制使用该行为的积极性，易产生假阳性错误。

由于现实中大量的不确定性因素和成本限制，能够完全消除两种错误的完美制度并不存在，所以就产生了制度选择和改善问题。④ 而制度选择和改善问题的前提则是一国的经济现状。我国许多行业中的企业普遍实施

---

① 黄勇、刘燕南：《关于我国反垄断法转售价格维持协议的法律适用问题研究》，《社会科学》2013 年第 10 期。

② 洪莹莹：《我国限制转售价格制度的体系化解释及其完善》，《华东政法大学学报》2015 年第 4 期。

③ 时建中、郝俊淇：《原则性禁止转售价格维持的立法正确性及其实施改进》，《政治与法律》2017 年第 11 期。

④ 李剑：《中国反垄断法实施中的体系冲突与化解》，《中国法学》2014 年第 6 期。

转售价格维持，这种状况无疑会损害市场竞争和消费者福利。① 面对我国并不完善的市场经济，两害相权取其轻，执法机构适用违法推定规则所犯的假阳性错误会少于法院适用合理原则所犯的假阴性错误。

（二）两种规制模式产生的管理成本对比

首先，实施机关若对转售价格维持案件适用合理原则，就要分析涉案行为的福利效果。承前所述，由于现行反垄断法律规范并未明确规定转售价格维持的规制模式，所以势必要修改一系列的法律条文，这些变化将直接与额外成本相联系。而且规则差异化程度越高，越是复杂、精细，规则的制定成本也就越高。通过修改反垄断法律规范来确立合理原则所付出的立法成本明显要高于违法推定规则。

其次，执法机构若对转售价格维持案件适用合理原则，处理涉案行为就会更加基于经济效果，这将大幅增加企业的守法成本及其自身的监督成本。一来，企业与反垄断法打交道时要承担守法成本。在面对合理原则时，为了避免处罚，企业不仅要进行内部的合规审查，还要高价购买外部的法律服务。二来，执法机构要承担包括市场监督成本在内的、与其运作相关的各项成本。② 转售价格维持可能具有双重福利效果，但是对消费者产生净的正面或负面福利效果并不确定。执法机构为了获得清晰、完整的市场状况以确定转售价格维持的净福利效果，不仅要考察个案中的具体行为方式，还要权衡品牌内与品牌间竞争、制造商与经销商之间的纵向竞争以及消费者对涉案产品的看法，这无疑会增加监督成本。相比之下，违法推定规则基于行为形式来判定违法性，避免了复杂的经济分析，降低了企业的守法成本和执法机构的监督成本。

再次，实施机关若对转售价格维持案件适用合理原则，易于造成法律的不确定性。合理原则意味着实施机关在判断转售价格维持是否会损害经济效率时，没有可容许错误范围内的一体适用标准，必须就个案的特殊状况自行斟酌认定。③ 这会让企业面临不确定性，阻碍其创新策略。而违法推

---

① 张骏：《转售价格维持反垄断法规制模式之争的化解》，《法学》2017 年第 7 期。
② Gunnar Niels and Reinder Dijk, "Competition Policy: What Are the Costs and Benefits of Measuring Its Costs and Benefits", *De Economist*, 2008, 156 (4), p. 354.
③ 简资修：《经济推理与法律》，北京大学出版社，2006，第 276 页。

定规则是一种较为明确的竞争规则，它会将行为界限清楚地告知企业，让其知晓行为是否会被允许，有利于产生稳定的预期。因此，从法律确定性的角度来看，违法推定规则这一基于形式的路径也是较为可取的。

最后，执法机构若对转售价格维持案件适用合理原则，会增强案件的技术性要求，提高法院的司法审查成本。如果实施转售价格维持的企业不服执法机构的行政处罚，向法院提起诉讼，那么它在审查执法机构是否错误地解释和适用法律时，将会面临相当复杂的情况。法院不仅要证实案件中依赖的证据是否准确、可靠，是否与事实相符，还要证实证据中是否已包含评估案件中复杂情况所需考虑的所有信息以及是否能从中推断出结论。合理原则将会迫使法院作出复杂的经济分析。目前在我国法院审理的转售价格维持案件中，经济学家并未拿出具体的经济学证据，而仅仅提供了经济学理论就被视为完成了证明，即经济理论本身被当作案件的直接证据。实际上，这种大而化之的做法很有问题。如果注意一下美国判例法中明确讨论的大量经济学证据，那么我国法院是否有能力来处理案件中复杂的经济分析是值得怀疑的。法院若想妥适地对转售价格维持案件适用合理原则，就要通过各种渠道提升法官的经济学素养，这同样需要付出不菲的成本。而违法推定规则相对简单，易于操作，司法审查成本较低。

因此从错误成本分析框架的静态构成来看，违法推定规则产生的错误成本与管理成本都要少于合理原则，前者是较为可取的反垄断法实施路径。

二　错误成本分析框架统合运用视野下反垄断法实施路径理想图景的确立

从错误成本分析框架的统合运用来看，增加竞争规则的差异化程度既会减少错误成本，也会增加管理成本。一方面，实施机关若适用合理原则固然会减少犯错的可能，但是可以想象，规则差异化的初始程度越高，这种积极效果就越少。另一方面，在有些情况下，进行彻底的市场分析和决定实际福利效果的成本是非常高昂的。错误成本和管理成本之和决定了竞争规则的社会成本。当竞争规则额外差异化的边际成本等于错误成本的边际效用减少时，它就处于最优状态。实践中，当实施机关适用合理原则减少的假阳性错误多于增加的假阴性错误与额外管理成本之和时，合理原则便是可取的，反之则不然。实施机关适用合理原则肯定会增加管理成本，虽然确切数额普遍难以测量。与之类似，合理原则减少的假阳性错误也难以量化具体收益。有学者指出可以直截了当地假设这一数据的关键取决于转售价格维持正面福利和负面福利效果的分布状态。[①] 两种福利效果的分布频率越不稳定，差异化越高的规则产生的收益就越少。也就是说，转售价格维持促进福利效果的例子占比越少，就越不可取。

虽然经济理论对转售价格维持的双重福利效果已有一定共识，但是企业使用转售价格维持究竟是为了促进福利还是损害福利归根到底是一个实证问题。尽管有学者认为，转售价格维持具有促进竞争和损害竞争的双重效果，哪方面的效果更为显著，目前尚不具有确定的实证结论，在不同产业、不同市场条件下的结果也不一致，客观上不易证明其正负效果。

然而已有学者在总结现有实证调查的基础上指出，自然实验能够很好地指导转售价格维持的反垄断执法策略。[②] 自然实验能够清晰地展现转售价格维持的福利效果。首先，有学者通过对美国 20 世纪 70 年代的牛仔裤行业所做的调查发现，即使只有一个制造商（尤其是属于领导品牌

---

① 决策理论不那么关注某些行为是否能带来竞争性收益（或反竞争的损害），而是一并关注这些收益或损害发生的频率和相对程度，以及是否存在不那么损害竞争的方法来获取相应收益。参见〔美〕罗伯特·皮托夫斯基等《超越芝加哥学派——保守经济分析对美国反托拉斯的影响》，林平等译，经济科学出版社，2013，第 180 页。

② 转售价格维持的现有实证调查方法主要有以下三种。基于结果的方法、基于经济模型的方法以及自然实验方法。第一种方法属于推理问题：在给定证据的情况下，某一行为损害竞争的概率是多少？解法是根据市场份额等结构性条件设置"屏障"。如果满足这些条件，就假定存在损害。不幸的是，除了少数几个特定的例子外，寻找一个在所有情况下都能正常运行的"屏障"被证明是难以实现的。第二种方法是基于限制行为的经济模型。首先，进行理论假设。根据一种理论，限制行为可能会损害竞争；根据另一种理论，限制行为是良性的或促进竞争的。其次，确定哪种理论能够更好地解释现有证据。但是证据很难区分是促进福利还是损害福利的纵向行为，因为纵向限制的理论只能表明可能存在损害竞争效果。在理论能够被用来确定限制行为将产生损害竞争效果之前，在大多数情况下，它无法提供一种解释证据的方法。执法决定通常应以先前信念和损失函数为指导。经济理论表明纵向限制可能是良性的或促进竞争的，而这恰恰已经构成一些实证调查的前见。因此，积极的执法策略必须以相对较大的假阳性错误为依据。鉴于目前的知识状况，我们建议执行策略应该以第三种方法为指导：从自然实验中得出限制行为的竞争效果的推论。See James Cooper, "Vertical Antitrust Policy as a Problem of Inference", *International Journal of Industrial Organization*, 2005（23），pp. 661 – 662.

时），在行业中使用转售价格维持也会产生负面福利效果。李维斯（Levis）是美国知名的牛仔裤品牌，它在 1977 年联邦贸易委员会收到针对性投诉之后，就停止使用转售价格维持。这不仅导致其自身的零售价格下降，也使得整个美国牛仔裤市场的零售价格下降，同时增加了消费者福利。在李维斯宣布放弃转售价格维持之后的 18 个月内，消费者剩余增加了大约 2 亿美元。① 其次，有学者研究了一些洛伊加朗（Loi Galland）对法国零售食品市场影响的实证调查。虽然法国原则上不允许最低转售价格维持，但洛伊加朗实际上合法化了整个行业的最低价格。研究发现转售价格维持有效地导致了品牌内竞争大幅下降甚至消除，从而造成零售价格急剧上涨。再次，英国公平贸易局调查了 20 世纪 90 年代中期图书市场取消最低转售价格维持对生产率的影响。研究发现随着转售价格维持的废除，一些重要的新参与者，尤其是普通超市和网络经销商由于零售价格下调的可能而进入市场且数量迅速增加。然而与预期相反的是，这些低成本进入者增加的竞争压力诱使现有企业通过努力降低成本和提高生产率来应对。最后，有研究比较了丽晶案之后（由于联邦法律的转变），转售价格维持适用本身违法规则的州以及适用合理原则的州。该研究使用了尼尔森（Nielsen）固定样本数据，分析了 1000 类以上品牌消费产品的销售量的价格和质量变化。比较适用本身违法规则的 9 个州与适用合理原则的 15 个州可以发现，当同种产品的价格和产量发生变化时，后者的价格更高，产量更低。尽管转售价格维持可能会导致价格上涨，无论它是促进竞争还是损害竞争，但是适用合理原则情况下产量的大规模减少的事实表明，转售价格维持通常会损害所研究产品样本的竞争。② 由此可见，转售价格维持更有可能产生负面福利效果。因此，从错误成本分析框架的统合运用来看，违法推定规则是比合理原则更加可取的反垄断法实施路径。

① Robert Steiner, "Vertical Competition, Horizontal Competition and Market Powder", *Antitrust Bulletin*, 2008, 53 (2), p.251.
② 〔美〕乔纳森·贝克：《从"错误成本"分析中走出错误：反托拉斯权利有哪些错误?》，臧俊恒等译，《竞争政策研究》2018 年第 4 期。

第五节　诉讼成本理论指导下转售价格维持福利效果的举证责任分配

由错误成本分析框架可推出违法推定规则是转售价格维持反垄断法实施的理想路径。对实施机关而言，一旦适用该规则，最重要的莫过于抗辩理由的实际操作。服从于违法推定规则的行为原则上应被推定为违法行为，但当事人得提出反证，证明该行为有利于竞争及经济效率，从而免除违法性的推定。[①] 由此可知转售价格维持适用违法推定规则要解决如下两大问题：一是转售价格维持抗辩理由的成立条件有哪些？二是为什么要让被告承担提供抗辩理由的举证责任？我国执法机构于2019年颁布的《禁止垄断协议暂行规定》（下文简称《规定》）第12条和第27条分别进一步细化了《反垄断法》第14条和第15条对转售价格维持规定：前者增加了转售价格维持的表现形式，后者进一步完善了豁免的内容，增强了可操作性。这些规定充分借鉴了《条约》第101条第3款的经验，有助于确立完善的违法推定规则。二者对比见表5-1。

表5-1　中国、欧盟有关转售价格维持的相关条款对比

	《禁止垄断协议暂行规定》	欧盟竞争法
纵向垄断协议	第12条　禁止经营者与交易相对人就商品价格达成下列垄断协议：（一）固定向第三人转售商品的价格水平、价格变动幅度、利润水平或者折扣、手续费等其他费用；（二）限定向第三人转售商品的最低价格，或者通过限定价格变动幅度、利润水平或者折扣、手续费等其他费用限定向第三人转售商品的最低价格；（三）通过其他方式固定转售商品价格或者限定转售商品最低价格	《条约》第101条第1款　与统一市场不相容的以下行为应当禁止：经营者之间签订的可能影响成员国之间贸易，且其目的是排除、限制或者损害统一市场内竞争的各项协议、经营者协会的决定和协同行为，特别是：（a）直接或者间接限定采购价格、销售价格或其他交易条件……

[①]　黄铭傑：《维持转售价格规范之再检讨》，《台大法学论丛》1998年第1期。

续表

	《禁止垄断协议暂行规定》	欧盟竞争法
豁免适用	第 26 条 经营者能够证明被调查的垄断协议属于《反垄断法》第 15 条规定情形的,不适用本规定第 7 条至第 13 条的规定。 第 27 条 反垄断执法机构认定被调查的垄断协议是否属于《反垄断法》第 15 条规定的情形,应当考虑下列因素:(一)协议实现该情形的具体形式和效果;(二)协议与实现该情形之间的因果关系;(三)协议是否是实现该情形的必要条件;(四)其他可以证明协议属于相关情形的因素。 反垄断执法机构认定消费者能否分享协议产生的利益,应当考虑消费者是否因协议的达成、实施在商品价格、质量、种类等方面获得利益	《条约》第 101 条第 3 款 但在下列情况下,可以不适用第 101 条第 1 款的规定:如果上述协议、决定、协同行为有助于促进商品生产、销售或促进技术改进、经济发展,并使消费者可以公平地分享由此而来的收益,并且不会:(a)为实现上述目标,向经营者施加不必要的限制;(b)使上述经营者可能实质性排除在相关产品间的竞争

以下将从诉讼成本理论的视角出发,分析该规定的合理性与可行性。

一 转售价格维持抗辩理由的成立条件

《规定》第 27 条完善了《反垄断法》第 15 条的豁免内容,明确了原则禁止转售价格维持之后,该行为可以得到个别豁免的具体条件:一是协议能被豁免的具体形式与效果;二是两者之间的因果关系;三是必不可少性;四是效果与消费者的公平分享。效果与消费者公平分享的证明在很大程度上意味着竞争事实上未被消除。经济理论表明,企业实施转售价格维持的正当理由是把它当作解决非价格外部性的手段。[①] 被告举证责任的第

[①] 支持转售价格维持的经济学家所依赖的主要理论为服务理论和需求不确定理论。服务理论主要是为解决同一品牌下不同零售商之间由于竞争所导致的外部性问题。需求不确定理论主张转售价格维持在消费需求变化较大市场中具有促进竞争的效果。参见侯利阳《转售价格维持的本土化探析:理论冲突、执法异化与路径选择》,《法学评论》2016 年第 6 期。

一步要证明市场上存在非价格外部性，而转售价格维持能够解决该问题，从而提高福利效果。然而，被告要证明转售价格维持能够提高消费者福利是相当困难的。因为普遍可得的唯一信息只有产品在实施转售价格维持前后的价格和产出对比。在此情况下，价格测试对于确定被告实施转售价格维持的目的并无帮助，因为无论福利效果如何，价格都会提高。相形之下，产出测试更有用一些。通过分析整体产出，就可确定转售价格维持究竟有没有被用来促进卡特尔或排斥低成本经销商。即使转售价格维持被用于解决非价格外部性，但整体产出增加了，它对消费者福利的影响也仍是模糊的，尤其是在考虑到边际消费者和超边际消费者的区分之际，这两类消费者对于转售价格维持引发的促销努力或价格上涨的估值是有区别的。[1] 因此，转售价格维持对消费者福利的影响是双向的。产出测试还应当伴随着可信的证据或者市场调查，即消费者确实或多或少地对额外促销努力或价格上涨的估值是相同的。如果被告证明了存在非价格外部性，而转售价格维持提供了解决方案，他所提供的证据还必须接受《规定》第27条中的必不可少性的检验，被告必须证明转售价格维持的正面福利效果不能通过更少限制性的方法获得。这一内容使得他要承担大量的调查成本。显然，被告要在转售价格维持案件中证明符合《规定》第27条的举证责任是相当沉重的。这与转售价格维持通常具有负面福利效果的假设直接相关，也对举证责任的优化配置具有重要意义。

二　诉讼成本理论视野下被告所应承担的举证责任

从《规定》第27条可以看出，被告总是可以辩称转售价格维持实际上并不损害消费者福利。被告要证明转售价格维持对消费者福利的积极效果是相当困难和昂贵的。因此，将该举证责任分配给被告而不是执法机构，事实上是理论界将违法推定规则的效果等同于本身违法的重要原因。被告和执法机构之间这样分配举证责任有两个很大的优点。一是根据

---

[1]　制造商只关注产品销售，而不关心零售渠道。相比之下，零售商则关注与他人竞争，吸引顾客。零售商关注内部边际的顾客，而制造商关心的则是出于生产边际的消费者。制造商产品价格与服务的最优组合取决于商品购买边际的消费者。参见张骏《美国纵向限制》，北京大学出版社，2012，第23页。

《规定》第 27 条，被告承担的举证责任是很重的，因此只有在他觉得有可能在对消费者福利效果进行广泛分析之后可以免责时，才会提交证据证明转售价格维持的福利效果。而如果将此举证责任分配给执法机构，它就不得不评估《规定》第 27 条的条件是否满足，而这种分析是要在每个案件中都要进行的，成本必定高昂。二是因为涉案企业能够比执法机构更加容易地掌握案件的必要信息，了解案件中转售价格维持促进福利的情况，解决了哪种非价格外部性，这就使得其根据《规定》第 27 条进行分析的成本更低。值得注意的是，到目前为止，在法院判决和执法机构决定中都没有发现被告明确和详细地争辩他们使用转售价格维持是为了解决非价格外部性。这一发现可能表明支持转售价格维持的理论论据并不是很充分，转售价格维持并不是达成这些效率的有效工具。

第六章　转售价格维持规制模式选择的本土化分析

转售价格维持规制模式选择最终需要落脚到我国的现实国情上，这其中包括了市场经济发展和反垄断立法的现状。转售价格维持适用合理原则的制度基础、法律依据和经济理据这三方面都存在比较明显的缺陷，理应警惕。我国《反垄断法》的转售价格维持规定虽然从形式上确立了违法推定规则，但是并不完善，有进一步改进的空间。执法机构颁布的《禁止垄断协议暂行规定》已经形成了关于转售价格维持的较为完善的违法推定规则，可以参考它来完善《反垄断法》的相关规定。本章将以转售价格维持规制模式选择的逻辑前提和合理原则的批判性分析作为论述的基础，最后回归到完善我国《反垄断法》转售价格维持规定的制度建议。

第一节　转售价格维持规制模式选择的逻辑前提

一　转售价格维持规制模式选择的逻辑前提的理论基础

各种制定法体系有着某种固有的逻辑结构，所有法律规则都是按照某种基本的逻辑方案制成的，而且这些法律规则的所有细节也都与该项逻辑方案完全一致。[①] 欧美的转售价格维持反垄断法规制模式各成体系，逻辑自洽。两者的价值判断、制度文本、事实假定及适用模式不同，我国若是

---

① 邓正来：《中国法学向何处去——建构"中国法律理想图景"时代的论纲》（第二版），商务印书馆，2011，第75页。

想在欧盟的立法蓝本下融入美国的术语体系注定无法成功。① 因此，若想确立转售价格维持反垄断法规制的理想模式，要么继续立足于欧盟竞争法的蓝本，在后续的发展中通过继续学习违法推定规则的操作细节来加以完善，要么转向学术界倡导、法院业已在强生案中所适用的美式合理原则的分析框架，通过修法来实现重构。任何规则要发挥作用，必须通过现实条件的检验，而不能只诉之于严谨的逻辑或精准的推论。② 转售价格维持规制模式选择不能只局限于对反垄断法律文本和法学理论的阐释，否则对立双方很容易根据各自的理论前见而得出有利于本方的结论，无助于争议的解决。特定的前提衍生特定的体系，并形成对法律理解、适用上的约束。因此，简单地借鉴、融合特定制度而不考虑假设前提对体系的约束性，可能不仅难以获得后发优势，反而可能带来严重的制度冲突。③ 要确立转售价格维持规制模式的理想图景必须在作出选择时把握潜在的逻辑前提。其中的重点就是反垄断法规制模式与我国经济发展状况的契合度。哲学的实证主义进路把概念与生活分隔开来了，因为它使概念从属于概念分析，不关心环境，而正是环境给予概念以生命，为概念提供了它们从中取得真实含义的语境。④ 法律的发展也要注意与经济之间的关系，才能更好地适应新的且不断变化的环境。⑤ 因此，确立转售价格维持反垄断法规制的理想模式不能只囿于理论，更要切实把握我国的经济发展状况。

二 转售价格维持规制模式与我国经济发展状况的契合度分析

（一）规制模式与诸多行业现状的契合度分析

在我国市场经济发展的现阶段，转售价格维持的现象普遍存在，特别

① 洪莹莹：《我国限制转售价格制度的体系化解释及其完善》，《华东政法大学学报》2015年第4期。
② 熊秉元：《正义的成本——当法律遇上经济学》，东方出版社，2014，第138页。
③ 李剑：《中国反垄断法实施中的体系冲突与化解》，《中国法学》2014年第6期。
④ 〔英〕韦恩·莫里森：《法理学——从古希腊到后现代》，李桂林等译，武汉大学出版社，2003，第236页。
⑤ 邓正来：《中国法学向何处去——建构"中国法律理想图景"时代的论纲》（第二版），商务印书馆，2011，第77页。

是在图书、报纸、药品、汽车以及较为知名的服装、家电等商品领域（见表6-1）。[①]

表6-1 广泛使用转售价格维持的行业所做的实证调查[②]

代表性学者	行业	方法和数据	调查结果	研究结论
吉列根	汽油、服饰、家用产品、电子器件、娱乐设备、化妆品、酿造和工业产品	转售价格维持影响股票市场的事件分析：使用转售价格维持的制造企业的市场价值受到了法律的挑战	平均而言，当制造企业使用转售价格维持合同被起诉时，企业股价下跌了1.7%	证据排除了转售价格维持的经销商卡特尔解释，但与提高效率及制造商卡特尔的解释相一致
奥斯坦、汉森	精馏酒精	特定行业实施转售价格维持福利效果的计量经济分析：对实行和不实行转售价格维持的州的相关数据构建回归模型，分析其对产品销售量和分销网络等因素的影响	转售价格维持会使零售价格提高、消费量减少并导致福利从消费者转移到零售商	转售价格维持的提高效率理论无法被证实
汪浩	非处方药品	英国非处方药行业中实施转售价格维持的案例研究：英国公平交易局与代表制药商和经销商利益的两个行业协会的诉讼	法庭下令取消在非处方药市场的转售价格维持豁免，从而结束了在这个市场实行了长达30年的转售价格维持	非处方药的转售价格维持违背了消费者利益，或者说它至少部分抵销了效率理论所解释的好处

除了这些实证调查之外，还有一些针对医药行业、出版行业、服装行业等的调查，这些调查都表明，转售价格维持推高了零售商品的价格。[③]

---

① 郭宗杰：《反垄断视角中转售价格限制的比较法研究》，《法学评论》2014年第5期。
② 张骏：《转售价格维持反垄断法规制路径之争的化解》，《法学》2017年第7期。
③ 李剑、唐斐：《转售价格维持的违法性与法律规制》，《当代法学》2010年第6期。

由此可见，在行业内广泛地使用转售价格维持会弱化市场竞争、损害消费者福利。因为合理原则会产生假阴性错误，所以从我国目前诸多行业的现状来看，违法推定规则更加可取。

（二）反垄断法规制模式与网络经济勃兴的契合度分析

互联网及信息技术的发展和应用使得网络对商业和零售产生了巨大的影响。随着我国经济进入新常态，消费正在成为经济发展的最大动力，网络零售业在其中发挥了极为重要的作用。近年来，我国网络零售业始终保持了40%以上的高速增长，远超其他国家和地区，目前网络零售业总额已经成为全球第一。根据中国互联网协会报告显示，2013年国内网络零售交易额达到1.89万亿元，比上年增长42.8%；2014年上半年，国内网络零售交易额为1.14万亿元，比上年增长48.3%。其中，限额以上单位网上零售额1819亿元，增长56.3%，远高于社会消费品零售总额12.1%的增速。按照商务部发布的《"互联网＋"流通行动计划》预测，2020年网上实物商品零售额将达到5.5万亿元。[①] 消费者常常能够通过网络便捷地获取信息，从而简单地发现、比较和购买商品。与此同时，网络销售也能够通过有效地扩展和深化商品及服务市场来加强竞争。[②] 一般情况下，转售价格维持通常是由抑制创新和社会理想形式的竞争的欲望所激发的，但创新和社会理想形式的竞争往往会带来更低的价格和更高的产出。对消费者来说，产品销售环节中的创新能够促成进步，因为它会威胁到现状的稳定。[③] 与之相反，转售价格维持则通常在维持现状，所以那些意欲妨碍有效率的创新竞争的企业会热衷于采用它。[④] 消费者已经认识到了网络零售有着提供大量消费者剩余的潜力，特别是当富有创新精神的网络零售商选择与消费者分享他们从销售环节和其他效率中所节省下来的成本之时。然而从传统经销商的角度来看，特别是那些依赖物理零售空间的商家，网络零售已经构成现有商业模式的威胁。各种激进的转售价格

---

① 梁达：《网购成为释放居民消费潜力的新亮点》，《宏观经济管理》2014年第9期。

② G. Gundlach, "Overview and contents of the special issue: Antitrust analysis of resale price maintenance after Leegin", *Antitrust Bulletin*, 2010 (55), p. 9.

③ M. Adelman, "Effective Competition and the Antitrust Laws", *Harvard Law Review*, 1948 (61), p. 1289, p. 1296.

④ C. Murchison, "Resale Price Maintenance", *Cornell University Law Review*, 1919 (2), p. 98.

维持计划日益被视为阻碍富有创新精神的网络零售商打破，如将折扣作为剩余返利给消费者的有效方法。网络还革新了消费者获取指导购买商品决定信息的方式。过去，消费者只有依靠实体店里销售人员的指导来得到最佳信息。现在则可以在网上获取更为有价值的商品信息，这对传统的搭便车理论产生了重大影响。搭便车理论是可取的，而几乎所有的零售商，包括制造商都搭了网络信息高速公路的便车。如今，消费者都会上网获取商品信息，再从不同的网络或实体渠道购买商品。从实体店的角度来看，问题不是消费者在网上做过研究后再来店里，而是消费者在来店里之前就已在网上接受了指导，拥有了具体的价格预期。但许多实体店都希望消费者只是受价者，而非觅价者。① 反垄断法想要促进而非妨碍消费者的觅价行为。② 商家使用转售价格维持来限制网络零售直接违背了这一目标。

网络的零售创新很可能促进降低产品价格的销售效率。在任何情况下，创新的竞争对于经济进步的作用要远大于品牌内和品牌间竞争。然而，蔓延至网络的转售价格维持会妨碍创新和损害效率。在我国的网络经济持续发力成为经济发展的重要动力之际，有必要确保对转售价格维持的规制能够保护网络造福消费者的能力。反垄断法的根本目的是保护消费者在竞争性市场以竞争性价格购买产品和服务的权利③，这就要求确立有利于消费者的规制模式。在合理原则下，原告要举证证明存在转售价格维持并且其具有排除、限制竞争的效果，举证责任负担较重。④ 在违法推定规则下，转售价格维持被推定违法之后，举证责任就会转移给被告，被告的举证责任较重。他要证明该行为能够促进竞争，其实际上而非只是理论上有利于消费者，因此，违法推定规则更加可取。

---

① 受价，是说一个生产者出售产品时不会找寻一个价格，他只是跟着该产品的市价出售。觅价，是指一个出售者所定的价不是由市场决定，而是由出售者或买卖双方决定。参见张五常《经济解释》（卷三）（神州增订版），中信出版社，2012，第50、197页。

② P. Harbour, "RPM and the Rule of Reason: Ready or Not, Here We Come?" *Antitrust Bulletin*, 2010 (55), p. 232.

③ R. Lande, "Wealth Transfers as the Original and Primary Concern of Antitrust: The Efficiency Interpretation Challenged", *Hastings Law Review*, 1982 (34), pp. 65 - 77.

④ 丁文联:《限制最低转售价格行为的司法评价》,《法律适用》2014 年第 7 期。

第二节　转售价格维持适用合理原则的批判分析

一　转售价格维持适用合理原则的制度基础反思

（一）丽晶案判决的影响

丽晶案对我国学界产生了很大影响。许多学者都对此案进行了详尽的研究，对其所确立的合理原则更是倾心不已。他们认为，我国在反垄断法的立法过程中过多地参考了欧美在丽晶案之前的法律实践，并考虑到我国政府干预的传统而对转售价格维持予以了严厉的规制。但是随着经济分析理论的发展，美国对转售价格维持反垄断政策的调整和解释也有了明显的变化，由本身违法规则转变为了合理原则，这对我国《反垄断法》第14～15条的实施具有重大的启发意义。我国《反垄断法》应当修改现行规定，将对转售价格维持的规制转变为明确而有针对性的合理原则。① 学界有将美国丽晶案的判决作为理想法律图景，据此来奠定我国规制转售价格维持法理基础的倾向。问题在于从学者们立论的整体来看，基本上没有质疑、反思和批判美国丽晶案确立的对转售价格维持适用合理原则的现实背景及制度逻辑，便将其径直作为我国相关规定的制度依据及自身逻辑分析工作的前提，生硬地移植进我国转售价格维持规制的理论之中，这无疑会遮蔽我国实际市场状况及其运行制度的视阈，造成水土不服，也根本不可能发挥合理原则所特有的制度功效。

（二）我国采纳丽晶案确立合理原则的反思

1. 基于法律移植理论的反思

有学者指出，法律制度的可移植性有程度上的不同。首先，研究者应该对意欲移植的法律制度的规则产生的社会背景、政治背景和该规则和制

---

① 何治中：《美国反垄断法对最低转售价格维持的规制原则变迁与启示》，《金陵法律评论》2008年秋季卷；许光耀：《转售价格维持的反垄断法分析》，《政法论丛》2011年第4期；刘蔚文：《美国控制转售价格判例的演变及其启示》，《华东政法大学学报》2012年第1期；兰磊：《最低转售价格维持的竞争效果分析》，《价格理论与实践》2012年第12期；郭宗杰：《反垄断视角中转售价格限制的比较法研究》，《法学评论》2014年第5期。

度在整个社会制度中的逻辑体系予以把握。其次，应该将拟移植规则的社会政治背景及其运作的环境同拟接受该规则的国家的政治社会背景和环境予以比较。如果两者相近，则可移植性和成功的可能性就比较大，反之则可能性较小。①

中、美两国在社会、政治制度等方面存在巨大差异，这就决定了在转售价格维持规制方面，移植合理原则并不明智。有学者指出，我国反垄断立法中的域外经验借鉴片面聚焦于域外反垄断法实施的效果，而忽略了本土市场及其运行制度、法治环境等场景因素。② 就以司法制度为例，美国是一个联邦制国家，联邦法与州法并行，在转售价格维持这一问题上，两者的规定并不一致，各州也有自己相对独立的做法。在丽晶案之前，加州等十余个州都通过法律禁止最低限价或固定价格的转售价格维持。在丽晶案审理期间，美国 37 个州曾向美国联邦最高法院递交陈词，要求维持对最低限价或固定价格的转售价格维持协议适用本身违法原则。③ 美国目前仍有 20 多个州没有相应地修改州法律，继续严格禁止限制最低转售价格协议。2012 年 5 月 4 日，美国堪萨斯州最高法院在另一起起诉丽晶限制最低转售价格协议的案件中依据州法判其违法。④ 我国是单一制国家，实行统一的司法制度。在美国，除了联邦最高法院认为转售价格维持应适用合理原则之外，仍旧有许多州坚持对转售价格维持适用本身违法规则。欧盟、日本、韩国及我国台湾地区也是一如既往地严格规制转售价格维持，可以说，从国际立法趋势来看，对转售价格维持的严格规制仍然占据主流地位。我国应当坚定不移地适用违法推定规则，无须转向合理原则。

2. 基于反垄断经济效率路径的反思

美国目前对于所有类型的纵向限制均适用合理原则，这表明经济效率模式已经占据了规制纵向限制的支配地位。然而这一模式的缺点十分明显，业已在美国遭到了广泛的批评。首先，反垄断经济效率模式不完善。

---

① 梁治平主编《法治在中国：制度、话语与实践》，中国政法大学出版社，2002，第 10 页。
② 金善明：《反垄断法法益研究：范式与模式》，中国社会科学出版社，2013，第 178 页。
③ 黄勇：《价格转售维持协议的执法分析模式探讨》，《价格理论与实践》2012 年第 12 期。
④ O'Brein v. Leegin Creative Leather Products，294 Kan. Ct，318（2012）.

尽管经济效率模式消除了反垄断法围绕经销商的种种关切，但除了消费者福利外，相同的经销商公平问题仍继续出现在反垄断以外的各种情况和法律理论之中。因而，一些反垄断领域之外产生了对纵向限制的详细个案调查。通常情况下，考虑的因素是商业道德和经销商的一般交易公平。换言之，人们正在担忧经济效率模式会消除纵向限制的反垄断分析。① 其次，反垄断经济效率模式不符合现实。美国法律和普通法理论一直在努力扩大边界以便将反垄断法所消除的公平关切再度纳入其中。越来越多的消费者表明，他们并不认为纵向限制特别是转售价格维持会增加其福利。过去，对经济效率模式的批评来源于反垄断学者。而现在，新出现的反对声和怀疑则来自于消费者，他们普遍认为纵向限制的经济效率模式与现实世界并无实际关联。② 最后，反垄断经济效率模式存在悖论。近百年来，美国反托拉斯法反对市场势力，为竞争服务，而不是为效率服务。效率是一个多面性的概念，通常并不能决定案例的结果；执法者和法官对于如何达到效率几乎一无所知。当代美国反托拉斯案例的判决结果通常由芝加哥学派的观点决定，导致了经济效率悖论，即经济理论保守的美国反托拉斯法以效率的名义，保护了领导厂商的低效率行为。③ 我国也有学者对此模式提出了尖锐的批评，它导致现代反垄断法充斥各种悖论，影响了人们对于反垄断法本质的把握，限制了反垄断法处理我国特殊国情问题的功能。此外，它还存在大量论证手法上的错误，包括非此即彼的逻辑错误、混淆立法目的与个案判断标准等错误。④

二　转售价格维持适用合理原则的法律依据反思

（一）《反垄断法》相关规定的解读及其反思

有些学者与法官认为根据《反垄断法》的相关规定，我国转售价格维持规制模式是合理原则。主要的立论依据大致可分为以下两种。（1）根据

---

① 张骏：《美国纵向限制研究》，北京大学出版社，2012，第33页。
② 张骏：《美国纵向限制研究》，北京大学出版社，2012，第35页。
③ 〔美〕罗伯特·皮托夫斯基等：《超越芝加哥学派——保守经济分析对美国反托拉斯的影响》，林平等译，经济科学出版社，2013，第79~80页。
④ 兰磊：《反垄断法唯效率论质疑》，《华东政法大学学报》2014年第4期。

《反垄断法》第 14～15 条的结构作出的推断。第 14 条规定了应予禁止的纵向垄断协议。第 15 条规定，当经营者能够证明其协议符合该条所列举的情形之一时，就不适用第 14 条的规定。这种情况下，我国《反垄断法》第 14 条应被理解为适用合理原则。①（2）根据《反垄断法》第 13～14 条的内容作出的推断。从条文本身的设计来看，尽管第 13～14 条列举禁止类型的垄断协议，但根据第 13 条第 2 款的规定，经营者之间的协议是否构成反垄断法所禁止的垄断协议，应当以该协议是否具有排除、限制竞争的效果为根本标准。这说明垄断协议本身是经过合理原则判断后得出的结论。②

1. 对于法条结构解读的反思

《反垄断法》第 14～15 条的规定，从术语和逻辑上看主要借鉴的是《条约》第 101 条。某些学者和法官之所以生搬硬套美国的合理原则，无非是想强调美欧规制模式的相似性，故而将它们规制转售价格维持的不同方法都笼统地归为本身违法规则与合理原则。这种观点的可疑之处颇多，值得商榷。①基于美、欧规制模式本质差异的反思。首先，两者的理论根基不同。美国反托拉斯法中的合理原则深受芝加哥学派经济理论的影响，对转售价格维持的合法性分析以其具体的福利效果为依归。而欧盟委员会则坚定地指出，经济理论不能成为政策制定的唯一因素，严格的经济理论分析必须在现有的法律条文和判例背景下进行。③它对转售价格维持所适用的违法推定规则实质上是以技术性的法律区分为要旨的。其次，两者的价值取向不同。鉴于转售价格维持复杂的福利效果，反垄断法规制不可避

---

① 王晓晔：《反垄断法》，法律出版社，2011，第 144 页；国务院反垄断委员会编《〈中华人民共和国反垄断法〉知识读本》，人民出版社，2012，第 59～60 页；（2011）深中法知民初字第 67 号民事判决书；（2012）粤高法民三终字第 155 号民事判决书。
② 黄勇：《中国法下的垄断协议》，《中国法律》2009 年第 2 期；朱理：《〈关于审理因垄断行为引发的民事纠纷案件应用法律若干问题的规定〉的理解与适用》，载《中国竞争法律与政策报告》编写组《中国竞争法律与政策研究报告》（2012），法律出版社，2012，第 25 页；（2010）沪一中民五（知）初字第 169 号判决书；（2012）沪高民三（知）终字第 63 号判决书。
③ Roger Van den Bergh, *European Competition Law and Economics*, London: Sweet & Maxwell Press, 2006, p. 230.

免地要对"提高效率"与"损害竞争"这两种效果进行价值考量。① 美国的反托拉斯法较为纯粹、简单,着眼于提高效率。合理原则,在经济学家看来,实际上是一种成本—利润分析方法,应该成为对商业行为的反托拉斯审查的普遍指南。② 美国法院在审查转售价格维持的经济效果时也基本上是这么做的。欧盟竞争法则将企业独立自主地制定经济政策视为一项基本原则。③ 欧盟所有的行政机构都表现出对损害消费者福利限制及对市场上企业间竞争过程限制的特别关注,④ 它们更注重抑制转售价格维持的损害竞争效果,着眼于维护竞争秩序。最后,两者的术语体系不同。在美国反托拉斯法中,转售价格维持的法律性质认定经由本身违法规则而演变为合理原则。欧盟竞争法则认为转售价格维持的目标就是限制竞争,故而将其视作剥夺适用集体豁免利益的核心限制,只能在个案中以效率为理由提出抗辩。本身违法是一种法律判断,一旦某一行为被归类为本身违法,则其法律后果不可推翻。而核心限制则是一种事实判断,根据具体的法律技术安排是可以推翻的。合理原则不能简单地对应豁免制度,因为它可以独立完成一项行为的违法性认定和禁止,而豁免制度则必须与概括禁止条款一起才能起到相应的效果。⑤ ②基于我国反垄断法内在逻辑体系一致性的反思。"法条主义"认为各种制定法体系有着某种固有的逻辑结构,所有的法律规则都是按照某种基本的逻辑方案制成的,而且这些法律规则的所有细节也都与该项逻辑方案完全一致。⑥ 事实上,欧盟竞争法不仅没有美国反托拉斯法意义上的本身违法规则,而且欧盟法院和理论界的主流意见也都反对在适用《条约》第 101 条第 1 款认定限制竞争协议时引入合

① 张骏:《完善转售价格维持反垄断法规制的路径选择》,《法学》2013 年第 2 期。
② 文学国:《合理规则之"合理性"分析》,载王晓晔主编《反垄断立法热点问题》,社会科学文献出版社,2007,第 284 页。
③ Alison Jones, "Competition of the Revolution in Antitrust Doctrine on Restricted Distribution: Leegin and Its Implications for EC Competition Law", *Antitrust Bulletin*, 2008 (53), p. 955.
④ Nikolaos Zevgolis, "Resale Price Maintenance in European Competition Law: Legal Certainty Versus Economic Theory?" *European Competition Law Review*, 2013, 34 (1), p. 28.
⑤ 洪莹莹:《我国限制转售价格制度的体系化解释及其完善》,《华东政法大学学报》2015 年第 4 期。
⑥ 邓正来:《中国法学向何处去——建构"中国法律理想图景"时代的论纲》(第二版),商务印书馆,2011,第 75 页。

理原则。① 欧盟竞争法用法律保护竞争超出了法律的"正常"范围。它是一种新型的法律，所处理的是传统法律机制不适于处理的问题，所以它也相应地需要非传统的方法和程序。这与美国反托拉斯法模式形成了鲜明对比，后者主要依靠传统法律形态和机构保护竞争。② 将我国对转售价格维持的现行规定理解为合理原则的观点，忽略了我国《反垄断法》的现行规定对欧盟竞争法的继受性，割裂了反垄断法内在逻辑体系的一致性。

2. 对于法条内容解读的反思

（1）基于"排除、限制竞争"含义理解的反思。尽管我国《反垄断法》在很多地方都规定了"排除、限制竞争"，但却并未对这一重要术语进行解释。因此，将之理解为目的或效果似乎都是可以接受的。而这种规定的模糊性直接导致了转售价格维持反垄断法规制实践中的认识分歧。《条约》第101条第1款适用于"目的是限制竞争"或"效果是限制竞争"的协议。两者是选择性而非累积性的要求。因此，一旦协议被证明其目的是限制竞争，就会违反第101条第1款，没有必要再去进一步审查和证明协议的效果是反竞争的了。欧盟的司法实践表明，为了决定行为的本质是否有害竞争或者行为是否以反竞争为目的，必须考虑协议条款的内容、行为试图要达到的目的以及行为所赖以形成的经济和法律环境。无论从转售价格维持的目标，还是从其所运行的环境看，司法经验都表明它可能是反竞争的。③ 我国是成文法国家，判例的作用有限，因而需要明确对于具体的垄断行为，"排除、限制竞争"到底是指目的，还是效果。需要强调的是，按照国外的通常做法，在认定垄断协议时，排除限制竞争目的或效果是一个选择性要件。一般来说，证明排除、限制竞争目的要比证明排除、限制竞争效果容易。④ 故而，转售价格维持在我国的《反垄断法》

---

① 刘旭：《中、欧、美反垄断法规制限制最低转售价格协议的异同——兼评锐邦诉强生公司垄断案二审判决》，载张伟君、张韬略主编《知识产权与竞争法研究》（第二卷），知识产权出版社，2014，第197页。

② 〔美〕戴维·格伯尔：《二十世纪欧洲的法律与竞争》，冯克利等译，中国社会科学出版社，2004，第15页。

③ Alison Jones, "The Journey toward an Effects - based Approach under Article 101 TEUF—The Case of Hardcore Restraints", *Antitrust Bulletin*, 2010（55），p. 794.

④ 王健：《垄断协议认定与排除、限制竞争的关系研究》，《法学》2014年第3期。

中应被定位成一种目的为排除、限制竞争效果的垄断行为。(2) 基于豁免制度基本原理的反思。若将"排除、限制竞争"看作一种效果,则意味着要全面衡量转售价格维持对相关市场带来的利弊影响,在综合评估的基础上确定其是否属于"排除、限制竞争的协议"。然而这样的理解又与《反垄断法》第 15 条的豁免条款存在冲突。法律豁免的基本逻辑在于首先承认垄断协议的违法性,即确定经营者签订的协议已违反《反垄断法》,然后基于第 15 条的规定,考虑垄断协议对市场竞争的积极效果,特别是当垄断协议对市场竞争的积极效果超过消极效果时,则可以确定垄断协议得到豁免,即因此免受《反垄断法》的制裁。从法律豁免的角度考虑,垄断协议的违法性问题应与豁免问题完全分开。因为前者涉及垄断协议能否成立的问题,后者则涉及垄断协议对市场竞争的整体效果是否利大于弊的问题。① 如果将转售价格维持的竞争效果作为实质审查标准,就意味着在考虑转售价格维持违法性的过程中,不仅要考虑它的正面效果,还要将其与负面效果进行比较。这种思维方式显然有悖于法律豁免的基本原理。

从逻辑上来说,是特定的前提衍生特定的体系,并形成对法律的理解、适用上的约束。因此,简单地"借鉴""融合"特定制度而不考虑假设前提对体系的约束性,可能不仅难以获得后发优势,反而可能带来严重的制度冲突。② 就我国《反垄断法》对转售价格维持的现行规定而言,若希望在欧盟的立法蓝本下直接融入美国的术语体系,显然不可能成功。因为在不同的价值判断、制度文本、事实假定以及适用模式之下,本身违法规则或合理原则无法与我国现行的立法框架进行无缝对接和完美融合。在现行框架下,解释我国转售价格维持制度应当先回到欧盟模式的话语体系中,本身违法规则与合理原则这组术语在我国当前没有存在的空间和必要。③

---

① 李剑:《论垄断协议违法性的分析模式——由我国首例限制转售价格案件引发的思考》,《社会科学》2014 年第 4 期。

② 李剑:《中国反垄断法实施中的体系冲突与化解》,《中国法学》2014 年第 6 期。

③ 洪莹莹:《我国限制转售价格制度的体系化解释及其完善》,《华东政法大学学报》2015 年第 4 期。

（二）转售价格维持相关司法解释规定的解读及其反思

最高人民法院颁布的《关于审理因垄断行为引发的民事纠纷案件应用法律若干问题的规定》（下文简称《规定》）第 7 条指出："被诉垄断行为属于反垄断法第十三条第一款第（一）项至第（五）项规定的垄断协议的，被告应对协议不具有排除、限制竞争的效果承担举证责任。"对于纵向垄断协议案件，原告需要证明存在纵向垄断协议。因为《规定》只限于卡特尔案件才实行举证责任倒置，在此要求下，原告还需进行效果证明，被告对效果证明进行反驳。[①] 这一司法解释有力地支持了对转售价格维持适用合理原则的观点，并在强生公司垄断案的一、二审判决中得到了充分的体现。

1. 基于最高院解释权越位的反思

最高院颁布的《规定》实际上是在创制或试图创制新规则，已经演变成了法院"立法式"的解释活动。它力图构造我国反垄断民事诉讼框架的同时在适用范围、原告资格、管辖、举证责任分配、归责原则等方面对当事人的权利义务进行形塑，且不说其解释质量如何，单从解释学理论和司法解释权限角度来说便有越权解释之嫌，在很大程度上代替了立法机关的立法职能。[②] 我国《反垄断法》对于转售价格维持举证责任的立法思路是很清晰的：主要举证责任在于证明转售价格维持行为的存在，转售价格维持和损害事实之间的存在因果关系。而被告想获得法律豁免，必须举证证明行为符合法律豁免的要件。[③] 但《规定》第 7 条却与之相悖，加重了原告的举证责任，要求其对转售价格维持的排除、限制竞争效果进行举证。这违背了现代法治国家的权力制衡理念，可能导致当事人的救济失灵。

2. 基于法条背后所蕴含的竞争政策的反思

我国《反垄断法》第 14~15 条意识到了转售价格维持会损害价格竞

---

① 詹昊：《中国反垄断民事诉讼热点详解——〈关于审理因垄断行为引发的民事纠纷案件应用法律若干问题的规定〉解读及案例评析》，法律出版社，2012，第 137 页。

② 金善明：《反垄断司法解释的范式与模式》，《环球法律评论》2013 年第 4 期。

③ 符颖：《纵向垄断协议的诉讼资格及证明责任——"北京锐邦涌和科贸有限公司诉强生（中国）医疗器材有限公司案"评析》，《交大法学》2013 年第 2 期。

争，危及分销业及消费者利益，故采取了较为严厉的竞争政策。《规定》并未对转售价格维持的构成要件作出具体规定，这会导致法院系统内适用法律的尺度不一，从而使《反垄断法》第14条面临适用上的不确定。地方法院可以通过适用《规定》第7条所赋予的自由裁量权，以原告举证不足，或者以被告不具有排除、限制竞争效果为由，判决被诉的转售价格维持不适用《反垄断法》第14条，以此来架空第15条，从而使法条背后所蕴含的竞争政策导向彻底落空。

三　转售价格维持适用合理原则的经济理据反思

（一）转售价格维持适用合理原则的宏观经济理据反思

有学者认为，转售价格维持只有在特定情况下才会产生限制竞争的结果，并不是本身就具有显著的限制竞争效应，而是更多地体现促进竞争的效率效应，因此，经济学理论分析不支持本身违法规则，应该适用合理原则。[1] 也有学者指出，我们不应对转售价格维持对竞争可能产生的促进作用视而不见，一味坚持凡是此类行为一概限制或禁止的观点，这是与经济学研究结论不一致的。[2] 还有学者提出，从经济理论的最新发展看，转售价格维持可能存在提升效率和反竞争两方面的可能，在特定条件下转售价格维持能够提升市场效率，达到改善消费者福利和社会总体福利的目标。如果采用本身违法规则，可能使执法机构的决定丧失科学性，建议对转售价格维持采取合理原则。[3] 最后有学者表示，经济学从来没有揭示出转售价格维持总是或者几乎总是严重限制竞争。相反，它表明转售价格维持具有多种可能的效率价值，而反竞争的风险类型是有限的、特定的，以满足特定条件为前提。这样的经济行为应该符合合理原则。[4] 综合上述观点的分析可知，转售价格维持适用合理原则的宏观经济理据主要有以下两点：首先，转售价格维持具有促进竞争与损害竞争的双重效果，而促进竞争效

---

[1] 唐要家：《转售价格维持的经济效应与反垄断政策》，中国人民大学出版社，2013，第83～84页。

[2] 黄勇、刘燕南：《关于我国反垄断法转售价格维持协议的法律适用问题研究》，《社会科学》2013年第10期。

[3] 刘志成：《中国反垄断经济理论与政策实践》，经济科学出版社，2015，第132～133页。

[4] 兰磊：《转售价格维持违法推定之批判》，《清华法学》2016年第2期。

果在理论上更有可能发生；其次，只有适用合理原则，才能贴合经济理论所揭示的转售价格维持的竞争效果。

1. 经济理论无法做到圆融自洽

经济理论认为转售价格维持具有诸多促进竞争的效果，并且比损害竞争的效果更有可能发生。可这些理论都有自己的预设条件，并在此基础上发展出描述转售价格维持竞争效果的独立解释。经济学界对于理论有效性以及许多解释的实证相关性尚未取得共识，只有极其有限的实证证据和学理研究来促成这些理论差异的解决，作为指导转售价格维持反垄断法规制视角基础的不同潜在假设更是放大了这种争议。视角差异体现在应当如何对待在销售系统中发现的制造商下游的竞争复杂性，包括制造商对实施转售价格维持的兴趣、导致滥用转售价格维持的可能情况以及防范转售价格维持损害竞争效果的不同形式。视角差异导致了转售价格维持竞争效果的不同以及偶尔相反的结论，进而又会转变为不同的描述转售价格维持促进竞争效果或损害竞争效果，以及理解这些效果的合适指标和方法的理论和实证解释。[①] 对于转售价格维持到底该适用何种规则，绝大多数人最终都会遵循自身对于市场和政府间边界的前见。有的主张市场、理性的商家及其自我矫正的趋势，应当相信他们能够实施适当的转售价格维持；有的则认为商家并不总是理性的，市场也并不总是能够及时地自我矫正，因此要确保一种更多干涉主义的反对转售价格维持的执法制度。[②] 总之，经济理论对转售价格维持的竞争效果无法做到圆融自洽，转售价格维持适用何种规则最终取决于人们对于转售价格维持反垄断执法的态度。这种前见根深蒂固，并不易为人所察觉。因此，上述单纯以经济理论为依据，认为转售价格维持应当适用合理原则的观点很难令人信服。

2. 实证调查并不支持规则的转向

经济理论固然认为转售价格维持的竞争效果具有两重性，甚至促进竞争的效果更有可能发生，但是使用转售价格维持到底是为了促进竞争还是

① G. Gundlach, "Overview and Contents of the Special Issue: Antitrust Analysis of Resale Price Maintenance after Leegin", *Antitrust Bulletin*, 2010 (55), p. 4.

② P. harbor and L. Price, "RPM and the Rule of Reason: Ready or Not, Here We Come?" *Antitrust Bulletin*, 2010 (55), p. 242.

损害竞争归根到底是一个实证问题。① 我国有学者直截了当地指出，尽管越来越多的理论研究都倾向于说明转售价格维持可具有促进社会福利的效果，并因此建议法律认可转售价格维持的合理性。然而，与理论研究结论相悖的是，实证调查发现转售价格维持引发产品价格上升，损害消费者利益。② 亦有欧盟学者更为审慎地认为，鉴于转售价格维持既能损害竞争又能促进竞争，那么哪种效果更有可能占据主导地位呢？由于缺乏特别翔实的实证文献支撑，这样的讨论其实意义不大。迄今为止的实证调查中，无法得出转售价格维持应当由违法推定规则转变为合理原则的结论。③ 从纵向非价格限制与转售价格维持的竞争效果对比的角度来看，也可以侧面印证以上观点。纵向非价格限制缺乏转售价格维持在促进共谋方面的作用；转售价格维持的很多好处，纵向非价格限制在理论上也能做到。虽然在某些情况下，转售价格维持比纵向非价格限制更加有效，但仍不清楚现实中这些情况的发生频率如何；转售价格维持对竞争的损害要远甚于绝大多数的纵向非价格限制。既然对纵向非价格限制适用合理原则，那么对转售价格维持就应当适用更为严厉的规则，如违法推定规则。④

3. 忽略了经济理论与反垄断法分析框架的契合

经济分析—法律形式主义是现代反垄断法分析模式的构成因子和解决问题的基本框架。经济分析方法的引入虽然带来了反垄断法律制度的革命性变化，但经济分析方法和基于法律形式主义的传统法律规制方法之间始终存在张力。⑤ 因此，选择转售价格维持的理想分析框架不能脱离经济理论的指导，但要规制好转售价格维持，却也不能只依靠经济理论，而是要将经济理论所揭示的竞争效果与反垄断法分析框架的内在属性结合起来。⑥ 美国反托拉斯法对于反竞争行为采取了本身违法规则—合理原则这

① 张骏：《完善转售价格维持反垄断法规制的模式选择》，《法学》2013 年第 2 期。
② 李剑、唐斐：《转售价格维持的违法性与法律规制》，《当代法学》2010 年第 6 期。
③ Matthew Bennett, "Resale Price Maintenance: Explaining the Controversy, and Small Steps towards a More Nuanced Policy", *Fordham International Law Journal*, 2011 (33), pp. 1293 - 1295.
④ 张骏：《转售价格维持反垄断法规制模式之争的化解》，《法学》2017 年第 7 期。
⑤ 叶卫平：《反垄断法分析模式的中国选择》，《中国社会科学》2017 年第 3 期。
⑥ 张骏：《转售价格维持反垄断法规制模式的发展及其启示》，《江南大学学报》（人文社会科学版）2017 年第 1 期。

种两分法的基本分析框架。① 就转售价格维持的规制而言，由于本身违法规则的高度违法性推定与经济理论所揭示的转售价格维持的促进竞争效果无法相容，过于严苛，不利于经济的发展，故而唯有转向合理原则。我国对转售价格维持适用的是违法推定规则，它不同于本身违法规则。本身违法是一种法律判断，一旦某一行为被归类为本身违法，则其法律后果不可推翻。若要改变这一法律后果，唯一的模式是将该行为类型化为非本身违法行为，而违法推定规则是一种事实判断，虽然面临强烈的非法假定，但这种非法假定仍然可以推翻，只是其难度取决于更具体的法律技术安排而已。② 因而，我国对于转售价格维持的现行规定无须转向合理原则。

（二）转售价格维持适用合理原则的微观经济理据批判

有学者认为，对转售价格维持实施概括禁止的态度会误导执法者过分看重品牌内竞争，反而可能牺牲了更为重要的品牌间竞争，而且也会使企业惮于法律的惩罚而扭曲其行为选择，在更大范围内对效率造成不利影响。③ 也有学者指出，转售价格维持主要是影响同一制造商的不同经销商之间的竞争，而对不同产品间的竞争不一定有直接影响。这种影响主要集中在产品分销模式与效率、消费者福利、产品自由流通以及产品分销环节创新等方面。但如果品牌之间的竞争充分有效，则转售价格维持对品牌内部竞争的影响是很小的，应当对其适用合理原则。④ 还有学者提出，评价转售价格维持的首要视角应当在于品牌间的市场竞争。如果转售价格维持没有限制或者排除不同品牌供货商之间的市场竞争，而是在很大程度上有效地促进了不同品牌供货商之间的竞争，那么即便它在客观上不同程度地直接限制或者排除了品牌内部不同经销商之间的市场竞争，立法者也不应当进行原则性禁止，因为品牌外部竞争比品牌内部竞争对于整个市场而言更为重要。⑤ 最后有学者表示，转售价格维持一方面具有限制品牌内竞

① 许光耀：《"合理原则"及其立法模式比较》，《法学评论》2005 年第 2 期。
② 洪莹莹：《我国限制转售价格制度的体系化解释及其完善》，《华东政法大学学报》2015 年第 4 期。
③ 辜海笑：《转售价格维持的经济逻辑与法律规制——兼评〈中华人民共和国反垄断法〉第十四条》，《河南省政法管理干部学院学报》2008 年第 4 期。
④ 曾晶：《反垄断法上转售价格维持的规制模式及标准》，《政治与法律》2016 年第 4 期。
⑤ 丁茂中：《原则性禁止维持转售价格的立法错误及其解决》，《政治与法律》2017 年第 1 期。

争，促使经营者集中，损害经济福利的可能性；另一方面也具有激励品牌间竞争，提高经济福利的可能性。为此经济学界主张，应扩大转售价格维持的适用范围，适用合理原则。① 综合上述观点的分析可知：首先，转售价格维持具有限制品牌内竞争及促进品牌间竞争的效果，而品牌间竞争对于市场更为重要；其次，适用合理原则才能体现出对于品牌间竞争的重视。

1. 品牌内竞争与品牌间竞争的区分不过是虚假的神话

销售渠道的关系有时是对抗性的，特别是在多品牌销售渠道中。一方面，渠道参与者之间在品牌内与品牌间竞争中相互冲突的利益都是可预见的和重要的。例如，制造商都注重让经销商的销售努力集中于品牌间的竞争对手。另一方面，经销商可能更加关注增加商店的人流量，特别是与销售同一制造商、同一产品的品牌间经销竞争者的商店的比较。通常，经销商能够通过为品牌产品提供具有吸引力的价格来增加更多的人流量，商家的信心植根于顾客的特定需求。确实，制造商和经销商都在试图提升他们之间的竞争，其他企业都被视为品牌间的竞争对手。但是在销售渠道中，大部分经销商都销售多数产品的多个品牌，品牌内竞争与品牌间竞争的区别可能在很大程度上只是人为臆想的产物。当制造商要求多品牌的经销商将促销行为集中于品牌间的竞争对手时，经销商就是被要求将自身作为品牌间竞争对手产品的销售者。将品牌内或品牌间竞争作为通过更低的成本和价格来促进经济进程的首要机制是过于简单化了。创新的竞争，而非静止的竞争才是不断摧毁旧的经济结构、不断制造新的经济结构的力量。最有意义的竞争源于新商品、新技术、新供货来源与新组织形式，竞争要求对决定性成本或质量优势的充分运用，并非要让边际利润与现有企业的产量两全其美。人们相对而言不在乎竞争是否能在一般意义上或多或少地迅速发挥作用，只要它是一种在任何情况下都能长期增加产出、降低价格的方法即可。②

---

① 〔日〕柳川隆：《法经济学视野下的转售价格维持行为之合法性》，其木提译，《交大法学》2017 年第 1 期。

② P. harbor and L. Price, "RPM and the Rule of Reason: Ready or Not, Here We Come?" Antitrust Bulletin, 2010 (55), p. 240.

2. 品牌内竞争与品牌间竞争难以进行量化比较

理论上，合理原则的适用方式是将因行为减少的品牌内竞争与增加的品牌间竞争作出比较衡量后，再决定其违法性。[①] 但这两种竞争之间的平衡是很难捉摸的。假设某个纵向限制损害了品牌内竞争，执法者是不是真的能够将一个市场上竞争的减少与另一个市场上竞争的增加进行权衡呢？答案是不能把竞争定义为按边际成本定价。一方面认为限制对品牌内部的影响是使各经销商能够高于成本定价，另一方面又认为它对品牌之间的影响是趋向于把价格降到边际成本，这是互相矛盾的。限制可以是促进竞争的，也可以是反竞争。无论是促进竞争还是反竞争，两种竞争向相同的方向运动。如果把对竞争的损害理解成该行为使得某个企业能够通过减少产出和提高价格来增加利润，那么，品牌内竞争减少而使品牌间竞争增加就是说不通的。制造商施加的限制减少了它的产出，可能真的减少了品牌内竞争，但在此过程中，它同时也会减少品牌间竞争或者对品牌间竞争没有影响。一项增加制造商产出的限制，会加剧品牌间竞争——但也必定会增加品牌内竞争，不管对竞争一词的含义是怎样理解的。诚然，一项增加产出的限制可能会使经销商的数量减少，或者使经销商们更分散，甚至可能会使经销商没有通过减少经销商服务来降低价格的动机。但这些都不能算是减少竞争，除非我们看的是经销商的密度和位置，而不是该行为对产出的影响。[②] 虽然芝加哥学派的学者尝试弥补这一缺陷，提出以生产总量或市场占有率的增减比较来替代抽象的品牌内竞争与品牌间竞争的比较，但生产总量或市场占有率的变化实肇因于诸多变数，要以此作为判断基准不可避免地将会掺杂诸多臆测。以上种种，使得以品牌内竞争与品牌间竞争的比较衡量为基础的合理原则难以作为转售价格维持的规范基准。[③]

3. 忽视了品牌内竞争与品牌间竞争之间的联动效应

市场竞争是由品牌内竞争和品牌间竞争共同构成的。考虑一下经销商之间形成卡特尔并在同一品牌商品的零售业者之间，将转售价格维持作为

---

① 黄铭杰：《维持转售价格规范之再探讨》，《台大法学论丛》1998 年第 1 期。

② 〔美〕赫伯特·霍温坎普：《联邦反托拉斯政策——竞争法律及其实践》（第 3 版），许光耀等译，法律出版社，2009，第 530 页。

③ 黄铭杰：《维持转售价格规范之再探讨》，《台大法学论丛》1998 年第 1 期。

限制品牌内竞争的手段来利用的情况。零售业者考虑促成卡特尔并以此为依托让厂商实施转售，从而固定零售价格。其结果是，可轻松预防其他经销商的背离卡特尔行为，从而提高卡特尔的实效。① 转售价格维持无疑是会损害品牌内竞争的，而品牌内竞争对于消费者福利的提高具有重要意义，还能反映出上游市场力量在下游市场的表现。正是因为品牌内竞争与品牌间竞争存在关联性，当品牌内竞争减弱后，品牌间竞争在很大程度上也会被削弱。特别是因为转售价格维持限制了价格竞争，在对价格竞争非常敏感的行业中，更会使得整体竞争水平下降。实际上，已经有学者证明，如果没有纵向限制，由于零售成本的差异，制造商无法向所有消费者索取最优的零售价格。而如果转售价格维持是允许的，制造商就能向所有消费者索取统一的最优零售价格，从而提高制造商和经销商的利润。转售价格维持帮助高成本的经销商在市场上生存，并向消费者提供更多的销售，因而提高了社会总的销售成本。这意味着品牌内竞争程度的降低不仅损害了消费者的利益，最终也不利于社会的整体利益。②

（三）转售价格维持适用合理原则的经济理据的逻辑前提批判

希尔维尼亚案的判决是美国联邦最高法院最重要的反垄断判决之一。③ 它在此案中宣称经济分析是决定案件中对竞争所施加的限制是否合法的核心构架。纵向非价格限制不再受制于本身违法规则，转而适用合理原则。该判决明确区分了纵向限制对制造商自己品牌（所谓的品牌内竞争）的竞争效果以及对相互竞争的制造商（所谓的品牌间竞争）的竞争效果。在面对可能减少的品牌内竞争，却也会增加品牌间竞争的地域限制时，法院认为品牌间竞争是反托拉斯法的首要目标。④ 之后，美国联邦最高法院对纵向限制案件一直采取这种判断方法。在丽晶案的判决中，美国联邦最高法院认为转售价格维持适用合理原则的

---

① 〔日〕柳川隆等编《法律经济学》，吴波、郭强、柴裕红等译，机械工业出版社，2017，第 69 页。

② 汪浩：《零售商异质性与零售价格维持》，《经济学》（季刊）2004 年第 10 期。

③ 沈四宝、刘彤：《美国反垄断法原理与典型案例研究》，法律出版社，2006，第 114～119 页。

④ Theodore Voorhees, "Reasoning through the Rule of Reason for RPM", *Antitrust*, 2013 (28), p. 59.

分析，关键是决定于受审查协议的效果是促进竞争的还是损害竞争的。^①它将希尔维尼亚案所确立的信条——反托拉斯法的首要目标是保护品牌间竞争，而转售价格维持有利于促进品牌间竞争作为本案支持转售价格维持具有促进竞争效果的直接论据，且没有进行任何的批判、质疑与反思，即便是本案中没有事实或分析的基础来支持这些信条，仍然一味地全盘接受。它在引用希尔维尼亚案中的经济理据作为推翻迈尔斯案所确立的本身违法规则的理由之前，并未试图阐述任何与之相关的事实。^②结合之前的分析可知，我国反垄断法学界支持转售价格维持适用合理原则所依赖的经济理据也接受了反垄断法的首要目标是品牌间竞争，而转售价格维持是可以促进品牌间竞争的这一逻辑前提。这种观点援引域外制度和理论作为衡量我国转售价格维持反垄断法实施制度的标准，实际上形成了二次裁判的怪象，也丧失了根据我国现实来构建理想的转售价格维持反垄断法分析框架的法律图景的可能，尤其值得警惕。

1. 我国《反垄断法》立法目的的客观要求

立法目的，是对一部法律追求的价值取向和所要达到的社会目标的集中反映和概括。^③它对反垄断法的实施有着非常重要的意义。转售价格维持适用合理原则经济理据的逻辑前提是品牌间竞争是反垄断法的首要目标，这无疑是一种效率目标至上的思路。在反垄断法制度实践中，经济效率的一元价值主张对于形成具有内在一致性的制度规则体系固然有利，但是出于特定的社会需要的考虑，欧盟等很多国家和地区的反垄断法事实上都选择了多元立法目标，中国也是如此。^④我国《反垄断法》第1条规定："为了预防和制止垄断行为，保护市场公平竞争，提高经济运行效率，维护消费者利益和社会公共利益，促进社会主义市场经济健康发展，制定本法。"全国人大常委会法制工作委员会阐述了《反垄断法》第1条

---

① 张骏：《转售价格维持适用合理原则的制度依据——美国丽晶案的启示》，《中国社会科学报》2017年4月26日，第5版。

② Warren S. Grimes, "The Path Forward After Leegin: Seeking Consensus Reform of the Antitrust Law of Vertical Restraints", *Antitrust Law Journal*, 2008 (75), p. 472.

③ 国务院反垄断委员会编《〈中华人民共和国反垄断法〉知识读本》，人民出版社，2012，第13页。

④ 叶卫平：《反垄断法分析模式的中国选择》，《中国社会科学》2017年第3期。

的立法理由，即反垄断法保护市场机制，维持一种竞争环境，在这一环境中，在价格引导下，通过千百万单个经营者和消费者的分散决策和交互作用，使资源得到最优化的配置，以提高整体经济效率，造福于全社会所有成员。① 党的十八届三中全会也指出，建设统一开放、竞争有序的市场体系，是使市场在资源配置中起决定性作用的基础。必须加快形成企业自主经营、公平竞争，消费者自由选择、自主消费，商品和要素自由流动、平等交换的现代市场体系，着力清除市场壁垒，提高资源配置的效率和公平性。② 现阶段，我国《反垄断法》立法目的准确概括应该是维护自由竞争，③ 从而塑造出良好的竞争秩序。④ 这与转售价格维持适用合理原则所依托的效率至上目标迥然有别。

2. 我国市场经济现状的实际要求

竞争作为调节市场的机制，是市场经济活力的源泉。然而，市场经济国家的经验表明，市场本身并不具备维护公平自由竞争的机制。恰恰相反，竞争中的企业为了减少竞争的压力和逃避风险，它们总想通过某种手段谋求垄断地位，限制竞争。在我国现阶段市场不成熟和市场机制不完善的条件下，限制竞争的现象也频频出现。⑤ 在我国市场经济发展的现阶段，转售价格维持现象普遍存在，图书、报纸、药品、汽车以及较为知名的服装、家电等商品领域无不如此。更令人担忧的是，一部分在美国一直不敢实施转售价格维持的企业，比如强生公司，在我国市场上却十几年如一日地用白纸黑字的转售价格维持条款来排除品牌内竞争、长期维持较高价格水平、回避品牌间价格竞争，降低了相关市场的价格竞争，限制经销

---

① 全国人大常委会法制工作委员会经济法室编《中华人民共和国反垄断法——条文说明、立法理由及相关规定》，北京大学出版社，2007，第 2 页。

② 洪莹莹：《我国限制转售价格制度的体系化解释及其完善》，《华东政法大学学报》2015年第 4 期。

③ 刘继峰：《反垄断法》，中国政法大学出版社，2012，第 73 页。

④ 德国的弗莱堡学派认为经济发展的最佳模式既不是完全放任，也不是完全集权，而是在"经济宪法"机制下构建"社会市场经济"。在这种机制下，市场主体追求自身利益的同时可以促进社会利益的发展，国家的作用仅仅在于遵循"经济宪法"的规律，制定符合经济宪法秩序需求的秩序政策。竞争法在这个机制中处于核心地位。参见彭心情《欧共体竞争法产生的法律历史社会学分析》，《湖南社会科学》2010年第 1 期。

⑤ 王晓晔：《经济体制改革与我国反垄断法》，《东方法学》2009年第 3 期。

商定价自由，排挤有效率的经销商。市场经济秩序是以经济主体独立自主地制定其生产经营计划为特征，这种分散订立的经济计划是通过市场价格进行协调的，而市场价格又是通过竞争和在企业自由参与市场交易的条件下产生的，保护竞争就是市场经济秩序不可缺少的制度，是经济法的核心。[①] 转售价格维持正好可以用来抑制经销商的定价自由，提高产品的价格。可以说，转售价格维持在我国目前的市场经济状况下，涉及的是市场经济秩序的根本问题，而并非市场经济的效率问题，因此，应对其适用违法推定这一更加严格的规则。

第三节 我国转售价格维持违法推定规则的完善建议

《规定》有关转售价格维持的条款已经确立起了较为完善的违法推定规则，在接下来的《反垄断法》修订工作中，能够为转售价格维持规定的完善提供有价值的参考。

一 《反垄断法》转售价格维持规定的合理之处

我国《反垄断法》第 13~15 条对转售价格维持的规定在形式上符合违法推定规则。首先，第 13 条第 2 款规定中的"排除、限制竞争"表述比较模糊，由此导致了实践中的认识分歧。法院显然认为是"排除、限制竞争效果"，但把它理解为"排除、限制竞争目的"亦无不可。世界上多数国家都认为"排除、限制竞争"既包括目的，也包括效果，在认定垄断协议时，两者择一即可。其次，我国《反垄断法》第 14 条的法律用语明确是禁止，这至少可以证明转售价格维持的违法性程度很高，客观上具有显著的排除、限制竞争的目的或效果。[②] 最后，从第 14~15 条的逻辑结构来看，一旦被告的行为构成第 14 条规定的转售价格维持，只有在他不能提供证据证明行为满足第 15 条的要求时才会被禁止。

违法推定规则并不存在像合理原则那样的法律解释困境。按照法院对

---

① 〔德〕E. J. 梅斯特梅克：《经济法》，王晓晔译，《比较法研究》1994 年第 1 期。
② 王健：《协议认定与排除、限制竞争的关系研究》，《法学》2014 年第 3 期。

转售价格维持适用合理原则的理解，涉及的条款就只有《反垄断法》第13~14条，第15条并非是一项必要条款，极有可能被架空。法律豁免的基本原理是先承认垄断协议的违法性，确定经营者签订的协议业已违反了《反垄断法》，然后再根据《反垄断法》第15条的规定，考虑其对市场竞争的积极影响。特别是当垄断协议对市场竞争的积极影响超过消极影响时，便可豁免垄断协议。而垄断协议的违法性问题则应与豁免问题完全分开。前者涉及垄断协议能否成立，后者则涉及垄断协议对市场竞争的效果是否利大于弊。若将转售价格维持的竞争效果当作实质标准，就意味着在考虑转售价格维持违法性的过程中，还要权衡其对竞争的正负效果。这一逻辑显然有违法律豁免的基本原理，不能成立。① 若要避免这种法律解释困境，唯一可能的解释就是《反垄断法》第14~15条确立了所谓的"双层平衡模式"。第14条要解决的是不同竞争类型或竞争维度之间的"内部平衡"，它是以对一种竞争的促进来抵消对另一种竞争的限制，从而确定其净效果。第15条则要处理竞争利益与之存在根本价值对立的利益间的"外部平衡"，如对外贸易、环境保护、产业政策、公共健康、公共安全等。② 《反垄断法》第15条规定的7项豁免内容，分别是促进研发、提升标准化与专业分工、保护中小企业、实现社会公共利益、危机卡特尔、保障对外贸易和对外经济合作中的正当利益和其他情形。一方面，除了兜底条款外，促进研发、提升标准化与专业分工追求的是经济收益；而保护中小企业和危机卡特尔旨在维护中小企业的利益以及帮助困难企业渡过经济危机，这些收益也都可以直接转化为经济效率。这四项豁免内容都可以归结为效率抗辩，解决的是"内部平衡"。另一方面，实现各种社会公共利益属于社会政策目标，保障对外贸易和对外经济合作中的正当利益属于国家政策目标。这两项豁免内容都属于政策目标的范畴，处理的是"外部平衡"。本条款把效率抗辩与政策目标抗辩融合在一起，并非单纯规定"外部平衡"。因此，即便遵循"双层平衡模式"的解释，合理原则的法

① 张骏：《对于转售价格维持适用合理原则法律依据的探讨》，《价格理论与实践》2015年第10期。

② 兰磊：《论欧盟垄断协议规制制度的困境及其对我国的启示》，载王先林主编《竞争法律与政策评论》第1卷，上海交通大学出版社，2015，第109页。

律解释困境仍旧无法避免。

二　《反垄断法》转售价格维持规定的不足之处

转售价格维持的违法推定规则之所以未能在实践中达成共识，并容易被诟病为本身违法，关键问题就在于第 15 条规定本身存在一定缺陷。首先，第 15 条为社会政策目标豁免与效率豁免设定了同样的定量分析框架，而不是像国家政策目标豁免那样只需定性分析即可。这显然不足以反映社会政策目标的特殊性，也可能导致它们在实践中被架空。要对各种社会政策目标进行经济分析，并要求消费者能够分享收益，基本就将它们排除在豁免之外了。[①] 这些社会政策目标如同国家政策目标一样，在现实国情中应当都优先于经济效率。对它们应当一视同仁地采取定性分析，而非定量分析。其次，第 15 条中的四项效率抗辩都指向了生产环节中的效率。但是转售价格维持的效率抗辩却主要发生在销售环节，它能够防止搭便车和促进市场进入。最后，转售价格维持的效率抗辩缺少了必不可少性条件。它包含以下两方面的内容：一是转售价格维持对于实现效率而言，必须具有合理的必要性，或者说要达成同样的效率，非要实施此行为不可；二是转售价格维持包含的各种竞争限制，对于获得这些效率而言，也必须具有合理的必要性，即每一项限制也只能在实现效率所必需的限度内，而不能任意施加限制。[②]

三　完善我国《反垄断法》转售价格维持规定的具体意见

综上可知，违法推定规则是转售价格维持规制的理想路径。我国《反垄断法》可以借鉴《规定》第 27 条的经验来完善第 15 条的缺陷，从而在法律层面确立起完善的违法推定规则。建议将第 15 条改造成为包含效率和政策目标两个不同层次的豁免体系。一是在效率豁免部分，要么坚持列举式的规定，加上防止搭便车及促进市场进入的条文，并且增加必不可少性的内容；要么干脆仿效《规定》第 27 条对豁免内容进行概括规

---

① 焦海涛：《社会政策目标的反垄断法豁免标准》，《法学评论》2017 年第 4 期。
② 曾晶：《反垄断法上转售价格维持的规制路径及标准》，《政治与法律》2016 年第 4 期。

定：具有促进福利效果；消费者能够公平分享由此产生的利益；限制是必不可少的；实施者没有能力消除竞争。二是在政策目标豁免部分，将实现各项社会公共利益的社会政策目标与保障对外贸易和对外经济合作中的正当利益的国家政策目标并列，对它们坚持定性分析，去除定量分析的内容。只要被告能在个案中证明转售价格维持有利于实现政策目标即可豁免，而无须证明任何其他条件。

参考文献

一 中文类参考文献

（一）著作类

[1] 苏华：《分销行为的反垄断规制》，法律出版社，2012。

[2] 张骏：《美国纵向限制研究》，北京大学出版社，2012。

[3] 古红梅：《纵向限制竞争的反垄断法规制》，法律出版社，2011。

[4] 王玉辉：《垄断协议规制制度》，法律出版社，2010。

[5] 王先林主编《竞争法律与政策评论》2015 年第 1 卷，上海交通大学出版社，2015。

[6] 〔美〕罗伯特·皮托夫斯基等：《超越芝加哥学派——保守经济分析对美国反托拉斯的影响》，林平等译，经济科学出版社，2013。

[7] 兰磊：《论反垄断法多元价值的平衡》，法律出版社，2017。

[8] 钟刚：《反垄断法豁免制度研究》，北京大学出版社，2010。

[9] 叶卫平：《反垄断法价值问题研究》，北京大学出版社，2012。

[10] 潘丹丹：《反垄断法不确定性的意义研究》，法律出版社，2015。

[11] 许光耀：《垄断协议的反垄断法调整》，人民出版社，2018。

[12] 曹康泰主编《中华人民共和国反垄断法解读——理念、制度、机制、措施》，中国法制出版社，2007。

[13] 李钟斌：《反垄断法的合理原则研究》，厦门大学出版社，2005。

[14] 万江：《中国反垄断法——理论、实践与国际比较》（第二版），中国法制出版社，2017。

[15] 李胜利：《美国联邦反托拉斯百年——历史经验与世界性影响》，法律出版社，2015。

[16] 〔英〕西蒙·毕晓普、迈克·沃克:《欧盟竞争法的经济学:概念、应用和测量》,董红霞译,人民出版社,2016。

[17] 张伟君、张韬略主编《知识产权与竞争法研究》(第二卷),知识产权出版社,2014。

[18] 张伟君、张韬略主编《知识产权与竞争法研究》(第三卷),知识产权出版社,2017。

[19] 陈云良主编《经济法论丛》2018 年第 1 期,社会科学文献出版社,2018。

[20] J. 克伍卡、L. 怀特编著《反托拉斯革命——经济学、竞争与政策》,林平等译,经济科学出版社,2017。

[21] 刘宁元主编《比较法视野下中国反垄断法运行机制研究》,法律出版社,2015。

[22] 白艳:《美国反托拉斯法/欧盟竞争法平行论——理论与实践》,法律出版社,2010。

[23] 黄勇、董灵:《反垄断法经典判例选读——禁止垄断性协议》,人民法院出版社,2008。

[24] 沈四宝、刘彤:《美国反垄断法原理与典型案例研究》,法律出版社,2006。

[25] 韩伟主编《OECD 竞争政策圆桌论坛报告选译》,法律出版社,2015。

[26] 唐要家:《转售价格维持的经济效应与反垄断政策》,中国人民大学出版社,2013。

[27] 刘志成:《中国反垄断——经济理论与政策实践》,经济科学出版社,2015。

[28] 王先林主编《中国反垄断法实施热点问题研究》,法律出版社,2011。

[29] 刘宁元、司平平、林燕萍:《国际反垄断法》(第二版),上海人民出版社,2009。

[30] 刘进:《发展中国家反垄断法实施机制研究》,湘潭大学出版社,2014。

[31] 戴龙:《日本反垄断法研究》,中国政法大学出版社,2014。

[32] 金河禄、蔡永浩:《中韩两国竞争法比较研究》,中国政法大学出版社,2012。

［33］ 王晓晔主编《中华人民共和国反垄断法详解》，知识产权出版社，2008。

［34］ 林文：《中国反垄断行政执法报告》（2008～2015），知识产权出版社，2016。

［35］ 林文：《中国反垄断行政执法报告》（2016），知识产权出版社，2017。

［36］ 许光耀：《欧共体竞争法经典判例研究》，武汉大学出版社，2008。

［37］ 许光耀：《欧共体竞争法通论》，武汉大学出版社，2006。

［38］ 许光耀主编《欧共体竞争立法》，武汉大学出版社，2006。

［39］ 方小敏：《竞争法视野中的欧洲法律统一》，中国大百科全书出版社，2010。

［40］ 孙晋主编《中国竞争法与竞争政策发展研究报告》（2008－2015），法律出版社，2016。

［41］ 孙晋主编《中国竞争法与竞争政策发展研究报告》（2016年卷），法律出版社，2016。

［42］ 戴宾、兰磊：《反垄断法——民事救济制度比较研究》，法律出版社，2010。

［43］ 蒋岩波、喻玲：《反垄断司法制度》，商务印书馆，2012。

［44］ 唐艳：《反垄断民事救济机制研究》，法律出版社，2015。

［45］ 万宗瓒：《反垄断私人诉讼制度创新研究》，厦门大学出版社，2012。

［46］《中国竞争法律与政策研究报告》（2012），法律出版社，2012。

［47］ 中国世界贸易组织研究会竞争政策与法律专业委员会编著《中国竞争法律与政策研究报告》（2013），法律出版社，2013。

［48］ 中国世界贸易组织研究会竞争政策与法律专业委员会编著《中国竞争法律与政策研究报告》（2014），法律出版社，2014。

［49］ 中国世界贸易组织研究会竞争政策与法律专业委员会编著《中国竞争法律与政策研究报告》（2015），法律出版社，2016。

［50］ 中国世界贸易组织研究会竞争政策与法律专业委员会编著《中国竞争法律与政策研究报告》（2016），法律出版社，2017。

（二）论文类

［1］ 卢延纯、苏华：《美国纵向价格限制反垄断十年回顾：2007年—2016年》，《竞争政策研究》2016年第1期。

［2］侯利阳：《转售价格维持的本土化探析：理论冲突、执法异化与路径选择》，《法学家》2016 年第 6 期。

［3］兰磊：《论我国垄断协议规制的双层平衡模式》，《清华法学》2017 年第 5 期。

［4］兰磊：《转售价格维持违法推定之批判》，《清华法学》2016 年第 2 期。

［5］许光耀：《转售价格维持的反垄断法分析》，《政法论丛》2011 年第 4 期。

［6］曾晶：《反垄断法上转售价格维持的规制路径及标准》，《政治与法律》2016 年第 4 期。

［7］曾晶：《论转售价格维持的反垄断法规制》，《上海财经大学学报》2016 年第 2 期。

［8］王健：《垄断协议认定与排除、限制竞争的关系研究》，《法学》2014 年第 3 期。

［9］李剑：《横向垄断协议法律适用的误读与澄清——评"深圳有害生物防治协会垄断案"》，《法学》2014 年第 3 期。

［10］刘旭：《中欧垄断协议规制对限制竞争的理解》，《比较法研究》2011 年第 1 期。

［11］刘蔚文：《美国控制转售价格判例的演进及其启示》，《华东政法大学学报》2012 年第 1 期。

［12］胡光志、黄秋娜、范卫红：《我国〈反垄断法〉转售价格维持协议规制原则的时代选择——从自身违法到合理原则的转变》，《上海财经大学学报》2015 年第 4 期。

［13］李剑：《中国反垄断法实施中的体系冲突与化解》，《中国法学》2014 年第 6 期。

［14］黄勇、刘燕南：《关于我国反垄断法转售价格维持协议的法律适用问题研究》，《社会科学》2013 年第 10 期。

［15］丁文联：《限制最低转售价格行为的司法评价》，《法律适用》2014 年第 7 期。

［16］洪莹莹：《我国限制转售价格制度的体系化解释及其完善》，《华东

政法大学学报》2015年第4期。

[17] 李剑：《论垄断协议违法性的分析模式——由我国首例限制转售价格案件引发的思考》，《社会科学》2014年第4期。

[18] 陈兵：《汽车行业价格垄断协议违法性认定与法律治理》，《法学》2015年第8期。

[19] 丁茂中：《原则性禁止维持转售价格的立法错误及其解决》，《政治与法律》2017年第1期。

[20] 李剑、唐斐：《转售价格维持的违法性与法律规制》，《当代法学》2010年第6期。

[21] 叶卫平：《反垄断法的举证责任分配》，《法学》2016年第11期。

[22] 辛杨：《限制最低转售价格协议并非当然违法？——与上海市高级人民法院民三庭庭长朱丹商榷》，《河北法学》2014年第8期。

[23] 时建中、郝俊琪：《原则性禁止转售价格维持的立法正确性及其实施改进》，《政治与法律》2017年第11期。

[24] 于立、吴绪亮：《纵向限制的经济逻辑与反垄断政策》，《中国工业经济》2005年第8期。

[25] 何治中：《纵向垄断协议规制——美国、欧盟比较研究与借鉴》，《金陵法律评论》2011年秋季卷。

[26] 许光耀：《"合理原则"及其立法模式比较》，《法学评论》2005年第2期。

[27] 王玉辉：《论维持转售价格规制理论之争及其影响》，《河南师范大学学报》（哲学社会科学版）2015年第2期。

[28] 林越坚：《论纵向价格卡特尔的规制基础与结构优化》，《西南政法大学学报》2015年第2期。

[29] 刘继峰：《反垄断法益分析方法的建构及其运用》，《中国法学》2013年第6期。

[30] 丁茂中：《现行〈反垄断法〉框架下维持转售价格的违法认定困境与出路》，《当代法学》2015年第5期。

[31] 黄勇：《价格转售维持协议的执法分析路径探讨》，《价格理论与实践》2012年第12期。

[32] 韩伟：《限定最低转售价格的反垄断规制——兼论丽金案后美国理论与实践的发展》，《价格理论与实践》2011 年第 4 期。

[33] 符颖：《纵向垄断协议的诉讼资格及证明责任——"北京锐邦涌和科贸有限公司诉强生（中国）医疗器材有限公司案"评析》，《交大法学》2013 年第 2 期。

[34] 吕伟、任剑新、张凯：《论行为反托拉斯的创新及反垄断意义》，《现代财经》2014 年第 2 期。

[35] 吕伟：《限制最低转售价格的反垄断规制——基于行为反托拉斯的视角》，《价格理论与实践》2014 年第 2 期。

[36] 许光耀：《纵向价格限制的反垄断法理论与案例考察》，《政法论丛》2017 年第 1 期。

[37] 田明君：《企业间纵向关系的经济分析及其对美国反垄断法的影响》，《环球法律评论》2005 年第 5 期。

[38] 辜海笑：《转售价格维持的经济逻辑与法律规制——兼评〈中华人民共和国反垄断法〉第十四条》，《河南省政法管理干部学院学报》2008 年第 4 期。

[39] 古红梅：《限制转售价格的反垄断规制研究》，《法学杂志》2011 年第 6 期。

[40] 吴汉洪、郭静静：《纵向限制的经济学分析及其对中国的启示》，《社会科学战线》2013 年第 5 期。

[41] 张骏：《完善转售价格维持反垄断法规制的路径选择》，《法学》2013 年第 2 期。

[41] 郭宗杰：《反垄断视角中转售价格限制的比较法研究》，《法学评论》2014 年第 5 期。

[42] 叶卫平：《反垄断法分析模式的中国选择》，《中国社会科学》2017 年第 3 期。

[43] 郝俊琪：《反思与权衡：转售价格维持的反垄断法分析模式探析》，《竞争政策研究》2017 年第 4 期。

[44] 焦海涛：《社会政策目标的反垄断法豁免标准》，《法学评论》2017 年第 4 期。

［45］ 李剑:《中国反垄断执法机构间的竞争——行为模式、执法效果与刚性权威的克服》,《法学家》2018 年第 1 期。

［46］ 叶卫平:《反垄断法的价值构造》,《中国法学》2012 年第 3 期。

［47］ 兰磊:《反垄断法唯效率论质疑》,《华东政法大学学报》2014 年第 4 期。

［48］ 江山:《论反垄断法解释的知识转型与方法重构》,《现代法学》2018 年第 6 期。

［49］ 金善明:《中国反垄断法研究进路的反思与转型》,《法商研究》2017 年第 4 期。

［50］ 金善明:《反垄断法实施的逻辑前提:解释及其反思》,《法学评论》2013 年第 5 期。

二　外文类参考文献

（一）著作类

［1］ Robert Bork, *The Antitrust Paradox—A Policy at War With Itself*, Free Press, 1978.

［2］ Blair Rodgerd & Jeffery Harrison, *Monoply - Antitrust Law And Economics*, Princeton University Press, 1993.

［3］ Don E. Waldman & J. Jensen Elizabeth, *Industrial Organization Theory and Practice*, Addidon Wesley Longman, Inc. , 1998.

［4］ Antonio Cucinotta, Roberto Pardolesi & Roger Van den Bergh, *Post - Chicago Developments in Antitrust Law*, Edward Elgar Publishing Limited, 2002.

［5］ Hans Ullrich, *The Evolution of European Competition Law—Whose Regulation, Which Competition?* Edward Elgar Publishing Limited, 2006.

［6］ Roger Van den Bergh & Peter Camesasca, *European Competition Law and Economics*: *A Comparative Perspective* (2nd *Edition*), Edward Elgar Publishing Limited, 2006.

［7］ Abel M. Mateus & Teresa Moreira, *Competition Law and Economics*, Kluwer Law International, 2007.

［8］Faull & Nikpay, *The EC Law of Competition* (2nd *Edition*), Oxford University Press, 2007.

［9］Giuliano Amato & Claus – Dieter Ehlermann, *EC Competition Law—A Critical Assessment*, Hart Publishing, 2007.

［10］Benjamin Klein & Andres V. Lerner, *Economics of Antitrust Law Volume* II, Edward Elgar Publishing Limited, 2008.

［11］Femi Alese, *Federal Antitrust and EC Competition Law Analysis*, West Publishing Co. , 2008.

［12］Doris Hildebrand, *The Role of Economic Analysis in the EC Competition Rules* (3rd), Kluwer Law International, 2009.

［13］Rene Barents, *Directory of EC Case Law on Competition*, Kluwer Law International, 2007.

［14］Adrian Emch & David Stallibrass, *China's Anti – Monopoly law—The First Five Years*, Kluwer Law International, 2013.

［15］B. Yamey, *Resale Price Maintenance: A Comparative American – European Perspective*, Aldine Transaction, 1966.

（二）论文类

［1］Jingmeg cai, "Private Antitrust Enforcement of Resale Price Maintenance in China: What Lessons Can China Learn from the United States?", *Asian – Pacific Law & Policy Journal*, 2017 (18).

［2］Jingmeg cai, "Public Antitrust Enforcement of Resale Price Maintenance in China: A Crusade or Discrimination?", *Brook Journal of International Law*, 2016 (42).

［3］John Z. Ren, "The Dragon Mirrors the Eagle: Why China Should Look to U. S. Antitrust Law in Determining How to Treat Vertical Price – Fixing", *Cornell International Law Journal*, 2014 (47).

［4］Zhao Bingling & He Jing, "How China's Enforcement Agencies and Courts Are Shaping Antitrust Policies on Vertical Restraints", *George Mason Law Review*, 2017 (24).

［5］Thomas A. Lambert, "Dr. Miles Is Dead. Now What? Structuring a Rule of Reason for Evaluating Minimum Resale Price Maintenance", *William and Mary Law Review*, 2009 (50).

[6] Thomas A. Lambert, "A Decision – Theoretic Rule of Reason for Minimum Resale Price Maintenance", *The Antitrust Bulletin*, 2010, 55 (1).

[7] Adrian Kuenzler, "Presumptions as Appropriate Means to Regulate Resale Price Maintenance: In Defense of Structuring the Rule of Reason", *European Competition Journal*, 2012 (8).

[8] David S. Evans, "Why Different Jurisdictions Do Not (And Should Not) Adopt The Same Antitrust Rules", *Chicago Journal of International Law*, 2009 (10).

[9] C. Frederick BecknerIII & Steven C. Salop, "Decision Theory and Antitrust Rules", *Antitrust Law Journal*, 1999 (67).

[10] Alexander Mackay & David A. Smith, "Challenges for Empirical Research on RPM", *Review of Industry & Organization*, 2017 (50).

[11] Csongor Istvan Nagy, "Resale Price Maintenance after the Revision of the EU Vertical Regime – a Comparative Perspective", ACTA JURIDICA HUNGARICA, 2013 (54).

[12] Avishalom Tor & William J. Rinner, "Behavioral Antitrust: A New Approach to the Rule of Reason after Leegin", *University of Illinois Law Review*, 2011 (3).

[13] Alison Jones, "Resale Price Maintenance: A Debate about Competition Policy in Europe?", *European Competition Journal*, 2009, 5 (2).

[14] Pinar Akman, "The Tests of Illegality Under Articles 101 and 102 TFEU", *The Antitrust Bulletin*, 2016, 61 (1).

[15] D. Daniel Sokol, "Troubled Waters Between U. S. European Antitrust", *Michigan Law Review*, 2017 (115).

[16] Abraham L. Wickelgren, "Determining the Optimal Antitrust Standard: How to Think about Per Se versus Rule of Reason", *Southern California Law Review Postscript*, 2012 (85).

[17] Michael D. McKibben, "A Resale Price Maintenance Compromise: A

Presumption of Illegality", 1985 (38).

[18] William Moody, "De Jure and Facto Divergence: Article 101 (3) TFEU in Troubled Waters", *The Bristol Law Review*, 2018 (5).

[19] David Bailey, "Reinvigorating the Role of Article 101 (3) under Regulation 1/2003", *Antitrust Law Journal*, 2016 (81).

[20] Michael L. Denger & Joshua Lipton, "The Rule of Reason and 'Leegin Policies': The Supreme Court's Guidance", *Antitrust*, 2007 (22).

[21] William S. Comanor, "Antitrust Policy Toward Resale Price Maintenance Following Leegin", *The Antitrust Bulletin*, 2010 (55).

[22] Warren S. Grimes, "The Seven Myths of Vertical Price Fixing: The Politics and Economics of a Century – Long Debate", *Southwestern University Law Review*, 1992 (21).

[23] Howard P. Marvel, "Resale Price Maintenance and The Rule of Reason", *Antitrust Source*, 2008 (1).

[24] Pinar Akman, "The Tests of Illegality Under Articles 101 and 102 TEUF", *The Antitrust Bulletin*, 2016 (61).

[25] D. Daniel Sokol, Troubled Waters Between U. S. and European Antitrust, 2017 (115).

后 记

  转售价格维持是竞争法与竞争政策领域中最富有争议性的问题之一，我国理论界与实务界对其规制模式的意见分歧也由来已久。我的博士论文《论美国纵向限制法律规范及其对我国的启示》便已经开始关注转售价格维持，至今为止差不多有十年的时间了。我在这十年间写了十多篇有关转售价格维持的论文，虽然说不上高产，但也凝聚了我相当一部分的心血。我主持的福建省社会科学基金项目和国家社会科学基金项目也都聚焦在此问题上。可以说，研习转售价格维持是我学术生涯中的一段美妙旅程，有着诸多挑战，同时也有不少智识上的乐趣。

  我初次接触反垄断法，是在华东政法大学攻读博士期间上的徐士英教授的竞争法课程。我在博士论文选题的犹豫期间，舍友丁茂中和我提及《反垄断法》刚颁布不久，很有研究价值，将来必然大有可为，我遂定下来将反垄断法作为研究方向。在接下来的研究过程中，我除了拜托张宜晖同学在台湾找寻资料外，自己也在徐士英教授的资料室、华政图书馆、上海图书馆以及网络上遍寻反垄断法的中外文资料。通过对搜集来的反垄断法各领域资料的仔细研读，我最终确定了《论美国纵向限制法律规范及其对我国的启示》作为博士论文选题。在写作过程中，我常求教于导师顾功耘教授，他在论文的写作思路、研究重点及方法等方面都提出了很多的宝贵意见，让我获益匪浅。论文的写作过程漫长而又艰苦，庆幸常与李国庆、蒋辉宇、晋入勤、吴晓晖等同窗好友聚会聊天，不至于陷入苦闷与焦虑，可以保持相对舒畅愉悦的心情来投入工作。

  在顺利完成博士学业后，我选择回到本科、硕士时就读的华侨大学法学院任教，开始了教师生涯。在刘超院长、张彬书记、林伟明和陈斌彬副院长的带领下，学院风清气正、蒸蒸日上。本科时教过我的黄奇中、林伟明、翁文旋、靳学仁、兰仁迅、梁伟等师长给予我很多关怀，帮助我顺利完成角色转换。我的硕士生导师赵许明教授不仅常常在生活上关照我，还不断督导与支持我的学术研究工作。从读硕士时开始，我便常常到赵老师家做客，听他讲为学之道，请教学术问题，正是他引领我走上了学术道路，他严谨的治学态度与钻研的治学精神永远是我的指路明灯！我也时常会与陈斯彬、王方玉、吴永辉、陈慰星、吴情树等同仁探讨学问，他们的治学方法与学术理念都给予我莫大的启迪。尤其是陈斯彬，在他不断地鼓励与帮助下，我成功地申请到了国家社会科学基金项目，这也是我目前学术工作中的一大亮点。虽然他现在已任教于福建师范大学法学院，但是相信我们之间的友谊一定不会因此而中断，我衷心地感谢并祝福他！

参加学术会议，是我与竞争法学界各位前辈、同仁交流研讨、汲取学术养分的不二法门。虽然我参加竞争法学术会议并不是很频繁，但在这些有限的会议中，还是充分体会到了竞争法共同体不凡的能力与活力。华东政法大学的陈兵教授、喻玲教授、丁茂中教授已经成为竞争法学界的中流砥柱，值得学习。徐士英教授、王先林教授、李友根教授、孙晋教授、黄勇教授、吕明瑜教授、郭宗杰教授、李胜利教授、李剑教授、侯利阳教授等诸位学界前辈的研究视野和治学理念均让我深深地感佩与受教。参加学术会议最让我开心的是能和倪斐、马辉、丁国峰、杜仲霞、洪莹莹、仲春、金枫梁、袁嘉、袁波等诸多相熟的朋友交流。个人从事学术研究工作要想有所收获，在认定研究目标之后，一定要耐得住寂寞，静下心来阅读、思考和写作，正所谓"板凳要坐十年冷，文章不写半句空"。而在漫长而又孤独的学术之旅中能够有机会与朋友们相聚，交流心得，着实愉快！

本书是我致力于完成"转售价格维持"三部曲中的第二本，获得了华侨大学"哲学社会科学青年学者成长工程"团队项目"转售价格维持规制路径选择的多维透视"（19SKGC－QT01）的支持。感谢学院派我赴台湾铭传大学访学半年，从而能够有充裕的时间总结十年来对于该主题的心得体会。离乡背井这些时日，虽然大多数时间潜心治学，终不免有不适之处。好在碰到了一群同在台湾铭传大学访学的朋友们，让日子过得有趣而充实。尤其是广东财经大学华商学院的蒋昊朋与刘耀荣与我志趣相投，我们时常结伴聊天、游览，结下了深厚的友谊。在他们的引荐下，我结识了暨南大学文学院的赵维江教授，赵老师学识丰厚，对于人生、历史与社会等诸多议题都有相当独到的见解。有幸与他交流，获益良多！

最后，我要衷心地感谢我的家人。感谢我的爷爷张鉴念和奶奶王致均，虽然他们已经故去，但给予我的对于工作与生活的信念以及生命中的温暖将永远伴随着我，激励着我，希望他们在天堂一切安好。感谢我的父亲张友群，谢谢他从小到大对我生活上无微不至的照顾，不断地鼓励与支持我在学术道路上奋进，他的言传身教是我的安身立命之本。感谢我的妻子周迎芳，她充分理解我的教学科研工作，用心地相夫教子，让我有了一个温馨美满的家庭，从而可以心无旁骛地治学。感谢我的岳父周家正和岳母郑丛兰，他们对我的家庭的照顾与付出让我的学术生涯更加顺利。感谢我的两个儿子张熹炫与张翀衍，他们的到来让我更加懂得了责任与付出，并大大丰富了我的生命内容，提高了我的生命质量。感谢我的好友朱启明、杜继业和陈乾勇，与他们结下的深厚友谊是我宝贵的精神财富，让我可以从容面对人生的起落！

当然，再多的感谢难免挂一漏万，但正是有了这么多值得感谢之人，才让我可以有机会踏踏实实地作出一点学问。我时常记得朱苏力教授的一句话，什么是你的贡献？我这十年来专注转售价格维持规制的研究，这本书就是其间所思所想的印记和见证，希望它可以为该领域的竞争法理论与实践的发展略尽绵力。接下来的时日，我将重新出发，继续探索该主题。学术研究是我一生的志业，我将继续努力。路漫漫其修远兮，吾将上下而求索！

张　骏

2019 年 7 月初稿于铭传大学集勇会馆

2020 年 8 月定稿于华侨大学人才公寓

图书在版编目（CIP）数据

转售价格维持规制模式的多维透视/张骏著.--北
京：社会科学文献出版社，2021.3
（华侨大学哲学社会科学文库.法学系列）
ISBN 978 - 7 - 5201 - 8097 - 9

Ⅰ.①转…　Ⅱ.①张…　Ⅲ.①反垄断法 - 研究 - 中国
Ⅳ.①D922.294.4

中国版本图书馆 CIP 数据核字（2021）第 046663 号

华侨大学哲学社会科学文库·法学系列
转售价格维持规制模式的多维透视

著　　者／张　骏

出　版　人／王利民
责任编辑／高　媛

出　　　版／社会科学文献出版社·政法传媒分社（010）59367156
　　　　　　地址：北京市北三环中路甲 29 号院华龙大厦　邮编：100029
　　　　　　网址：www.ssap.com.cn
发　　　行／市场营销中心（010）59367081　59367083
印　　　装／三河市龙林印务有限公司

规　　　格／开　本：787mm×1092mm　1/16
　　　　　　印　张：13.5　字　数：212 千字
版　　　次／2021 年 3 月第 1 版　2021 年 3 月第 1 次印刷
书　　　号／ISBN 978 - 7 - 5201 - 8097 - 9
定　　　价／85.00 元

本书如有印装质量问题，请与读者服务中心（010 - 59367028）联系